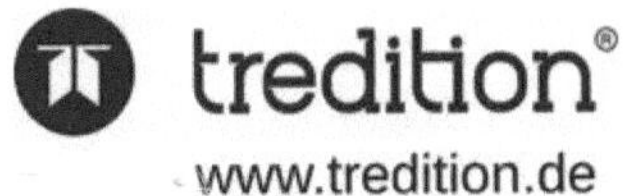

www.tredition.de

AF381965

Tod Ei Jedermann! ist so fröhlich dein Mut?
Hast deinen Schöpfer ganz vergessen?

Jedermann Was fragst um das zu dieser Stund?
Bekümmerts dich? wer bist? was solls?

Tod Von deines Schöpfers Majestät
Bin ich nach dir ausgesandt
Und das in Eil: drum steh ich da.

Jedermann Wie, ausgesandt nach mir?
Greift nach seinem Herzen.
Alle stehen ohne Atem. Dem möchte wohl so sein. Ei ja.

Tod Denn ob du ihm gibst wenig Ehr
In der himmlischen Sphär denkt er dein,
In welcher Weis, das soll dir gleich gemeldet sein.

Hugo von Hofmannsthal: „Jedermann"

Stefan Benz

Theaterherz

Herr Beck und der Tod
des reichen Mannes

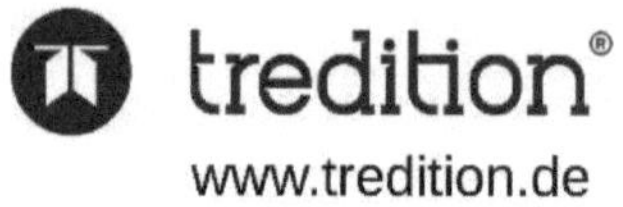

© 2020 Stefan Benz
Umschlag, Illustration: Rebecca Jaweed

Verlag & Druck: tredition GmbH,
Halenreie 40-44, 22359 Hamburg

ISBN

978-3-347-06929-9 (Paperback)
978-3-347-06930-5 (Hardcover)
978-3-347-06931-2 (e-Book)

Das Werk, einschließlich seiner Teile, ist urheberrechtlich geschützt. Jede Verwertung ist ohne Zustimmung des Verlages und des Autors unzulässig. Dies gilt insbesondere für die elektronische oder sonstige Vervielfältigung, Übersetzung, Verbreitung und öffentliche Zugänglichmachung.

Inhalt

Die Personen

Justus Beck, Theaterkritiker mit krankem Herzen

Paula Berlepp, seine Haushälterin

Juliane, seine längst verstorbene Frau

Franz Mager, sein junger Freund

Bernd Rudolf, Polizeipräsident

Claudia Cestonaro, Mitarbeiterin der Kurstadtzeitung

Marco Cestonaro, ihr Sohn

Antonia Weißmehl, Wellness-Mitarbeiterin für alle Fälle

Ulf Stroh-Engel, Kommissar in Bad Weinfurt

Constantin Olth, Sensationsjournalist aus der Hauptstadt

Kevin Jung, Lokalchef der „Neuen Post" in Bad Weinfurt

Hermann Castus, Großwinzer und Mäzen

Anatol Wildmoser-Bettencour, Intendant der Festspiele

Cornelia Hartmann, Star der Festspiele

Erster Aufzug: Lear

1 Seine Zeit war abgelaufen. Alle wussten es. Nur er nicht. Er hatte seinen Beruf aufgegeben und seine Immobilien verschenkt. Von einer Pflegeversicherung hatte er wohl noch nie gehört. Nicht mal den Nießbrauch für seine diversen Immobilien hatte er sich im Grundbuch eintragen lassen. Wie dumm von ihm. Nun vertraute der alte Narr darauf, dass seine Kinder ihn aufnehmen und pflegen würden. Dabei hatte er ihnen als Vater immer vorgelebt, worauf es im Leben wirklich ankommt: Macht und noch mehr Macht. Und nun wunderte er sich, dass seine Töchter keine aufopferungsvollen Krankenschwestern geworden waren, dass sie Karrieristen an ihrer Seite hatten, die einen lästigen Schwiegervater lieber früher als später loswerden wollten. Zumal der Alte ständig herumnörgelte.

Justus Beck schaute auf die Uhr. Er ertrug diesen Griesgramgreis nur sehr schwer. Der alte Mann mit dem Holzschwert in der schlaffen Hand und dem riesigen Schnuller an der gelbbraun verfärbten Windel sollte endlich sterben. Das war zwar erst der dritte Akt von „König Lear", aber das Elend dauerte schon zu lange. Deutlich über eine Stunde! Der gebrechliche Herrscher hatte sein Reich an die undankbaren, aber instinktiv kniefälligen Töchter Goneril und Regan vermacht. Schwester Cordelia, die um ihre Vaterliebe kein Aufhebens getrieben hatte, ging leer aus, wurde enterbt und verstoßen. Dabei hätte sie sich doch um ihn gekümmert.

Bei Goneril und Regan aber waren Papa Lear und sein Gefolge bald nicht mehr willkommen. Shakespeare kannte eben auch bei Senilität keine Gnade. Und Schauspieldirektor Bernd Huber, der Regie führte, hatte auch kein Mitleid mit König Lear: Der alte Mann war an diesem Abend im Stadttheater ein klarer Fall für die Demenz-WG, hielt sich für einen mächtigen Patriarchen, dabei bestand sein Gefolge aus Spielzeugrittern, die ihm Regan und Goneril nach und nach alle wegnahmen. Sein Gehstock war ein Infusionsständer auf Rollen, dessen Schlauch in seine linke Armbeuge mündete. Sein Schlachtross war ein Schaukelpferd, und die beiden Burgen seiner Töchter sahen aus, als hätte sie ein Riesenbaby mit enormen Legosteinen gebaut.

Der Alte war also auf dem Weg zurück in die infantile Verblödung. Und seine herzlosen Töchter, die als viel beschäftigte Geschäftsfrauen Hosenanzüge trugen, waren drauf und dran, den alten Wirrkopf entmündigen zu lassen. Abgedankt und abgeschoben: „König Lear", ein gerontologisches Drama zum demografischen Wandel. So hatte die Dramaturgie Shakespeares Seniorentheater angekündigt. Was nicht im Programmheft stand: Regisseur Huber inszenierte aus eigener Erfahrung. Nachdem seine Mutter drei polnische Pflegerinnen vergrault und mit der Schwiegertochter Streit angefangen hatte, war „König Lear" nun Therapie, Absolution und Rache zugleich. Der Schauspieldirektor hatte die widerspenstige Alte entnervt ins Pflegeheim abgeschoben und zeigte seinem Publikum jetzt, was für eine unerträgliche Last die Eltern doch sein konnten. Nicht dass er damit hausieren gegangen wäre, aber es war Kantinengespräch, und die stellvertretende Vorsitzende der Theaterfreunde sorgte dafür, dass es auch Stadtgespräch wurde. Prompt wurde ihr im Theater Hausverbot erteilt, wovon sie Politiker und Presse in ausführlichen Telefonaten in Kenntnis gesetzt hatte. Auch Beck kannte jetzt alle hässlichen Details. Leider machte dieses Wissen den Theaterabend nicht vergnüglicher.

Im Grunde sei Hubers Mutter dement, ihren Sohn habe sie als Versager beschimpft, die Pflegerinnen als seine Nutten, enterben habe sie ihn wollen und halbnackt zum Fenster heraus gekeift, er wolle sie entmündigen und würde sie verhungern lassen, dabei sei die Pflegschaft die ganze Zeit beim Vormundschaftsgericht verhandelt worden, wo Huber gegen einen amtlichen Betreuer prozessierte. Beck fragte sich, warum der Schauspieldirektor nicht gleich sein eigenes Familiendrama auf die Bühne brachte und den armen alten Lear dafür in Ruhe ließ.

Doch nichts da. Im dritten Akt war Lear nun endgültig zurück im Spielzimmer seiner Kindertage. Der König mit der vollen Windel stand im Sturm von Papierschnipseln zusammen mit dem Narren und einem verbannten Grafen unter einer Plexiglaskuppel. Nur noch eine Spielzeugfigur in einer Schneekugel war der größte Greis des Welttheaters.

Jaja, Beck hatte verstanden. Aber das ging ihm schon zu lange und war ihm auch zu grob, wie der alte Mann da debil und inkontinent vorgeführt wurde. Beck erwischte sich bei dem Gedanken, dass er sich über seine eigene Zimperlichkeit wunderte. Sonst war er doch nicht so dünnhäutig im Theater. Seit bald vierzig Jahren schrieb er Kritiken für die „Neue Post", aber an diesem

Abend tat ihm das Theater tief im Herzen weh. Zum ersten Mal.

War es jetzt soweit? Erkannte er sich schon selbst in König Lear? Oder was sollte der plötzliche Anfall von Empfindsamkeit? Irgendwas war verkehrt mit dieser Inszenierung. Sie schmeckte stumpf, sie sah unscharf aus, die Farben stimmten nicht, bisweilen schien ihm das Theater schwarz und weiß. Dann gingen die Lichter aus, es blitzte, die Szene erschien wieder, aber es sah aus wie ein Filmnegativ. Dann war auch noch der Ton weg. Seltsame Effekte dachte Beck und hatte das Gefühl, als würde er wachend schlafen, das Theater als Traum sehen. Verwirrt schaute er zur Seite, wo Paula saß, die er ja deshalb immer mitnahm ins Theater, weil sie ihn weckte, wenn er mal wieder schlummerte und – schlimmer – schnarchte. Doch sie hatte ihn nicht angestoßen. Oder doch? Paula schaute ihn mit großen Augen an, wischte mit ihren Händen vor seinem Gesicht und bewegte die Lippen, ohne auch nur ein Wort zu sagen. Was war nun wieder los?

Schon bei ihm daheim, als er fertig war, mit ihr zur Premiere zu gehen, hatte sie an ihm herumgenörgelt. Die Wohnung sehe schlimm, er sehe noch schlimmer aus, solle doch endlich Sport machen, gesünder essen, weniger trinken, zum Arzt gehen oder gleich daheim bleiben. Und alles möglichst sofort und gleichzeitig. Paula war zwar nur seine Haushälterin und dabei auch eine gute Freundin, aber das schon so lange, dass sie manchmal klang, als wäre sie seine Frau. Er nahm es ihr nicht krumm. Was wäre er ohne sie? Das Theater kriegte er ja noch hin, aber der Alltag war ihm längst zu viel.

Normalerweise erwuchs ihm aus Paulas Klagen eine gereizte Laune, die ihm die Kraft gab, all ihre Einwände wegzuwischen. Das war heute anders gewesen. Sie hatte ihn aus seinem gar nicht so alten, aber mit Schuppen beflockten Hemd herausgeknöpft, ihm den Kamm durch die verklebten grauen Strähnen gezogen, dass es wehtat, Wasser ins Gesicht gespritzt, Deodorant über sein Unterhemd gestäubt und ihn in ein vermeintlich frischeres Hemd und ein Jackett gestülpt. Als wäre er ein kleines Kind. Ja, er kam sich da immer etwas entmündigt vor.

Wahrscheinlich war es dieses Gefühl, das ihm jetzt beim alten Lear so sehr aufstieß, dass er Magensäure in der Gurgel spürte. An Prosecco, Espresso und Schmerztabletten, die er sonst vor jeder Premiere nahm, konnte es nicht liegen, denn Paula hatte ihm, als sie endlich im Foyer angekommen waren, verboten, sein Theatermenü zu sich zu nehmen. Dabei hatte er mittags sogar noch Vitamin-Dragees geschluckt. Oder irgendwas anderes. Die Grünen und die Langen, Hauptsache gesund. Er musste die Schublade mit den herumfliegenden Tabletten mal wieder aufräumen. Und dann sollte er vor der Premiere auch noch einen Orangensaft trinken. Und ein Käsebaguette essen. Beck fand das übergriffig, hatte aber nicht die Kraft gefunden, sich einen Wein zu bestellen und verweigerte trotzig den Saft, den Paula ihm schließlich hinhielt. „Du benimmst Dich wie ein kleines Kind", hatte sie gesagt. „Schlimmer: wie ein altes Kind. Meine Enkeltochter ist vernünftiger, und die ist jetzt zwei. Bist Du in der Trotzphase?" Beck hatte nicht geantwortet, sondern nur die Arme verschränkt und grimmig unter sich geschaut. Er und in der Trotzphase. Das war ja wohl das Letzte. Er würde jetzt gar nichts mehr sagen. Stattdessen wollte er bis zur Pause ein ernstes Gesicht machen und strafend schweigen. So hatte er es auch bis jetzt gehalten, sich still über Paula und Lear, den Regisseur und irgendwie auch über sich selbst geärgert. Nun aber merkte er, dass etwas nicht stimmte. War es seine angestammte Dosis aus Alkohol, Koffein und Ibuprofen, die ihm fehlte? Aber dann hätte er doch eher müde werden müssen. Ihm hätte der Steiß und sein linkes Bein wehtun können. Doch er fühlte nichts. Und er hörte nichts. Warum war das Theater denn so still?

Beck merkte, dass er Mühe hatte, den Kopf gerade zu halten. Sein Blick heftete sich auf die Rückenlehne des Sitzes vor ihm. Warum schaute er nicht mehr auf die Bühne? War doch schon Pause? Oder war das Stück schon vorbei? Waren Regan und Goneril, Cordelia und Lear bereits tot? Hatte er doch geschlafen? Und wie sollte er jetzt über den Abend schreiben? Beck fühlte eine namenslose Sorge in sich aufsteigen. Da sah er, dass ihn eine Hand schüttelte. Sein Blick fiel zur Seite, und das Theater um ihn herum taumelte. Die Menschen vor ihm waren aufgestanden. Also war doch Pause? Mitten im dritten Akt? Vielleicht ein Feueralarm? Beck verstand das alles nicht, aber es war ihm auch seltsam egal. Es kam ihm vor, als würde alles in Zeitlupe ablaufen. Das konnte doch nicht das wirkliche Leben sein. Das musste Theater sein, Theater in seinem Kopf.

Beck blinzelte, denn er sah plötzlich seinen alten Feuilletonchef Buchmann neben sich, wie er eine Zigarre und ein Glas Rotwein in Händen hielt. Ja, so hatte er ihn gekannt, doch das war merkwürdig, denn Buchmann war schon vor vielen Jahren an Bauchspeicheldrüsenkrebs gestorben. Was machte der denn jetzt im Theater? Beck wollte ihn fragen: „Mensch, Lutz, Du bist ja gar nicht tot! Wie geht's Dir denn?" Doch er konnte den Mund nicht bewegen. Dafür hörte er Buchmann: „Vorwärts Bursch, wie geht's, mein Junge? Frierst Du, ich frier auch." Beck verstand nicht. Das sagt doch Lear, und nun redete Buchmann, als wäre er eine Shakespearefigur. Becks Blick fiel am Körper seines alten Kollegen herab. Er war nackt, grau und eingefallen, die Haut fleckig, Rippen und Hüftknochen schauten heraus, nur der Bauch wölbte sich kugelrund über einer Windel mit gelben Flecken. Kein Zweifel, Buchmann spielte Theater. Er beugte sich zu Beck herunter und flüsterte ihm ins Ohr: „Kein, kein Leben! Du wirst nun nie mehr wiederkommen, nie. Oh, nie, nie, nie! Ich bitt euch macht den Knopf auf. Oh, seht ihr das? Seht an? Seht doch seht..."

Beck lief der kalte Schweiß vom Hals ins Hemd. Dieser Geist, der aussah wie Buchmann und sprach wie Lear, würgte ihn, dass es in der Gurgel brannte und im linken Arm zog. Endlich löste sich Buchmann von seinem Hals. Beck sah ihn erst nur als verschwommenen Schatten. Dann schaute er direkt in Paulas Gesicht. Sie hielt ihn an der Schulter, hatte Tränen in den Augen und sprach offenbar mit zwei Männern, die Beck noch nie gesehen hatte. Sein Kopf klappte nun zur anderen Seite, und er wunderte sich, dass das ganze Theater um neunzig Grad gedreht war. Wieso fielen die Schauspieler da vorne auf der Bühne denn nicht um, wenn sie so schief standen, fragte er sich noch. Und wieso spielten sie nicht mehr? Langsam, aber mächtig senkte sich eine unsichtbare Macht auf seine Brust. Beck wollte atmen, aber es ging nicht. Da erst sah er die Panik kommen. Und im nächsten Moment hatte sie ihn schon erfasst, würgte und schüttelte ihn, während irgendjemand im Theater den Ton langsam wieder nach oben geregelt haben musste. Beck erkannte Paulas Stimme, und er hörte sich selbst. Aber es war kein Satz, es war ein scheußliches blubberndes Würgegeräusch. Ein Mann rief von weit, weit weg: „Wo bleibt denn der Theaterarzt?" Da schloss sich der Vorhang, und es wurde ganz dunkel und totenstill.

2 Der schwarze Tod hatte seine Schwingen ausgebreitet und stieß von oben herab auf sein geschwächtes Opfer. Beck hatte es kommen sehen, doch er konnte nichts machen, lag nur da und ließ den Horror über sich ergehen. Immer und immer wieder hackten sie auf das wehrlose Bündel ein. Noch zuckte es unter ihren Hieben, doch bald rührte sich nichts mehr. Überall lagen Blut und Federn. Die drei Krähen begutachteten ihr Werk, wendeten die Köpfe und flatterten davon. Beck war schon auf sie aufmerksam geworden, als sie den Vogel in einen Baum getrieben hatten, dass die Äste wackelten. Dann hatte sich der Todeskampf auf ein Flachdach verlagert, das er von seinem Bett aus sehen konnte. Und jetzt, da die Angreifer verschwunden waren, erkannte er auch, dass dort eine Elster lag – oder das, was noch von ihr übrig war.

Sowas konnte er jetzt ja gerade noch gebrauchen. Horror mit spitzem Schnabel wie bei Hitchcock. Sein Gemüt war schon ramponiert genug. Den Sonntag über hatte er in der Intensivstation des Klinikums am EKG verbracht. Verdacht auf Herzinfarkt. Aber gesprochen hatte noch niemand mit ihm. Kein Personal in Sicht. Nur überall Kabel und ein Apparat, der neben ihm blinkte. Die Stadt wollte das Krankenhaus längst loswerden, der Verkauf an eine Klinik-Kette zog sich hin, Schwestern und Ärzte protestierten, und langsam blätterte der Putz ab. An diesem Morgen hatten sie ihn in ein Vier-Bett-Zimmer geschoben. Fast schon Luxus, es gab auch noch Sechs-Bett-Zimmer, wo es immer zuging wie im Landschulheim. Ruhe war aber auch in der kleineren Gemeinschaftsunterkunft nicht zu finden. Es sei denn, man war der dicke Herr Schabacker, der direkt an der Tür lag, die ganze Zeit schlief und dabei leise blubbernd röchelte. Daneben befand sich die Außenstelle von Kasimpasa-Kebab. Herr Özbak, der mit seinem Schnäuzer aussah wie der untersetzte Zwilling von PKK-Chef Öcalan, aber treu-türkisch einen Wimpel mit Halbmond und Stern auf seinem Beistelltischchen gehisst hatte, hielt zwei Mobiltelefone in den Händen, in die er abwechselnd hineinsprach, mit einem offenbar die Geschäfte seiner Dönerbude regelte, über das andere Fußballergebnisse diskutierte. Es klang für Beck zumindest so, denn Özbak sprach Türkisch mit deutschen Spurenelementen. Eine Delegation seiner Sippe umlagerte sein Bett. Eine ältere Frau mit Kopftuch redete auf zwei jüngere ein, die nichts sagten, aber die Gesichter einander zuwandten, so dass ihre langen schwarzen Haare einen Vorhang vor der meckernden Alten bildeten. Zwei Buben, die gerade mal bis zur Matratze reichten, lieferten sich darauf mit weißen und roten Spielzeugautos ein Rennen, bis Özbak sie anblaffte, weil ein junger Kerl mit einem Stapel Joghurtdrinks reinkam und die Ladung auf dem Bett deponierte. Es ging zu wie in der Großmarkthalle. Und Beck wartete die ganze Zeit darauf, dass eine Lieferung Krautsalat im Eimer und ein Dönerspieß in Plastikfolie zur Tür hereinkämen. Dafür dass Özbak offenbar irgendwo am Bauch operiert worden war, wirkte er geradezu erschreckend munter. Wie mochte der Mann wohl drauf sein, wenn er nicht bettlägerig war?

Wer sich so gar nicht vom türkischen Trubel stören ließ, war Justin im Bett nebenan. Der vielleicht sechzehnjährige Bub, der vom Mofa gefallen war, nun den linken Arm in einer Schlinge trug und das rechte Bein in einem Gips stecken hatte, hielt selbst Hof. Nachdem er und Beck sich kurz bekannt gemacht hatten und der Junge sich ausgiebig darüber gefreut hatte, dass Justin und Justus ja fast die gleichen Namen seien, waren die ersten Mädchen aufgekreuzt. Zeitweise umringten sie zu siebt sein Bett, malten rosa Herzchen auf seinen Gips, beschenkten ihn mit Schokolade, Cola und anderen Liebesgaben. Eine hatte Justin Notizen aus der Schule mitgebracht und versprach, für ihn mitzuschreiben, eine Andere zeigte stolz ihr frisches Nabelpiercing, das Beck bedenklich entzündet vorkam, eine Dritte schwärmte ihren Freundinnen von einer Liste mit Songs vor, die sie dem Jungen zusammenstellen wollte, eine Vierte wuschelte dem Patienten ständig durch die Haare, die an der Seite kurz waren, während über der Stirn ein hochgeföhnter Pony in einer kessen Welle offenbar mit Haarlack der Schwerkraft trotzte. Wie es aussah, schwänzte der komplette weibliche Teil der Klasse gerade den Unterricht, um dem Schwarm des Schulhofs zu gefallen. Je länger er zusah, wie der junge Hahn im

Korb umgickelt und umgackert wurde, desto sicherer war Beck, dass Justin sich mit Absicht vom Mofa gestürzt haben musste.

Er fand das auch eine Zeitlang ganz amüsant, bis zwei Mädchen beschlossen, sich auf sein Bett zu setzen, was natürlich gar nicht ging, denn dort hatte er seine Tageslektüre ausgebreitet, die Paula ihm gebracht hatte, zusammen mit einem Pyjama, der an ihm schlotterte, und Äpfeln, die er nicht mochte. Beck verscheuchte die beiden jungen Damen und war dann eine Weile damit beschäftigt, die zerknitterte „Neue Post" wieder zu glätten. Dabei war das, was er dort lesen musste, ohnehin nicht dazu angetan, seine Stimmung zu heben. Im Kulturteil stand an der Stelle, wo seine Kritik über „König Lear" hätte sein müssen, nur ein großes Szenenbild mit Lear in seiner Riesenwindel. Darunter: „Großer Erfolg im Schauspielhaus: Langen Beifall gab es am Samstagabend nach der Premiere von König Lear im Schauspielhaus. Shakespeares Stück wird in der Fassung von Regisseur Bernd Huber zu einem Drama im Pflegeheim. Die Vorstellung musste vor der Pause kurz unterbrochen werden, weil ein Zuschauer gesundheitliche Probleme hatte. Dem künstlerischen Erfolg tat das keinen Abbruch."

Becks Laune tat dies wiederum einen gewaltigen Abbruch. Kein Wort davon, dass der Kritiker der „Neuen Post" gerade so dem sicheren Tode entronnen war. Keine Entschuldigung beim Leser dafür, dass er zum Frühstück nicht wie gewohnt die Kritik von Justus Beck lesen konnte. Matt war er nach dem Anfall und dem vielen Liegen ohnehin, aber als er das gelesen hatte, senkte sich eine graue Last auf ihn, die sich klamm anfühlte wie Nebel im Herbst. Dabei ließ der junge Sommer draußen keinen Zweifel daran, dass er in erfreulicher Frühform war. Hatten Sie bei der „Post“ nur darauf gewartet, ihn endlich loszuwerden? War er schon längst abserviert, ohne dass es ihm einer ins Gesicht hätte sagen wollen? Zwar war er immer noch da, aber die schnöde Bildunterschrift fühlte sich an wie eine Beerdigung dritter Klasse.

Das Massaker an der Elster, das er ansonsten als spektakuläre Kuriosität aus dem Tierleben willkommen geheißen hätte, traf ihn in dieser Stimmung völlig schutzlos. Beck starrte auf das weiß-schwarze Knäuel aus Federn mit einem abgeknickten Flügel und einem roten Fleck, wo der Kopf hätte sein müssen. Er konnte sich von dem Anblick lange nicht losreißen, bis er eine Unruhe im Raum spürte, die neu war, nicht von Justins Fanclub oder aus dem ausgelagerten Büro von Kasimpasa-Kebab stammte.

Drei weiße Gestalten waren zur Tür hereingekommen. Er wusste, was das bedeutete, sah aus dem Augenwinkel, wie Özbaks Familienbetriebsversammlung sich auflöste und Justins Fanclub aufgeregt tuschelnd den Rückzug antrat. Beck schloss die Augen. Vielleicht würde die Visite einfach an ihm vorübergehen. An Ärzten war Beck stets weiträumig vorbeigegangen, selbst als das mit den Rückschmerzen, dem tauben Bein, der Müdigkeit am Tage, dem Schlaf ohne Ruhe, der Atemnot, den dicken Füßen immer unangenehmer geworden war. Als ihn die Ärzte ins Schlaflabor und zur Rücken-OP schicken wollten, hatte er den Kontakt zu ihnen eingestellt. Einmal war er noch beim Zahnarzt gewesen, als die Schmerztabletten nicht mehr geholfen hatten, und natürlich hatte sich der Arzt als Metzger erwiesen, der fluchend über ihn gebeugt zwei Backenzähne bröckchenweise aus seinem gefühllosen Kiefer gehebelt hatte. So einem Feldscher und seinen Adjutanten jetzt ausgeliefert zu sein, fand er gruselig. Am liebsten wäre er aufgestanden und einfach zur Tür rausspaziert, aber er musste sich eingestehen, dass er sich fühlte, als wäre eine Dampfwalze über ihn drüber gefahren. Also stellte er sich schlafend, hörte aber, wie sich die weißen Gestalten von Bett zu Bett vorarbeiteten.

Sie ließen sich Zeit, so viel Zeit, dass Beck tief in sich drin einen leichten Krampf zu spüren begann. Er dachte schon, sein Herz wolle ihm einen erneuten Streich spielen, da merkte er, dass es Hunger war. Am Sonntag in der Intensivstation hatte er keine Lust auf Essen gehabt, man hatte ihm Kochsalz und Traubenzucker durch die Vene verabreicht. Mehr nicht. Und an diesem Morgen war ihm der Appetit umgehend vergangen, als er das Tablett sah mit dem weichen Graubrot, einer Scheibe Hirnwurst, der eingeschweißten Portion roter Marmelade und dem Kamillentee, in dem er nicht mal seine Füße hätte baden wollen. Graues Brot, graue Wurst, selbst der Tee sah im schmutzig weißen Plastikbecher fahlgrau aus. Es war grauenhaft. Auf seine Frage nach einem doppelten Espresso hatte die Schwester nur gelächelt. Er war sich nicht sicher, ob sie ihn nicht verstanden hatte oder ob sie sein Anliegen für medizinisch absurd hielt. Dass er nicht nach einem Brandy fragen musste, wusste er selbst. Deshalb hatte er auch Paula nicht gebeten, ihm eine Flasche von dem Syrah-Merlot-

Cuvée aus dem Languedoc ins Krankenhaus zu schmuggeln, die er in seinem Weinladen gerade ohnehin kistenweise herumstehen hatte. Das Zeug verkaufte sich nicht, der Laden lief nicht mehr. Sein Franchise-Vertrag würde auslaufen, und dann wäre Schluss. Aber heute müsste noch mal jemand aufsperren. Wieso fiel ihm das jetzt erst ein? Er musste Paula anrufen, damit sie ein Schild an die Tür hängt. Das ging in diesem Moment natürlich nicht, denn er schlief ja tief und fest. Wie lange brauchten diese Ärzte denn noch? Er hörte sie tuscheln und dann ein Räuspern direkt über sich: „Herr Beck, können Sie mich hören?"

Mist. Musste das sein? Jetzt bloß keine Schwäche zeigen, dachte er, blinzelte und reckte sich, als würde er gerade aus einem erholsamen Mittagsschläfchen aufwachen: „Oh, Herr Doktor, ich hab Sie gar nicht gehört. Ich muss wohl eingeschlafen sein."

„Das ist ganz normal. Ihr Körper braucht Ruhe. Sie hatten einen Hinterwandinfarkt", sagte der Mann mit den gegelten braunen Locken, der aussah, als hätte er gerade sein Medizinstudium begonnen, würde aber die Seminarstunden im Solarium verbringen. „Reinheimer" stand auf seinem Namensschild, und nur der Umstand, dass hinter ihm zwei noch jüngere Menschen die Hälse reckten, ließ Beck hoffen, dass es sich bei dem jungen Herrn, der mit ihm redete, tatsächlich um einen Arzt und nicht um den Stationspraktikanten handelte.

Hinter Reinheimer schauten ein junges Mädchen mit zerzausten weißblonden Haaren und ein etwas jüngere Kerl mit fusseligem Braunbart rechts und links über die Schultern ihres Chefs. Das Mädchen mit dem Struwwelkopf und einem silbernen Stecker im rechten Nasenflügel hieß ausweislich ihres Namensschildes Ellenbruch, der zauselige Hipster Darrmann. Beide hatten sie Klemmbretter vor den Bauch gedrückt, auf die sie, sobald Reinheimer zu sprechen begann, verdruckst Notizen kritzelten, indem sie das Brett unten auf Höhe des Hosenbundes fixierten und es dann nur wenige Zentimeter nach vorne kippen ließen. All das wirkte auf Beck nicht gerade vertrauenerweckend. Und dann das noch: Hinterwandinfarkt! Hätte es nicht auch ein Schwächeanfall sein können? Oder wenigstens Angina Pectoris? Reinheimer hatte den Schrecken in Becks Augen offenbar erkannt. Er sah das wohl täglich: „Machen Sie sich keine Sorge. Das kriegen wir hin. Aber Sie müssen gut mithelfen.“

Na, danke, dachte sich Beck.

„Ihr EKG ist eindeutig“, sagte Reinheimer und wedelte mit einem Zettel voller Zacken vor Darrmanns Nase: „Was sehen Sie?“

Braunbart zögerte kurz, aber lang genug, dass Struwwelköpfchen ihm die Schau stehlen konnte: „ST-Strecken Hebung!“

„Und was sehen Sie nicht“, fragte Reinheimer mit Blick auf Darrmann, der jetzt so verständnislos dreinschaute, dass Beck nur hoffen konnte, dass dieser junge Mann nie auf einen Kranken losgelassen werde.

„Q-Zacken“, antwortete schließlich Ellenbruch zögernd, und es klang eher wie eine Frage.

Reinheimer hob die Hände wie ein Dirigent und ließ den Satz unvollendet: „Das heißt also…“

Wieder verpatzte Darrmann seinen Einsatz, wieder antwortete Ellenbruch, diesmal forscher: „kein Diaphragmalinfarkt!"

Reinheimer nickte zufrieden, schaute im nächsten Moment aber Darrmann strafend an: „Pathologie?!"

„Ja, äh, Verschluss der Koronararterien."

Das war Reinheimer offenbar nicht genug, er ließ den Kopf ermattet sinken und gab Ellenbruch mit dem linken Handrücken ein Winkzeichen für ihren Einsatz.

Wie aus der Pistole geschossen, spuckte sie Buchstabenfolgen aus: „RCA RCX RIVP!"

Reinheimer lächelte sie mit zusammengepressten Lippen an und murmelte dann: „Und hier haben wir RCX." Dann zu Beck gewandt, der dem Schauspiel zunehmend verständnislos beigewohnt hatte: „Ramus circumflexus!" Reinheimer hob die linke Augenbraue, Beck blickte ihn mit gequälter Ungeduld an.

„Ein Ast Ihrer linken Koronararterie war zu. Wir geben Ihnen einen Gerinnungshemmer. Dazu Betablocker. Das müssen Sie strikt einnehmen. Ihr Herzmuskel ist schon geschädigt."

Das hatte ihm gerade noch gefehlt. Schon vor Jahren war er beim Arzt gewesen, der ihm das Zeug auch schon verschrieben hatte und ihn den ganzen Tag hatte verkabeln wollen. Aber wenn es um seine Gesundheit ging, dann war sich Beck noch stets selbst der beste Apotheker gewesen. Als hätte er seine Gedanken gelesen, wechselte Reinheimer Haltung und Tonfall, rückte nah an Beck heran und sprach nun von oben herab wie ein Oberstudienrat zum Sextaner, der das ABC nicht drauf hat: „Sie waren ja bei der Erstversorgung nicht recht ansprechbar, aber Ihre Frau Berlepp war so lieb, bei Ihnen daheim nachzuschauen, welche Medikamente Sie nehmen. Sie hat eine Schublade voll mit Schmerztabletten und Vitaminpräparaten, aber auch Blutverdünner und Betablocker gefunden. Keine Packungen, keine Beipackzettel. Und das meiste war längst abgelaufen. Sie wissen, dass das keine Bonbons sind?"

Auf solche Debatten hatte Beck nun gerade gar keine Lust. „Ich hab das mal verschrieben gekriegt, aber dann hab ich gegoogelt…"

Reinheimer unterbrach ihn: „Hören Sie bloß nicht auf Dr. Internet. Morbus Wikipedia, das ist die schlimmste Seuche, die wir hier behandeln. Ich fasse zusammen: Sie waren also schon mal beim Kardiologen, aber Sie nehmen nichts regelmäßig."

„Naja." Beck eierte. „Wie ich mich halt fühle."

„Das wird so nichts", tadelte Reinheimer, trat wieder einen Schritt zurück, machte einen Kunstpause und sprach dann das Urteil mit der Höchststrafe aus: „Und vor allem bewegen Sie sich und lassen Sie die Finger vom Alkohol. Frau Berlepp hat mir erzählt, dass Sie zu viel trinken, keinen Sport treiben und kein Interesse an gesunder Ernährung haben. So werden Sie nicht alt."

Das konnte doch nicht wahr sein. Paula, die blöde Petze! Was musste Sie ihn vor diesem Affen im Weißkittel bloßstellen?

„Ihr Herz pumpt ja ohnehin sehr schwach, deshalb sind Sie auch so oft müde. Und man sieht es auch an

Ihren Schwellungen." Reinheimer zog Becks Decke von den Beinen, über die sich Netzstrümpfe spannten. „Sie sehen: Lymphödeme. Ihr Körper kriegt das Wasser nicht aus den Füßen. Es langt nicht, Sie wieder auf die Beine zu kriegen, Sie müssen auch laufen. Wir behalten Sie noch bis Ende der Woche hier. Danach Anschlussheilbehandlung. Das können wir ambulant machen. Ich empfehle aber drei Wochen in einer Kurklinik, schön mit Physiotherapie. Das müssen Sie dann noch mit der Kasse abklären. Es ist wichtig, dass Sie Ihre Medikamente wie vorgeschrieben nehmen, aber es ist genauso wichtig, dass Sie ihre Lebensweise umstellen."

Reinheimer sah unvermittelt Darrmann an, drückte ihm den linken Zeigefinger auf die Brust, dass er aufschreckte und stotternd loslegte: „Übergewicht reduzieren, Blutfettwerte senken..."

Reinheimer winkte ab: „Das brauchen wir hier jetzt gerade nicht, oder sieht der Patient übergewichtig aus?"

Er wendete sich Ellenbruch zu, und ihre Antwort gefiel ihm offenkundig viel besser: „Der Patient sollte leichten Ausdauersport in seinen Alltag einbauen", sagte sie, drückte dabei den Rücken durch und streckte den rechten Zeigefinger mahnend in die Luft. „Er sollte Blutdruck und Blutzucker regelmäßig überprüfen und lernen, wie man sich gesund und ballaststoffreich ernährt. Gerade ältere alleinstehende Männer sind hier oft sehr unbeholfen und brauchen Anleitung und Ermunterung. Anders als bei gleichaltrigen Frauen ist die Compliance in dieser Gruppe oft unbefriedigend."

Jetzt hatte der ältere alleinstehende Mann aber genug davon, dass ihm Fräulein Rotznase erzählte, wie er sich schnäuzen sollte.

„Gerade bei Männern ist die Unsicherheit nach einem Infarkt groß, ob der Liebesakt noch ausgeführt werden kann und ob das mit gesundheitlichen Gefahren verbunden ist." Ellenbruch musste sich räuspern und ruckelte ihren Kittel fest.

Reinheimer grinste fett: „Sie sehen, die junge Kollegin kennt sich aus. Sobald Sie zwei Etagen ohne zu schnaufen schaffen, können Sie wieder ran."

Hatte dieser Arzt völlig den Verstand verloren? Beck war immer schon nach einer Treppe außer Atem. Und mit wem hätte er den Liebesakt denn ausführen sollen? Genug jetzt! Schluss mit Compliance. Der Patient war bereit, seine Ärzte in die Flucht zu schlagen. Er spähte zur Sicherheit noch einmal nach links. Justin hatte Kopfhörer aufgezogen, man hörte leises Bassbrummeln. Özbak tippte auf einem seiner beiden Mobiltelefone herum. Schabacker lag mit offenem Mund auf dem Rücken und rasselte vor sich hin. Es konnte losgehen.

„Ich persönlich halte es bei medizinischen Fragen ja mit Jean-Baptiste Poquelin", sagte Beck zu Ellenbruch und machte eine bedeutungsvolle Pause, die ihren Chef offensichtlich irritierte.

„Wie, bitte?" Reinheimer räusperte sich. „Den Kollegen kenne ich nicht. Ein Kardiologe? Haben Sie ihn konsultiert?"

„Hab viel von ihm gelesen. War aber auch schon oft bei ihm. Sie müssten ihn eigentlich auch kennen. Ist ziemlich berühmt. Vor allem natürlich in Frankreich, aber auch hier."

„Tut mir leid, ich muss passen. Aber was sagt der Kollege denn?"

„Poquelin ist kein Arzt, er schreibt über Ärzte. Naja, jetzt nicht mehr. Kennen Sie den eingebildet Kranken?"

„Der eingebildete Kranke?"

„Nein, der Kranke ist nicht eingebildet, die Ärzte sind eingebildet, der Kranke bildet sich nur ein, krank zu sein."

„Was? Ich verstehe nicht. Sie reden doch von diesem Theaterstück. Ist doch Molière. Oder nicht?"

„Sie kennen ihn ja doch." Beck blinzelte den Doktor milde verständnisvoll an wie einen hoffnungslos doofen Gymnasiasten, der gerade das kleine Einmaleins aufgesagt hatte. „Ja, und der Mann hieß eigentlich Poquelin, er war gelernter Tapezierer, studierter Jurist und das Gegenteil von einem Hypochonder. Er hatte am Ende seines Lebens Lungentuberkulose, Schwellungen, hustete andauernd und machte sich einen Spaß daraus, über Ärzte zu schreiben, die gesunde Leute mit Einlauf, Aderlass und Schröpfkur gegen unreine Säfte quälten."

„Ja, ich denke, ich hab das Stück mal gesehen", erwiderte Reinheimer, ohne zu bemerken, dass Fusselbart und Struwwelkopf hinter ihm angefangen hatten, sich Notizen zu machen. „Da war Robert Koch auch noch nicht geboren, es gab kein Penicillin, und die Medizin war keine Wissenschaft, sondern ein experimenteller Aberglaube für Scharlatane und Quacksalber. Ich kann

Sie also beruhigen, wir behandeln nicht nach der Lehre von den Körpersäften, wir wollen keine Schröpfkur an ihnen vornehmen."

Netter Versuch, dachte Beck, nahm sich seinen Molière zu Herzen und erwiderte: „Lieber Herr Doktor, ohne Ihnen zu nahe treten zu wollen. Aber wenn ich Schnupfen habe, kriege ich heute Antibiotika, juckt mich der Rücken, verschreibt mir der Hautarzt Cortison, knackt mein Knie, spritzt der Orthopäde Hyaluronsäure, und wenn die Pumpe schlappmacht, empfiehlt der Kardiologe Betablocker. Wo ist da der Unterschied?"

„Ich muss doch sehr bitten." Mehr fiel Reinheimer nicht ein. So eine Widerrede hatte er noch nie gehört.

„Mein Freund Poquelin jedenfalls ist nicht zum Arzt gegangen, weil er der Meinung war, Ärzte sollten nur die Gesunden behandeln, am besten Hypochonder, die stark genug sind, ihre Kuren zu überleben. Deshalb hat er den Eingebildet Kranken nicht nur geschrieben, sondern auch gespielt, als er selbst schon schwer krank war. Das war seine beste Pointe."

Ellenbruch und Darrmann schrieben eifrig mit. Reinheimer suchte noch nach seiner Fassung: „Was machen Sie noch mal beruflich?"

„Ich bin der Theaterkritiker der Neuen Post."

Der Arzt blätterte in Becks Krankenakte. „Sehe schon. Sie sind ja auch direkt aus dem Theater zu uns gekommen. Das erklärt einiges."

„Auch da halte ich es mit Molière. Bis zur vierten Vorstellung hat er die Hauptrolle im Eingebildet Kranken gespielt. Am Ende des dritten Aktes soll der Kranke selbst zum Doktor promoviert werden, weil ihn das endgültig heilen wird. Sein Bruder ermuntert ihn: Man muss nur in Robe und Barett reden, dann wird alles Geschwätz zu Weisheit und jede Dummheit zu Vernunft." Beck war ein bisschen stolz drauf, dass er das auswendig wusste.

Reinheimer hatte für diese erstaunliche Gedächtnisleistung aber so gar keinen Sinn: „Sie wollen mich nicht zufällig gerade beleidigen?"

„Aber nein, Herr Doktor, ich rede nicht von Ihnen, ich rede von mir – und von Molière. In der vierten Vorstellung des Stücks, kurz vor dem Schluss, genau an der Stelle hat er einen schlimmen Schwächeanfall gekriegt, aber er hat es so hinbekommen, als würde es zur Rolle gehören. Dann haben sie ihn nach Hause geschafft, ihm ein Hopfenkissen unter den Kopf gelegt, er hat noch einmal Blut gespuckt und war tot. Verstehen Sie diese Ironie: Ein Todkranker macht sich über die Ärzteschaft lustig, ein Sterbender spielt einen kerngesunden Kranken."

Während dieses Exkurses hatte Reinheimer endlich bemerkt, dass Becks theatermedizinische Ausführungen in seinem Rücken eifrig notiert wurden. Mit einem unwirschen Schlag durch die Luft und einem blitzenden Blick bereitete Reinheimer diesem Treiben ein jähes Ende. Seine solariengegerbte Gesichtshaut sah mit einem Mal fahl und grünlich aus. Beck konnte sich gerade noch den Vorschlag verkneifen, der Arzt solle doch mal seinen Blutdruck messen, weil er blass sei. Doch er musste in sich hinein schmunzeln, und Reinheimer sah das.

„Ich weiß immer noch nicht, was Sie mir sagen wollen, und ich muss jetzt auch wirklich weiter. Aber soviel ist klar: Ihr Molière hatte Tuberkulose, Sie hatten einen Infarkt, und für Symptome der Theaterpest sind wir hier nicht zuständig. Eine Schwester wird Ihnen Unterlagen für die weitere Behandlung geben. Auf Wiedersehen.“

Das klang ziemlich eisig. Reinheimer, dessen Gesichtsfarbe während seiner kurzen Rede von grünweißlich zu gelbrötlich gewechselt hatte, drehte sich um. Ellenbruch und Darrmann schauten irritiert auf ihren Chef, Struwwelköpfchen spickte noch einmal kurz auf ihre verbotenen Molière-Notizen, Fusselbart hingegen hatte sein Klemmbrett sinken lassen, eilte sich beim Rausgehen, spähte in der Tür aber doch noch mal verstohlen zurück zu Becks Bett. Ob Darrmann jetzt wohl vorhatte, demnächst Molière im Theater den Puls zu fühlen? Wohl nicht. Wahrscheinlich dachte er eher, dieser renitente Herzpatient sei ein Fall für die psychiatrische Abteilung.

Gut so. Die war er los. Beck fixierte die geschlossene Zimmertür und atmete tief durch. Schabacker lag jetzt auf der Seite, sein Atem blubberte. Özbak hatte wieder beide Telefone in der Hand und sprach abwechselnd in sie hinein. Justin hatte keine Kopfhörer mehr im Ohr, dafür war er jetzt versunken in ein Videospiel auf seinem Computerbrettchen. Offenbar hatte keiner davon Notiz genommen, wie Beck das Trio in Weiß in die Flucht geschlagen hatte. Besser so. Er wendete den Kopf zum Fenster. Am vorhin noch blauen Himmel war eine dicke blauschwarze Wolke aufgezogen. Wind zauste die Äste gegenüber, fegte auch über das Flachdach, das er von seinem Platz aus sehen konnte. Eine Böe ergriff den Kadaver, der dort noch immer lag. Die eben noch schlappe Schwinge der Elster hob sich leicht, flatterte, als wollte ihm der tote Vogel zuwinken. Beck spürte, wie Molières komödiantische Kraftreserve, die er für die kleine Kontroverse mobilisiert hatte, aus seinem Körper entwich. Er fühlte sich wieder sehr schwach, schob die rechte Hand unter der Decke hervor, hob die Finger, winkte der Elster zurück. Dann schloss Beck seine Augen.

3 „Kommst Du?" Sie spritzte Wasser aus ihrer Sprudelflasche in seine Richtung, und er suchte Schutz unter seiner Zeitung. „Nun mach schon!" Beck freute sich über ihr Kleid: weiß mit roten Punkten. Es stand ihr so gut, gerade jetzt, da der Frühsommer ihre Beine leicht gebräunt hatte. So sah er sie am liebsten. Und wie jung sie war! Juliane sprang auf: „Komm, wir gehen Eis essen." Ja, dachte er, Eis essen, wie damals. Sein Blick schweifte über den See. Er war menschenleer, und auch am Ufer zeigte sich außer einem Entenpaar und ihnen niemand, obwohl die Sonne so schön schien.

Aus der Ferne drang ein Geräusch. Klang wie ein leiser Bohrer. Und dann wehte ein Duft heran, der so vertraut roch. Das war doch … Kaffee? Ja, ganz intensiv, aber auf ihrer Picknickdecke lagen Würstchen und ein Baguette, eine Salami und die Flasche Wasser, die Juliane abgestellt hatte. Und dann dieses Sirren, der einzige Ton, der überhaupt zu hören war, obwohl auch die Enten direkt vor ihnen ihre Schnäbel bewegten. Während das seltsame Geräusch über dem See lauter wurde, wunderte Beck sich, wie es überhaupt sein konnte, dass er hier mit ihr war. Sie war doch tot, lange schon tot.

Ein Schreck durchfuhr ihn, er öffnete die Augen und erkannte, wo er war: eingeschlafen auf dem Sofa, nebenan werkelte Franz, in der Küche machte sich Paula zu schaffen. Und am Ende des Sofas saß eine Frau im weißen Kleid mit roten Punkten und drehte ihm den Rücken zu, als würde sie schmollen. Beck nahm die Hände vor die Augen. Er fühlte sich benommen, war noch schwach, konnte das Trugbild nicht wegdrücken. Wieder schaute er hoch, rieb sich die Augen, immer noch saß Juliane da. Wie er sie von den alten Fotos aus den Siebzigern kannte, für immer die Studentin, in die er sich verliebt hatte. Er hatte die gelbrotstichigen Aufnahmen so oft angesehen, dass die Bilder der kranken Juliane vor seinem inneren Auge bis zur Unkenntlichkeit verblasst waren. Jung und gesund, so hatte er sie in Erinnerung behalten wollen, und das war ihm auch gelungen. Nichts mehr da von der ausgezehrten Erscheinung, von den eingefallen Wangen, den Knochen, die sich aus der fahlen Haut drückten. Er hatte sich Juliane erhalten, ewig Anfang zwanzig, und sie war ihm geblieben, erschien ihm immer mal wieder in Tagträumen. Konnte sein, dass sie sich monatelang nicht blicken ließ, und dann saß sie wieder jeden Abend bei ihm, begrüßte ihn morgens im Bad, sah ihm zu, wenn er an seinen Artikeln schrieb.

Beck hatte nie jemandem etwas davon erzählt. Er galt ohnehin schon als schrullig. Paula kannte fast alle seine Zipperlein und Macken, da musste er ihr nicht noch mit dem guten Geist seiner vor über zwölf Jahren gestorbenen Frau kommen. Doch jetzt sollte sich etwas ändern. Das hatte Beck beschlossen, als er aus dem Krankenhaus entlassen worden war. Der Infarkt war ein Zeichen gewesen. Es ging so nicht weiter, dass er allein mit seinen Erinnerungen lebte. Also hatte er Franz gebeten, Julianes Zimmer auszuräumen. Vor all ihren Schulbüchern stapelten sich Weinkisten, die er in seinem Kontor im Erdgeschoss nicht lagern konnte. Der Laden ging schlecht, sein Franchise-Vertrag, der ihm einmal gnadenhalber verlängert worden war, lief aus. Für die Kette i.vive war der Verkaufsraum ohnehin viel zu klein, im Grunde betrieb er vor allem eine Abholstation für Pakete, die im Internet bestellt worden waren und nicht direkt zugestellt werden konnten. Das passte längst nicht mehr ins Kontorkonzept, und es funktionierte auch nicht mehr, seit auch noch die Discounter Vinotheken sein wollten. I.vive stand für „In vino veritas", und die Wahrheit des Weines war: Es ging nicht mehr. Schluss mit dem Laden, Schluss auch mit dem Andachtsraum für seine Frau. Beck hielt den Kopf gesenkt, er hörte aus dem Nebenraum, wie Franz mit dem Akkuschrauber hantierte, in der Küche bollerte die Kaffeemaschine, und als er wieder aufblickte, war die Erscheinung im weißen Kleid mit den roten Punkten verschwunden.

Beck zog die Decke von den Füßen und schob mühsam den Oberkörper empor. Mal schauen, wie weit Franz war. Guter Junge. Er hatte ihn vor einigen Jahren

als Praktikant der „Neuen Post" kennen gelernt, und der
Kontakt war auch nicht abgerissen, als Franz ein Biolo-
giestudium begonnen hatte. Schon mehrfach hatte er
den Weinladen auf Vordermann gebracht, wenn Beck
Buch- und Lagerhaltung entglitten, was immer häufiger
der Fall war. Deshalb hatte er schon immer gesagt,
Franz würde einen guten Logistiker abgeben. Und da
dieser gerade sein Studium geschmissen hatte, weil ihm
die Freundin weggelaufen war – oder war es umge-
kehrt? – hegte Beck nun die Hoffnung, Franz könne
seinen Laden bis zur Geschäftsaufgabe führen. Er hatte
sich schon so seine Gedanken für die Zukunft gemacht,
aber gesagt hatte Beck es noch niemandem. Denn seit
seinem Infarkt waren alle um ihn herum sehr aufgeregt
und kamen ihm ständig mit guten Ratschlägen für seine
Gesundheit. Leider hatten all die freundlichen Hinweise
nichts mit dem zu tun, was er selbst sich vorgenommen
hatte. Beck sah Ärger auf sich zukommen.

Bevor er den Gedanken vertiefen konnte, tat es einen
heftigen Knall, der von einem leiseren Rumpeln, einem
erschreckten Schrei und einer Serie von Flüchen beglei-
tet wurde. Aus Julianes Arbeitszimmer quoll eine graue
Staubwolke, aus der Küche kam Paula mit Schürze und
Kochlöffel in der Hand ins Wohnzimmer und rief: „Um
Himmelswillen, was ist los?"

„Alles gut, alles gut", stöhnte Franz von nebenan,
und es polterte dazu. Was hatte der Junge bloß angestellt? Beck stand schwerfällig auf, stopfte das an ihm
herumflatternde Hemd in die ausgebeulte Hose,
schleppte sich zum Arbeitszimmer und schaute Paula
über die Schulter. Links, wo Franz die Bibliothek schon

abgebaut hatte, stapelten sich Bücher und Bretter säuberlich an der Wand. Rechts lagen sie kreuz und quer – und mittendrin hockte sein junger Helfer. Eigentlich sah man nur seine halblangen blonden Haare, von denen eine Strähne mit einem gelben Gummi zusammengehalten war und auf dem Hinterkopf aufragte wie ein Blümchen mit hängendem Kopf. Paula griff planlos zu Büchern, die bis vor ihre Füße gerutscht waren: „Was ist denn passiert? Hast Du Dir wehgetan?"

Franz kniff die Augen zusammen, sah Paula an, befühlte seine Stirn, auf der sich eine Schramme rötlich abzeichnete.

„Blutest Du?" Paula lief ins Badezimmer, kramte im Wandschrank und holte Verbandszeug.

„Nix passiert", rief Franz ihr nach und griff dann zu einem von mehreren weinroten Lederbänden. „Die sind auf einmal runtergekommen."

„Encyclopaedia Britannica", murmelte Beck, der immer noch im Türrahmen stand. Er hatte die zwei Dutzend Bände mal einem Antiquar angeboten, aber der hatte abgewinkt, und sie wegzuschmeißen, das hatte Beck nicht hingekriegt. „Hat Juliane gehört." Es klang nachdenklich. „Hab ich noch nie reingeschaut, wenn ich ehrlich bin."

„Wie auch, die waren ja quasi unter die Zimmerdecke geklemmt. Hätte ich mir auch denken können, dass es kippen kann. Und dann hat mich der hier erwischt." Franz hielt einen grünen Band, groß und schwer wie ein Mauerstein, in der Hand.

„Oh, Stanley Kubricks Napoleon-Projekt. Hab ich mal rezensiert. Kannst Du gerne haben."

„Den Film kenn ich nicht."

„Ist auch nie gedreht worden."

„Aha", erwiderte Franz, wollte grinsen, was sich aber nicht mit Stanley Kubricks Beule an seinem Kopf zu vertragen schien. „Schwerer Stoff."

Bevor Beck dem Jungen weitere Bücher schmackhaft machen konnte, ging Paula mit Alkohol, Pflaster und Tupfer dazwischen.

„So, Schluss jetzt. Komm mal her, Franz, ich versorg das jetzt." Sie kniete sich vor ihn hin, während sich Beck hinter ihrem Rücken zu einer Rechtfertigung genötigt sah: „Das ist alles nur die Schuld von dem grünen Napoleon."

„Was redest Du", fauchte Paula.

„Schon gut", sagte Franz, der als Scheidungskind beim Vater aufgewachsen war und das Bemuttertwerden nicht gut abkonnte. „Meine Schuld. Ich hab ein paar Weinkisten vor dem Regal weggeschoben, und dann ist es eingestürzt. Dachte, es wäre oben in der Wand verankert wie auf der anderen Seite, war es aber nicht."

Tja, das hätte er dem Jungen sagen können. Die Weinkisten standen ja am Fuße des Regals, um die auf dieser Seite höchst wacklige Konstruktion zu stabilisieren. Weil er sich nicht mehr bücken wollte, hatte Beck die unteren Bretter freigeräumt und alles, was er von Julianes Nachschlagewerken noch brauchen konnte, ab Brusthöhe einsortiert. Wenn schon der Wein bei ihm in

der Wohnung rumstand, weil im Laden kein Platz war,
dann sollte er doch für irgendwas gut sein. Und die
„Encyclopaedia Britannica" hatte er schon vor Jahren –
mit damals noch mehr Kraft in den Armen – als festge-
klemmten Abschlussstein ganz oben in seine Bücher-
wand gestemmt. Er hatte das bislang für eine sehr gute
Idee gehalten. War aber vielleicht doch nicht so geschickt gewesen, dachte sich Beck nun mit schlechtem
Gewissen.

Aber heute war nicht der Tag für Schuldeingeständ-
nisse, heute wollte er sich keine Blöße geben, damit ihm
nachher keiner in die Parade fahren konnte, wenn er
seinen Plan vorstellte. Also versuchte er es mit einem
verständnisvollen Vorwurf: „Ach, Paula, der Junge kann
ja noch nicht alles wissen. Aber Franz, Du musst auch
aufpassen, dass Du nicht alles kaputtmachst, wenn Du
so kräftig anpackst."

Paula schaute ihn schief an: „Sei froh, dass er Dir
hilft und ihm nichts passiert ist."

Die Türklingel verhinderte, dass Beck sich auf der
Suche nach Ausflüchten noch verplappern konnte. Das
mussten Bernd und Gitta sein. Der Polizeipräsident und
seine Frau, beide Theater-Abonnenten und treue Kunden seines Weinladens, hatten sich zum Kaffee angekündigt. Er witterte eine Verschwörung. Seine Freunde
wollten ihn in die Mangel nehmen, aber er war vorbereitet.

„Ich mach auf", sagte Beck und schlappte zur Woh-
nungstür, während Paula hinter ihm Franz aufhalf. Im
Treppenhaus hörte er schon die Rudolfs, und als Gitta
das letzte Stück Treppe emporkam, winkte sie bereits

mit einem Gemüsekorb: „Hallo Justus, wie geht's? Schau mal, was wir mitgebracht haben." Sah aus wie Balkonpflanzen, dachte Beck. Gitta jubelte: „Brokkoli, Artischocken, Lauch, Fenchel, Süßkartoffeln, Tomaten. Da kann Paula Dir Auflauf machen, Du musst ja jetzt ganz viel, ganz gesund essen, dass Du nicht vom Fleisch fällst. Früchtetee haben wir Dir auch mitgebracht." Gitta stand mittlerweile vor ihm, warf mit einer Umarmung den Gemüsekorb um ihn herum.

„Lass uns doch erst Mal ankommen", rief Bernd und zog mit seinen zwei Metern gewohnheitsmäßig den Kopf ein, als er über die Schwelle trat. Doch noch im Flur fing auch er an: „Hier, schau mal, drei Wanderführer. Lauter Touren, die Du mit Bus und Bahn erreichen kannst. Gitta meinte, Du sollst unbedingt Deine Ausdauer stärken."

„Ja! Oder Du fährst mal für ein paar Tage mit dem Zug weg. Natur-Genuss-Route durch die Lüneburger Heide." Gitta blätterte in einem der Bändchen. „Oder hier: Bodensee." Schon griff sie zum nächsten: „Hier, auch schön: Fischland und Darß."

Bei so viel Enthusiasmus wollte Bernd sich nicht lumpen lassen: „Man kann auch Paddeln und Radfahren kombinieren. Haben wir auch schon mal im Werratal gemacht."

„Schön, danke", seufzte Beck. Das hatte er befürchtet. „Kommt doch erst mal rein. Franz hat gerade das Arbeitszimmer in Schutt und Asche gelegt."

Die Begrüßung der Anderen verlief herzlich. Gitta und Paula tauschten vegetarische Rezepte aus, Bernd und Franz fachsimpelten über Bohrmaschinen, Akkuscharuber, Dübelsysteme und alte Kriegsverletzungen im Hobbykeller. Bald schon war die Tafel für Fünf gedeckt und Paulas Obstkuchen ohne Sahne mit Früchtetee aufgetischt. Es gab auch Blümchenkaffee ohne Koffein. Bloß nichts, was den Blutdruck steigen ließ. Beck hatte sich sein drittbestes graues Jackett angezogen, das Paula schon hatte aussortieren wollen. Dazu legte er sich eine blaue Fliege um den Hals. Das tat er sonst nie, und er fing sich auch prompt einen belustigten Blick von Paula ein. Schnell erhob sich ein Gespräch über gesunde Ernährung, frische Luft und die schädliche Wirkung des Alkohols.

Beck erkannte, was da auf ihn zukam. Seit er aus der Klinik zurück war, hatte Paula heimlich dafür gesorgt, dass keine Weinflaschen mehr in Becks Griffweite waren. Aber das hatte er durchschaut und ein Depot angelegt: vier Flaschen blauer Portugieser aus Rheinhessen unter seinen langen Unterhosen. Da würde Paula nicht rumkramen, jetzt, wo der Sommer vor der Tür stand. Und zur Sicherheit noch je zwei Literflaschen Dornfelder und Lemberger im Kleiderschrank unten, hinter den Stiefeln. Alles nur für den Ernstfall. Ein bisschen weniger musste er ja trinken, aber wegnehmen lassen wollte er sich auch nichts. Und dann ging's los: Gitta fing an, über Kurkliniken zu referieren und einen Kollegen von Bernd, der dort nach einer Bandscheiben-OP doch wieder so schön auf die Füße gekommen war. Beck wusste, es war höchste Zeit, dazwischen zugehen, sonst würden sie ihn fürsorglich überrollen. Er räusperte sich, hob seine Tasse und klopfte mit dem Löffel dagegen.

„Ihr Lieben, schön dass Ihr da seid. Ich weiß, Ihr macht Euch ganz viele Sorgen um meine Gesundheit. Und Paula, Du hast im Theater einen großen Schreck gekriegt. Aber keine Angst, Mir geht es schon wieder sehr gut, und ich bin auch fest entschlossen, einige Sachen in meinem Leben zu ändern.“

„So ist's recht“, sagte Gitta, fast gleichzeitig entfuhr Paula: „Gottseidank!“ Und Bernd klatschte in die Hände: „Lass mich raten: Klinikum Dahlienhof! Das sind die Besten, da war auch mein Vorgänger nach seinem zweiten Infarkt.“

„Das war doch nach seinem Schlaganfall“, fuhr Gitta dazwischen.

„Nein, davor! Ist aber auch egal.“

Der multimorbide Polizeipräsident a.D. kam Beck jedoch sehr gelegen: „Sehe schon, im Dahlienhof wird man erst so richtig krank. Deshalb ist die gute Nachricht: Da gehe ich nicht hin.“ Kunstpause. Erwartungsfrohe Verwunderung blickte ihm schweigend entgegen. „Ich gehe ins Kurhotel Nehoda Imperial.“ Die Verwunderung verwandelte sich in stilles Staunen, bis Gitta als Erste die Sprache wiederfand. „In Weinfurt? Aber das ist keine Klinik.“

„Nein, aber vier Sterne Superior mit Wellnessbereich und zu Fuß durch den Park gar nicht weit zu den Festspielen.“

Ausgerechnet Franz, der die ganze Zeit nur Obstkuchen gemampft hatte, blickte am schnellsten durch: „Du fährst nach Bad Weinfurt, um Theater zu gucken?“

„Richtig. Es gibt nichts, was mir besser täte. Und außerdem lass ich mich dann im Hotel von Kopf bis Fuß verwöhnen.“

„Aber Du hast doch gehört, was Doktor Reinheimer gesagt hat.“ Paula war konsterniert, und wenn Beck es richtig sah, bildete sich gerade eine winzige Wasserlache am unteren Lid ihres linken Auges.

„Hör mir auf mit diesem Reinheimer“, erwiderte Beck patziger, als er vorgehabt hatte. „Ich sag Dir: Doktor Hofmannsthal und Professor Zuckmayer behandeln mich an der frischen Luft. Das ist für mich die beste Medizin.“ Und dann erklärte er seinen Freunden, dass das Hotel in der Kurstadt bereits gebucht sei. Mit seiner Redaktion hatte er abgesprochen, dass er über die vier Premieren der Festspiele berichten werde. Die hatten im Kulturteil zwar bislang nie interessiert, weil in Weinfurt über 24 Jahre hinweg ein Theaterverein mit engagierten Laien-Aufführungen zwar respektable, jedoch kaum erwähnenswerte Arbeit geleistet hatte. Nun aber war zum Jubiläum ein neues Team am Start. Ein auch nicht mehr ganz junger Regisseur, dem das Prädikat angehängt worden war, allzeit radikal wild zu sein, hatte die Intendanz übernommen. Neue Sponsoren hatten dafür gesorgt, dass etliche Schauspieler aus dem Nachmittagsfernsehen auf der Kurstadtbühne ihre künstlerische Sommerfrische genießen konnten. Bei aller wilden Radikalität sollte es doch vor allem ein Publicity-Spektakel mit vielen Galas werden. Und weil Beck nun schon mal dort kuren wollte und – was Spesen und Honorare betraf – strenge Diät hielt, hatte die Chefredaktion grünes Licht für seinen Einsatz gegeben.

Für das wenige Geld, das sie ihm überweisen wollten, würde er in der Zeit vielleicht dreimal gut essen gehen können. Aber das war ihm egal, und dem Chefredakteur war es auch deshalb recht, weil die „Neue Post" in der Kurstadt sonst nicht viel zu melden hatte. Dort saß nur ein strafversetzter Ressortleiter, dem die Redaktion weggespart worden war und der seine Artikel meist bei der größeren Kurstadtzeitung abschrieb. Da konnte ein wenig zugereiste Kulturkompetenz nicht schaden.

Beck war von seinem eigenen Vortrag über feuilletonistische Perspektiven der Provinzpublizistik selbst ganz hingerissen, dabei hörte vor allem Paula gar nicht richtig zu. Gitta schüttelte den Kopf und Bernd nuschelte „Ich weiß ja nicht" in sich hinein. Nur Franz, der sich bereits dem vierten Stück Obstkuchen zugewendet hatte, schien zufrieden, vor allem, als Beck ankündigte, ihn als kommissarischen Geschäftsführer im Weinkontor einsetzen zu wollen. „Cool, geht klar", krümelte es aus ihm heraus, die Gabel noch im Mund. Zwischen Massage, Fango und Premieren wollte Beck auch die Winzer der Kurstadt besuchen und schauen, ob er nach dem Auslaufen der i.vive-Lizenz seinen Laden nicht als Direktvermarkter regionaler Tropfen weiterführen könnte. Vor allem Hermann Castus, den größten Winzer am Ort, der zugleich die Festspiele unterstützte, hatte er dabei im Auge

Noch einmal raffte sich Paula zu einem Einspruch auf: „Aber, Dein Herz…" Weiter kam sie nicht.

„Ja, Paula, genau an den Sachen hängt mein Herz, deshalb mache ich meine Theaterkur mit Weinproben."

Auch Gitta versuchte es noch mal: „Du sollst aber doch keinen Wein…“

„Ich muss ihn nur schmecken, nicht trinken. Wenn das Eure größte Sorge ist: Ich spuck alles aus, versprochen!“ Sie schienen es glauben zu wollen, dabei musste Beck schon innere Widerstände überwinden, wenn er korkenden Wein wegkippte. Aber das fiel jetzt gerade keinem ein, weshalb die Sache buchstäblich gegessen war, als Franz auch das letzte Stück Obstkuchen auf seinen Teller schob.

Paula und ihre Mitstreiter hatten resigniert. Gitta versprach noch, Wander- und Radführer für die Weinberge rund um Weinfurt zu besorgen, Paula räumte still ab, Franz kaute zufrieden, und Bernd war drauf und dran, sich in der Festspielzeit zu einer Weinprobe mit Beck zu verabreden. Aber nur, wenn er dann nicht mitkommen müsse ins Theater.

Mit den letzten Tellern war das ganze Thema abgeräumt. Franz, auf dessen Stirn sich unter dem Pflaster mittlerweile deutlich eine Beule abzeichnete, wollte seinen leichten Kopfschmerz auskurieren und versprach, anderntags wiederzukommen. Gitta und Paula beratschlagten noch, was mit dem vielen Gemüse anzustellen war, während Bernd anfing, Beck von Elektrofahrrädern vorzuschwärmen. Das wäre doch was für ihn! Beck nickte halbherzig, dabei dachte er aber nur daran, wie er seinen alten Saab noch bis in die Kurstadt und über den TÜV kriegen sollte. Er ließ es sich aber nicht anmerken. „Elektro! Ganz schön schnell, was? Ich denk drüber nach.“ Damit war Bernd zufrieden, und im nächsten

Moment standen seine Gäste im Treppenhaus und verabschiedeten sich.

Puh, dachte sich Beck, als die Haustür zufiel und er wieder allein war. Das war geschafft. Er atmete tief durch, griff sich mit der rechten Hand an die linke Brust und spürte, dass sein Herz leicht war. Langsam streifte er durch seine Wohnung, im Schlafzimmer zog er an der Schublade mit den langen Unterhosen, fingerte ganz nach hinten und zog eine Flasche Portugieser raus. Gedankenverloren ging er in die Küche, griff wie ferngesteuert zum Korkenzieher, füllte sich ein Glas randvoll, nippte daran und lief dann weiter in Julianes Arbeitszimmer, vorbei am Trümmerhaufen aus Brettern und Büchern.

Die Sonne schien, wärmte schon kräftig durch die Scheibe. Es würde ein guter Theatersommer werden. Das spürte er. Unten auf der Straße sah er Paula, Franz, Bernd und Gitta. Sie redeten, die Frauen wirkten aufgeregt, die Männer standen regungslos daneben und schienen nur darauf zu warten, endlich wegzukommen. Dann ging jeder seiner Wege, und als Paula nach rechts um die Ecke abgebogen war, schien es Beck, als wäre ihr eine junge Frau in einem weißen Kleid mit roten Punkten entgegengekommen. Aber als Beck das Fenster geöffnet hatte, um besser rausschauen zu können, war die Straße menschenleer.

4 „Du siehst so anders aus." Paula musterte ihn von unten nach oben und wieder nach unten. Es kam ihr vor, als habe er sich verkleidet, als wolle er bei den Festspielen nicht nur zuschauen, sondern auch selbst auftreten. „Also, ich weiß nicht."

„Natürlich. Es muss ja auch anders werden. Das hab ich auch verstanden", sagte Beck und zuppelte an seiner Weste.

„Ja, aber der Arzt hat das nicht modisch gemeint, sondern medizinisch."

„Das hängt alles zusammen", erwiderte Beck und knöpfte seine Weste zusammen.

„Ich weiß auch nicht, ob Dir das steht." Vor ihr stand ein altes mageres Hähnchen, das sich Pfauenfedern aufgesteckt hatte. „Kannst mich doch mitnehmen beim Einkaufen."

„Was meinst Du denn, ist doch klassisch englisch." Beck blickte an sich herab: Weste mit graubraunem Karo, hellbraune Stoffhose und eine Baumwollfliege mit blauen Streifen, die zugegebenermaßen auch ein gefaltetes Taschentuch hätte sein können. Aber irgendwie passte es doch, dachte sich Beck, setzte sich die Tweed-Kappe auf und schlang den roten Schal um den Hals.

„Was machst Du denn jetzt?" Paula griff zur Fliege, Beck wich zurück. „Zieh das doch aus. Ist doch alles viel zu warm. Du schnürst Dir ja die Luft ab. Und diese Frisur." Sie lüftete seine Kappe, wuschelte durch sein Haar und strich es dann wieder glatt. Seine Haare widersetzten sich. Paula tat einen Schritt zurück, stemmte die Hände in die Hüften. „Was ist denn das? Hast Du Dir eine Welle reinmachen lassen. Soll das ein Minipli sein?"

Da hatte sie sich jahrelang darüber beschwert, dass seine letzten grauen Strähnen wie Sauerkraut an ihm herunterhingen, und jetzt war es auch wieder nicht recht.

„Der Friseur hat gesagt: Ich mach Ihnen was Schickes." Beck war jetzt doch ein wenig verunsichert. „Ist doch flott."

„Na, immerhin hat er Dir keine hellblaue Dauerwelle reingemacht, sonst könntest Du als Deine eigene Oma gehen. Aber irgendwie siehst Du jetzt aus wie der Opa von Toni Schumacher."

„Wer?" Beck hatte es nicht mit Fußballern.

„Dann halt wie der Opa von Atze Schröder."

„Was?" Beck hatte es auch nicht mit Quatschköpfen.

„Ist ja auch egal", motzte Paula. „Ich versteh den ganzen Aufzug nicht."

„Ich wollte Dir zeigen, was ich Neues gekauft habe. Du sagst doch immer: Kauf Dir mal was Anständiges." Ein bisschen Enthusiasmus hatte er sich schon von ihr erwartet.

„Aber, Du musst doch nicht sooo losfahren. Da zieht man doch was Bequemes an."

Beck fand das jetzt bequem, er wollte das bequem finden. Hinter ihm stand ein kleiner alter Koffer mit braunen Lederriemen. Der kam noch auf die Rückbank.

Da waren seine Bücher drin. Im Wagen verstaut waren schon vier Koffer, zumeist mit den Kleidern, die Paula seit Jahren hatte ausrangieren wollen. Aber eine Garnitur für die Festspiele hatte sich Beck geleistet, die wollte er jetzt präsentieren, und er erwartete angemessenen Jubel. Kriegte er aber nicht. Das Jackett mit dem grünblauen Einstecktuch brauchte er ihr jetzt gar nicht mehr zu zeigen. Paula hob eine Tragetasche vor Becks Nase.

„Da ist Kartoffel-Brokkoli-Auflauf drin, Gemüseschnitze mit drei Dips, Multivitaminsaft und…" Paula zog eine Packung heraus: „Ginsengtee mit Zitronengras, Pfefferminze, Hagebutte, Orangenschalen, Süßholz, Kardamom, Zimt, Ingwer, Zitronenöl, Brennnessel, Luzerne, schwarzem Pfeffer, Selleriesamen , Nelken…"

„Gut, gut!" Beck musste sie jetzt dringend unterbrechen: „Ich hab Vollpension, weißt Du doch."

„Ja, und ich weiß, was Du immer so isst."

„Ach, Paula, Du kommst mich ja sicher mal besuchen. Ist ja nicht so weit."

„Ja, aber Du hättest trotzdem den Zug nehmen können. Wer weiß, ob nicht wieder an dem Wagen was ist. Dann stehst Du da."

Gewiss, Beck hing mehr an seinem Saab, als der Wagen an ihm. Der altersschwache 900er wollte immer wieder auseinanderfallen. War keine gute Baureihe. Das Blech dünner als sonst bei den alten Schweden. Dieser hier sah zwar trotz einiger Rostblasen noch ganz robust aus, knarzte und ächzte aber seit einiger Zeit erschreckend altersschwach. Fünf Monate bis zum TÜV. Ob er da noch mal drüber kam, wusste Beck nicht. Aber zu seiner Festival-Kur wollte er mit Weste und Fliege im eigenen Automobil vorfahren. Ja, er wollte auto mobil sein: selbst beweglich! Da konnte Paula jetzt sagen, was sie wollte.

Beck blickte noch einmal hinauf zu seiner Wohnung, zum Fenster ohne Vorhänge, hinter dem Julianes altes Geisterzimmer lag, jetzt leer und weiß getüncht. Keine Ahnung, was er eines Tages in diesem Raum verstauen sollte, aber die Leere dort oben machte ihn leicht. Was für ein Ballast dieser Raum auf seinem Gemüt gewesen war, wusste er erst jetzt, da der Druck verschwunden war. Mit einem guten Gefühl räumte er die letzten Stücke ein, packte Taschen, Koffer, Pakete und einen roten Beutel für den Notfall so, dass er kaum noch was sah durch die Heckscheibe, drückte Paula – „Dank Dir. Bis bald!" – ließ sich in die Rückenkissen auf den ausgeleierten Fahrersitz fallen. Beck startete, der Saab stotterte, wolkte grauschwarz, hustete und machte einen großen Sprung nach vorne. Paula tat einen kleinen Satz zur Seite, Beck winkte noch, und schon war er um die Ecke.

Der Saab stöhnte. Doch das Geräusch wurde an jeder Ecke leiser, und Beck hörte zunächst nicht diesen anderen hohen Ton. Je mehr er sich von der Innenstadt entfernte, desto mehr hellte sich seine Laune auf. Und als er die Felder am Stadtrand sah, war er bereit zur großen Expedition. Es sollte zwar nur 60 Kilometer durch Wälder und Hügel gehen, aber für ihn und seinen alten Schweden war das schon eine Fernreise. Selten war Beck zuletzt weiter als bis ins Parkhaus des Stadttheaters oder zum Verlagshaus im Gewerbegebiet gerollt. Nun aber lag für einige Zeit die letzte Ampel hinter ihnen. Beck hatte die Kappe wieder aufgezogen, die Fenster geöffnet, schaltete hoch und fühlte sich ein wenig verwegen. Dazu passte es, dass der Saab mittlerweile kämpferisch schnaubte. Ja, so klang der Aufbruch! Beck drückte noch ein wenig mehr auf die Tube. Der Wagen fauchte. Was für ein Spaß! Warum war er nicht früher mal einfach so rausgefahren? Den Kopf lüften, den Motor hochjubeln. Viel zu lange hatte er in seiner stickigen Bude gehockt, zugeschaut, wie Julianes Andenken einstaubten und er selbst Spinnenweben ansetzte. Der Saab jubelte jetzt zweistimmig. Hinter dem Bassbrüllen war immer deutlicher dieser hohe Ton zu hören, ein fast außerirdisches Sirren, als würde er in einer fliegenden Untertasse aus den Fünfzigern sitzen. Am Ende einer langgezogenen Kurve trat Beck noch stärker aufs Gas, wollte auf die Gerade herauspreschen, da verlor der Wagen alle Spannung, die Leistung sackte spürbar ab, und im selben Moment sah Beck die Fahrbahn nicht mehr. Er fuhr durch Nebel, was ja nicht sein konnte an diesem trockenen sonnigen Tag. Im Rückspiegel war der Nebel schon verweht, an den Seiten zischte er vorbei, vorne aber war er fast undurchdringlich und wurde immer dicker, je langsamer der Wagen rollte. Da erst verstand Beck, dass der weiße Nebel unter der Motorhaube hervorquoll und heißer Dampf war. Im selben Moment, als ihn dieser Gedanke durchzuckte, schüttelte ihn der Wagen durch. Es tat einen Knall, der Saab hob sich leicht an. Beck sah sich panisch um. Hatte er etwas überrollt? Nein, da lag nichts. Das konnte er im Rückspiegel erkennen, während er an den Fahrbahnrand lenkte, wo Knirschen und Jaulen erklangen, als würde sich Metall in Metall verbeißen. Nur wenige Meter mehr, dann hielt der Wagen ächzend an. Mit einem schweren Seufzen entwich noch einmal eine große Wolke, dann blubberte es nur noch leise.

Beck hielt das Lenkrad umklammert. Nicht weil es noch etwas zum Lenken gegeben hätte, sondern weil er innerlich Halt suchte. Das gab's doch jetzt nicht. Endlich hatte er den Aufbruch geschafft, und schon steckte er mitten im Wald fest. Als sich der Krampf in seinen Fingern gelöst hatte, Beck das Mobiltelefon im Handschuhfach gefunden und den Abschleppdienst angerufen hatte, sollte es noch fast eine Stunde dauern, bis Hilfe zu erwarten war. Beck stieg aus, zwängte sich zwischen Koffer und Taschen, fingerte nach dem roten Beutel und zog. Sein Notfallbesteck leistete Widerstand, klemmte, hakte so sehr, dass Beck unruhig wurde und so lange zerrte, bis ihm der Beutel fast entgegensprang. Um ein Haar wäre ihm die Flasche entglitten. Das kleine dickwandige Gläschen klirrte bedenklich, doch alles blieb heil. Beck atmete tief durch, bohrte hastig in den Korken und zog heftig. Ein Pfützchen ins Glas. Beck schnüffelte: Er hatte nicht geglaubt, dass er den Sangiovese-Verschnitt so schnell brauchen würde. Eigentlich hatte er den toskanischen Montepulciano nur deshalb mitgenommen, weil er fürchtete, die vielen Weißen aus der Kurstadt könnten ihm irgendwann zu den Ohren herauskommen. Aber jetzt kam ihm dieser Rote genau recht. Er tat einen großen Schluck. Das war gut! Noch einen und noch einen und noch einen. Als habe er Durst. Hatte er Durst? Beim dritten Glas hörte er auf, darüber nachzudenken. Nach dem vierten wurde er schläfrig, und als er schließlich wie betäubt hinter dem Lenkrad in sich zusammensackte, war nur noch so wenig in der

Flasche, dass sie nicht einmal auslief, als Beck sie in seinem unruhigen Nickerchen mit der Wade im Fußraum seines Wagens umstürzte.

So schnell der Schlaf gekommen war, so bleiern zog er ihn in die Tiefe, aus der er nur langsam wieder emporstieg, um einem seltsamen Ton zu folgen. War es eine Sirene? Nein, ein Hupen! Wo war er? Während er noch blinzend nachdachte, klopfte es an die Windschutzscheibe. Beck schreckte auf. Vor der Motorhaube ragte ein gelber Abschleppwagen mit Kran auf, ein dicker Glatzkopf stand neben ihm, redete gegen die Scheibe und gestikulierte. Wie lang stand der schon da? Beck war immer noch benommen, kurbelte das Fenster runter, und ein Schwall streng riechender Worte schwappte zu ihm herein. Beck verstand nichts von Motoren, stammelte etwas von Rauch und Geräuschen, kriegte mit Mühe die Haube entriegelt und hörte dann den Mechaniker in seinem Motorraum rumoren.

Zwischen das Geklapper seines Werkzeugs mischten sich Flüche. Beck verstand nur Satzfetzen. „Eijeijei“ und „Was für ein Dreck“, aber auch „Du lieber Gott“ oder „Das gibt's doch gar nicht.“ Beck traute sich nicht aus dem Auto heraus. Er konnte ohnehin nur mit Mühe Scheibenwaschwasser und Öl unterscheiden. Mit dem dicken Schrauber würde er kein vernünftiges Gespräch zustande bringen. Mit einem Schraubenschlüssel in der Hand baute er sich neben Beck auf. Sah martialisch aus wie eine Polizeikontrolle in diesen amerikanischen Krimis. Beck blickte verunsichert auf den Bauch des Mannes neben seiner Fahrertür. „Sie müssen raus“, blaffte die grüne Latzhose. „Ich nehm den Wagen hoch.

Aber das sag ich Ihnen gleich: Ich weiß nicht, ob das noch was wird."

Die Koffer konnte Beck im Auto lassen. Er selbst musste auf dem Beifahrersitz des Abschleppwagens Platz nehmen. Auf der Fahrt in die Kurstadt sprach der Mann am Lenkrad nicht viel und das wenige in einer Mechatronikersprache, die Beck nicht verstand. Irgendwas mit dem Motor, Getriebe, Achse, Rost und Öl. Es ergab für Beck keinen konkreten Sinn, aber es klang nicht gut.

Beck hing im Gurt. So hatte er sich die Fahrt in sein neues Leben nicht vorgestellt. Draußen zogen die letzten Bäume vorüber und es öffnete sich das Tal mit dem kleinen Fluss, an dessen Ufern die Weinberge der Kurstadt bisweilen steil aufstiegen. Eine Burg-Ruine aus rotem Sandstein schmiegte sich, von Wald gekrönt, an die obersten Weinlagen. Auf den Zinnen flatterten die Fahnen des Festivals, das dort seine größte und grünste Bühne besaß – mit einem Parkett, das von einer gewaltigen Linde beschirmt wurde und einer Bühne, die direkt in den Wald überzugehen schien. Die Postkarten-Aussicht des Kurorts hellte Becks Stimmung wieder auf, und je näher der Ort kam, desto besser wusste er wieder, warum er sich so auf diese Auszeit gefreut hatte. Neben dem Ortsschild „Bad Weinfurt" prangte ein gigantisches gelbes Transparent. Schon von weitem sah man den schwarzen Schriftzug „Festspielstadt". Ja, sie hatten sich hier einiges vorgenommen. Schluss mit dem betulichen Sommertheater. Zwar waren ganz klassisch Hofmannstahl, Molière, Kleist und Zuckmayer angekündigt, aber mit Regietheater und Sponsorenspektakel.

Darauf waren die Weinfurter ganz stolz, hatte er im Programmheft gelesen. Erst als sie fast schon vorbei waren, erkannte Beck, dass über dem Wort „Festspielstadt" etwas kleiner und in rot wie mit der Sprühpistole geschrieben „Bankrott einer" stand.

Der Abschleppwagen umkurvte zwei Verkehrsinseln. Auf der einen stand ein enorm großes Weinfass, auf der anderen eine alte Kelter. Dahinter tauchten schon die ersten schiefen Fachwerkhäuser auf. Was für ein erfreulicher Anblick. Beck wunderte sich schon gar nicht mehr über die Antiwerbung am Ortseingang, da erblickte er auch schon das Plakat für „Jedermann", und auch hier hatte ein Sprayer die Botschaft verändert, durchgestrichen und dazugekritzelt, so dass da nun stand: „Jedermann muss sterben". Kaum zweihundert Meter weiter grüßte „Der eingebildet Kranke – ein Gesundheitsprogramm", doch das war kaum noch zu erkennen, dafür prangte hier nun fett und schwarz: „Total krank". So ging es weiter: Vom „Zerbrochnen Krug" blieb nur „Krieg". Und „Weinberg, die fröhliche Gastroshow", ein Event frei nach Zuckmayer, war übermalt mit der Krakel-Drohung „Tod dem Weinberg".

Beck fragte sich, ob das nun Marketing oder Vandalismus war. Die Frage an den Fahrer, was es mit den Plakaten auf sich habe, hätte er sich sparen können. Die grüne Latzhose klärte Beck darüber auf, dass „Jedermann muss sterben" und „Tod dem Weinberg" wohl Theaterstücke seien. Und als Beck einwandte, dass Hofmannsthal und Zuckmayer andere Titel gewählt hatten, murrte der Fahrer: „Schade, ich wollt mir das schon angucken. Na, das wird dann ja eine schöne Kunst-Kacke sein.“

Der Diskurs über Aufführungsästhetik war damit nur wenig länger ausgefallen als zuvor das Fachgespräch über Karosserie und Hydraulik. Die beiden Männer hatten sich nichts mehr zu sagen, bis Beck endlich mit seinen Koffern auf dem Bordstein vor dem „Nehoda Imperial“ stand. Er war verblüfft. Im Katalog hatte es besser ausgesehen. Die glänzenden Steinfliesen der Achtziger-Jahre-Fassade waren mit Efeu überwachsen, der aus dem angrenzenden Kurpark zu kommen schien und offenbar dabei war, das Hotel langsam zu verschlingen. Ein wenig enttäuscht streifte sein Blick ins Grüne, doch bevor ihn der prächtige Park hätte aufmuntern können, rief der Mechaniker aus dem Führerhaus noch: „Ich melde mich. Aber machen Sie sich keine Hoffnung.“ Dann sah Beck, wie sein alter Schwede huckepack um die nächste Ecke verschwand. Da stand er nun mit all seinen Koffern und Taschen. Bis zur Lobby waren es noch einige Meter. Kein Kofferwagen zu sehen. Er wollte sich gerade auf den Weg, die Auffahrt hinauf zum Empfang machen, da kam ihm auch schon ein Portier in Sakko und Mütze entgegen. Wie aufmerksam, dachte sich Beck und hob dem Mann einen Koffer entgegen. Und der junge Herr eilte sich. Ja, er rannte. Das wäre nun auch nicht nötig. Und wieso hatte er einen Besen in der Hand? Beck blieb verwundert stehen und merkte, dass der Portier zwar in seine Richtung rannte, ihn aber offenbar gar nicht wahrnahm. Schon war er an ihm vorbei. Beck schaute ihm nach und sah, wie der Mann auf einen Grünstreifen auf der anderen Straßenseite zurannte. Dort standen drei Flaggenmasten, an denen Banner des Festivals flatterten – und eines stand in Flammen. Der Portier schlug von unten gegen den qualmenden Stoff. Als wenn da noch etwas zu retten gewesen wäre. Glühende Fetzen fielen auf ihn herab. Beck stand da, immer noch mit seinem Koffer in der Hand, und staunte: Was für ein Empfang!

Zweiter Aufzug:
Gunderloch

1 Die Morgensonne fingerte durch das schüttere Blätterdach des Kurparks. Er hatte das Jackett lässig über die Schulter geworfen und pfiff die Habanera aus „Carmen": Die Liebe ist ein wilder Vogel! Ein Grünspecht hüpfte auf den Kiesweg, pickte, hob den Kopf und flatterte davon, als er ihn kommen sah. Vor ihm sprudelte ein Mineralbrünnchen in einem verglasten Pavillon. Hier musste man ja gesund werden. Und Beck fühlte sich auch schon fast wie neu geboren. Direkt nach dem Frühstück war er bei Frau Weißmehl gewesen, einer kleinen gedrungenen Erscheinung von Mitte dreißig, die auf ihrem Kittel das Namensschild „Antonia" trug, von allen aber nur Toni gerufen wurde. Sie stellte sich als Leiterin der Wellnessabteilung vor, wobei von anderen Mitarbeitern nichts zu sehen war. Gemeinsam hatten sie ein Kurprogramm mit Herz notiert, wie Dr. Reinheimer es sicher noch nie gesehen hatte.

Mit Pediküre wollten sie beginnen. Nicht dass Beck darauf Lust gehabt hätte, aber Toni hatte es ihm abgenötigt, als er in den flauschigen Puschen des Hotels bei ihr aufgelaufen war und sie die graugelben Zacken an seinen schwieligen Zehen gesehen hatte. Nun gut, sollte sie halt hobeln. Er selbst kam schon seit Jahren nicht mehr an seine Füße ran. Der Rücken! Und Paula hatte sich irgendwann nicht mehr für zuständig erklärt, weil sie sich ekelte. Anfangs hatte sie noch geschimpft, aber er hatte keinerlei Interesse an Fußpflege gezeigt, nur darauf gewartet, dass allzu lange Nägel abbrachen und dabei mit Schaben an Stuhlbeinen und Schrankleisten manchmal etwas nachgeholfen. War sowieso egal. Wer sah schon seine Füße? Nicht mal er selbst schaute sie an. Paula wiederum hatte sich irgendwann damit abgefunden und einfach immer jene Socken aussortiert, die seine krummen Krallen perforiert hatten. Nun aber würde Toni seine Zehen salben, und Paula würde staunen.

Als Nächstes standen Massagen auf dem Programm, was Beck für ein Allheilmittel gegen all seine Leiden hielt. Sein kaputter Rücken würde sicher davon profitieren, aber bestimmt auch sein Herz. Jedenfalls hatte er heute Morgen zum Kombucha-Tee schon eine Tablette extra genommen. Er war ja in Theaterkur und hatte sich vorgenommen, endlich mal auf sich aufzupassen. Zu Yoga hatte Toni ihn auch überredet, wobei er das anfangs mit dem Argument abgewehrt hatte, dies sei nur etwas für Frauen. Doch Toni war hartnäckig geblieben, hatte die Arme in die Hüften gestemmt, streng geschaut und ihm Einzelunterricht verordnet. Und zum Höhepunkt seiner Entspannungskur sollte dann die Sauna werden, die ihn locker und schön müde machen würde. Das hatte er sich noch nie getraut. Nicht nur wegen der Hitze, sondern wegen der Kleiderordnung. Das Adamskostüm stand ihm einfach nicht. Hatte ihm noch nie gestanden, doch jetzt war es völlig ausgeleiert. Aber auch hier ließ die resolute Frau Weißmehl keine Einwände gelten, verwies auf die grauen Frotteehandtücher, in die er sich einwickeln könne. Und statt wie die Finnen am Siedepunkt zu verdampfen, würde er sich ins schwülwarme Kaldarium setzen wie die alten Römer. Drum musste er auch diesen Punkt abnicken.

Nun gut. Er war ja wild entschlossen, vieles anders und manches neu zu machen. Also würde er auch schwitzen. Konnte ja nicht so schwierig sein. Und vielleicht war er ja auch allein in der Sauna. So allein wie jetzt im Kurpark. Ein Eichhörnchen flitzte vor ihm über den Kiesweg, stoppte, hob den Kopf, baute sich vor ihm zu voller Größte auf, als wollte es zeigen, wem der Weg gehört. Der Kleine fixierte Beck, der wie eingefroren dastand. Er hatte den Eindruck, dass dieses Tierchen auf Krawall aus war. Du überschätzt Dich maßlos, dachte Beck, zog tadelnd eine Braue hoch und machte einen Schritt auf das Eichhörnchen zu. Nun verschwand es rechts in einem Busch. Beck schaute ihm nach, da blieb sein Blick an einem Zettel am Boden haften, der ihm nur deshalb auffiel, weil in einigem Abstand dahinter noch mehr Papiere lagen. Daheim hätte er das gar nicht wahrgenommen, flog immer irgendwas auf der Straße rum. Doch hier war alles so aufgeräumt, lieblich geharkt und begrünt. Beck bückte sich und las: „Brennen soll Jedermann!" Ein paar Schritte weiter fand er „Bombenstimmung für die Kultur" Und dann entdeckte er, festgepinnt an einer Birke: „Ihr werdet schon sehen, was ihr davon habt!" Beck klaubte einige Zettel zusammen und ging weiter. Es lagen noch mehr Papiere auf dem Weg, und an einige Bäume waren weitere Steckbriefe gepinnt.

Was sollte das bloß? Gab es in der Kurstadt eine Kulturguerilla? Toni hatte ihm erzählt, dass sich nicht alle im Städtchen darüber freuten, dass jetzt Fernsehstars bei den Festspielen auftraten. Früher, als sich in der Hauptredaktion der „Neuen Post" noch niemand für dieses Festival interessiert hatte, war es ein Fest der Bürger gewesen. Kinderchor und Musikschule, Karnevalisten und Landfrauen, alle waren sie dabei gewesen. Auch Toni, die von einem Auftritt als Statistin im „Sommernachtstraum" erzählte, bei dem sie als Zauberwaldelfe im kurzen Rock tanzend Blütenblätter verstreuen durfte. Klang zum Fremdschämen, hatte Frau Weißmehl aber offenbar derart nachhaltig beglückt, dass sie nun nicht sonderlich traurig war, nicht mehr mitmachen zu können. „Das ist ja jetzt nix mehr für mich", wusste sie, ohne sagen zu können, was „das" denn nun sei. Andere im Ort aber waren offenbar nicht nur traurig, sondern wütend. So wütend, dass sie Flugblätter verstreuten, Plakate beschmierten und Fahnen anzündeten? Das müsste sich ja gleich klären lassen. Schließlich war in einer Stunde die Eröffnungspressekonferenz im alten Rathaus. Vorher aber hatte Beck noch ein wenig die Gegend erkunden wollen.

Ein Springbrunnen mit einem Flötenspieler, aus dessen Instrument ein schlapper Wasserschwall schwappte, markierte das Ende des Kurparks und den Anfang der Fußgängerzone. Betonfassaden und Kunststoff aus den Siebzigern wechselten planlos mit Fachwerk ab. Aber es war den Stadtplanern bei aller erkennbaren Anstrengung nicht gelungen, den historischen Charme des Städtchens ganz zu tilgen. In den Erdgeschosszeilen waren kleine Läden untergebracht: Mobiltelefone, Speiseeis, Nippes, Schuhe, Lotto und Schreibwaren. Für Beck war nichts dabei. Lustlos zog er weiter, bis ihn aus der Ferne ein weißer Fleck aufmerken ließ. Beim Näherkommen erkannte er rote Kreise. Sah aus wie Julianes Lieblingskleid, dachte er. Keine zwanzig Meter, bevor er den Ständer vor einer kleinen Boutique erreichen konnte, kam ihm eine blonde Frau in grüner Bluse und schwarzem Rock zuvor, griff das Stück, so dass Beck es gut sehen konnte: genau wie das, was Juliane in seinen Tagträumen trug. Bevor er das Kleid in sicherem Abstand genauer inspizieren konnte, trat ein deutlich jüngerer Mann mit südländischem Teint und schwarzen Locken neben die Blonde, griff ihr an die Schulter, zog sie zu sich und gab ihr einen Kuss auf die Wange. Sie drehte sich um, lachte, hielt sich das Kleid vor den Körper. Nein, dachte Beck, passt gar nicht. Das hat nur Juliane gestanden. Doch der Latin Lover gab der Blonden, die sicher mehr als 15 Jahre älter war, als Zustimmung zwei erhobene Daumen und schob sie dann förmlich in den Laden. Beck schmunzelte in sich hinein, schüttelte unmerklich den Kopf und ging weiter.

Siebenhundertfünfzig Meter Fußgängerzone, eine Tasse Zimt-Hopfen-Tee, ein Glas Babyspinat-Petersilie-Grapefruit-Staudensellerie-Detox-Smoothie und einen doppelten Brandy später erreichte er das alte Rathaus, einen Fachwerkbau mit vielen Erkern und spitz zulaufenden Türmchen. Sah verdächtig nach Grimms Märchen in Disneyland aus, war aber original spätmittelalterlich. Hier wollten die Macher des Festivals erklären, was alles anders sein sollte als früher – also so ziemlich alles.

Er selbst war nur zum Zuhören gekommen. Über Parkplätze, Imbissbuden und Sponsoren sollte mal schön die Lokalausgabe berichten. Vor dem Rathaus war ein roter Läufer ausgerollt. Acht überlebensgroße Porträts flankierten das Entree wie Standarten. Sie zeigten Schauspieler, die jeder kannte, weil sie im Vorabendprogramm zu sehen waren, weshalb Beck sie eben nicht kannte. Hostessen warteten am Eingang mit Tabletts, auf denen Sektkelche standen.

„Haben Sie auch grünen Tee?"

Die junge Dame lächelte: „Tut mir leid."

Nun gut, er hatte es versucht. Da konnte Paula wirklich nichts sagen. Also nahm Beck die Brause, aber mit Orangensaft, wegen der Vitamine.

Über den roten Teppich ging es weiter vorbei an Wänden, auf denen die Logos diverser Firmen prangten, hinein in den dunkel getäfelten Ratssaal, der an der Rückwand mit dem Stadtwappen und dem Banner des Festivals geflaggt war. Davor standen an einer langen Tafel drei Namensschilder: Links Hermann Castus, das war der Winzerkönig und seit dieser Spielzeit auch der Hauptgeldgeber. Passend zu den Festspielen lautete seine Werbung „Spitzenweine für jedermann", weshalb das Logo „Hecastus" auf allen Sponsorenschildern am größten und in der Mitte zu finden war. Beck wollte dem Mann einen Besuch abstatten, um zu sehen, wie sich mit der Jedermannauslese in seinem Lädchen Handel treiben ließe. Als Direktvermarkter mit „Weinbar & Vinothek" in einem „Hecastus-Flagshipstore" für Image- und Kundenbildung sorgen, das war Becks Marketingplan, den er per Brief und E-Mail rausgeschickt hatte. Ohne Antwort. Und auch am Telefon hatte er Castus nicht erreicht. Aber jetzt war Beck ja da, heute würde er ihn sprechen.

In der Mitte stand das Schild für Anatol Wildmoser-Bettencour, einen jener nicht mehr ganz jungen Berufswilden, der vor drei Jahren auch schon mal im Theater von Becks kleiner Heimatstadt demonstriert hatte, dass er wusste, wie man einen Skandal inszeniert. Rechts schließlich der Platz für den jungen Bürgermeister Nicolaus Staat-Morgenroth, im Ort nur schnittig „Stamonic" gekürzelt, dem hier die ehrenvolle Aufgabe des obersten Grüßaugusts zufallen würde. Von den drei Herren war außer ihren Schildern aber noch nichts zu sehen. Dafür hatten zwei Fernsehteams links und rechts des Podiums Stellung bezogen. So viel war bei diesen Festspielen noch nie los gewesen. Die Öffentlichkeitsarbeit lief ja schon mal gut, dachte sich Beck und ließ sich in der zweiten Reihe vor dem Podium in eine Bank sinken.

Er hatte seinen Hintern noch nicht zurechtgeruckelt, da flötete neben ihm eine Frauenstimme: „Hallo, ich bin die Claudia. Kann ich mich zu Dir setzen?"

Beck schaute auf und sah direkt vor sich den Ausschnitt einer luftigen grünen Bluse, in dem sein Blick hängen blieb, was ihm unangenehm war, denn eigentlich starrte er keine Frauen an, es sei denn sie standen auf Bühnen und deklamierten Blankverse. Als er seine Augen mit purer Willenskraft losgerissen hatte, lächelte ihn ein bekanntes Gesicht an: die Blonde mit dem Latin Lover. Was trieb die denn hier? Pflichtschuldig machte Beck eine einladende Handbewegung zum freien Stuhl neben ihm und murmelte: „Tag, Justus Beck, Neue Post."

„Ach, Du bist der Theaterkritiker, den die Post geschickt hat. Was für eine Ehre." Das schien kein Spott zu sein, jedenfalls strahlte die Blonde ihn an. „Da muss ich mich ja an Dich halten. Ich schreib für unser Heimatblatt hier. Eigentlich über alles, aber von Theater hab ich leider keine Ahnung. Früher hab ich immer den Leiter der Musikschule und den Deutschlehrer meines Sohnes gefragt, wie es war, aber jetzt kannst Du mir ja helfen."

Wie? War diese Frau irre? Das hatte Beck ja noch nie erlebt. „Cestonaro" stand auf der Pressemappe, die sie vor sich gelegt hatte, und Beck wollte sich gerade einen Satz zurechtlegen, der mit den Wort „Sehr geehrte Frau Kollegin Cestonaro" begann. Aber bevor er ihr journalistisches Amtshilfeersuchen scharf zurückweisen konnte, hatte sie seine Einwilligung schon stillschweigend reklamiert. „Du bist ein Netter, das sehe ich gleich. Nicht so wie Dein Chef, dieser Schnösel. Da kommt er ja."

Durch einen Seiteneingang kam Kevin Jung herein, ins Gespräch mit Bürgermeister und Winzer vertieft. Das sah ihm ähnlich. Beck kannte Jung noch als freien Mitarbeiter, der auf der Überholspur Karriere bei der „Post" gemacht hatte, das Blatt umkrempeln wollte, dann aber wegen allzu großer Nähe zu einer attraktiven Parteivorsitzenden über eine Politaffäre gestolpert und in die Kurstadt strafversetzt worden war. Hier war er nun als Redaktionsleiter Chef seiner selbst, wanzte sich offenbar wieder eitel an die Mächtigen ran und ließ es sich so gut gehen, dass er mittlerweile wie ein Fass mit roter Kugel auf den Schultern aussah. Gerade dreißig und schon kurz vor dem Platzen. Jung konnte Kultur nicht leiden, und Beck konnte ihn nicht leiden, weshalb er, statt die übergriffige Kollegin zurechtzuweisen, nur knurrte: „Das ist nicht mein Chef!"

„Du kannst ihn auch nicht leiden. Das freut mich." Wieso duzt die mich, ärgerte sich Beck und ertappte sich dabei, wie er ihre gebräunten Beine in den schwarzen Schuhen mit halbhohem Absatz inspizierte. Innerlich rief er sich zur Ordnung, während die Kollegin vom „Heimatblatt" munter weiter sprudelte: „Dein Chef ist ein echter Idiot, schleimt sich überall ein, hält sich für was Besseres, und am Ende schreibt er doch alles bei uns ab. So ein Lackaffe. Ach, wir beide werden viel Spaß haben."

Mittlerweile war der Winzerkönig allen voran auf das Podium getreten. Hermann Castus, fast zwei Meter, drei Zentner, akkurat getrimmter Vollbart, verschränkte die Arme vor der Brust, ließ den Blick missbilligend durch den nur halb gefüllten Ratssaal schweifen, registrierte dann aber mit sichtlichem Wohlgefallen die Anwesenheit der beiden Kamerateams. Dann trat er in die Mitte, hob nacheinander alle drei Namensschilder an, verschob seines in die Mitte, wo er als größter Geldgeber hingehörte, platzierte den Intendanten nach links, ließ sich auf seinen neuen Platz fallen und thronte dort schon, bevor Wildmoser-Bettencour und Staat-Morgenroth irgendwas mitbekommen hatten. Sie schienen sich auch gar nicht zu wundern, dass sie bei dieser Pressekonferenz nur die Beisitzer des kolossalen Castus sein sollten.

„Ohne den geht hier gar nichts", sagte Claudia Cestonaro, die aus dem Augenwinkel die Machtergreifung des Geldgebers gesehen hatte, deutete mit der Linken zur Bühne und legte die andere Hand auf Becks Schulter, dass er zusammenzuckte. Geht's noch, dachte er und fühlte sich zugleich auf verwirrende Weise geschmeichelt. Und während er sich noch darüber ärgern wollte, dass diese wildfremde Person an ihm rumfingerte, sog er einen süßen Duft ein, der ihn betörte. Wieder fiel sein Blick in ihren Ausschnitt, dass er blinzeln musste. Vorne hatte die Pressekonferenz bereits begonnen, aber er konnte nicht zuhören, weil die Blonde mit dem duftigen Parfüm unablässig an seinem Ohr hing und hineinhauchte: „Ich kenne ja einige Leute, die stinksauer sind auf den Großen da vorne." Viel mehr kriegte Beck nicht mit, weil ihr Duft ihm die Sinne trübte, aber als er wieder einigermaßen bei Verstand war, entzog er ihr mit einer immensen Willensanstrengung seinen Unterarm, der schon ganz warm von ihrer Hand war, wendete sich ihr zu und bemühte sich um geschäftsmäßige Freundlichkeit, so wie ein Bankberater schaut, der den Dispozinssatz leider, leider fünf Prozent hochsetzen muss: „Hat der Ärger mit Castus etwas zu tun mit den verschmierten Plakaten in der Stadt?"

Schon hing sie wieder an seinem Ohr, er spürte ihren warmen Atem. Es kribbelte in seinen Zehen wie sonst nur bei schwülem Wetter, wenn sein Herz mal wieder schlapp machte. „Ich glaub, das fragen wir ihn gleich mal selber. Finde ich eh viel interessanter als diesen ganzen Kunstkram." Während der Bürgermeister vorne das Parkplatzkonzept mit Powerpoint-Projektionen vorstellte und die Einweihung eines lokalen Weinmuseums ankündigte, Castus den VIP-Bereich, seine „Hecastus-Lounge", anpries, hauchte Claudia Cestonaro ihm leise, aber ununterbrochen ins Ohr: Namen, die Beck nicht kannte, Anekdoten aus der Stadt, die er sich nicht merken konnte. Er wollte der Pressekonferenz folgen, aber es war aussichtslos. Er wollte sich über die ungebetene Gesellschaft an seiner Seite ärgern, aber es ging nicht. Stattdessen musste er den Sitz seines Hemdes und seiner Hose prüfen. Eine drangvolle Sorge schob sich vor alle anderen Gedanken: Hatte er richtig geknöpft? War irgendwo ein Fleck? Schuppte es auf seine Schultern? Auffällig unauffällig wischte er sich Phantomflusen vom Revers, schaute angestrengt zum Podium, nickte reflexhaft, als würde er Claudia Cestonaro zustimmen. Dabei kriegte er eigentlich gar nichts mit, außer dass eine ängstliche Eitelkeit in ihm emporquoll, die ihm völlig fremd war. Lag seine neue Frisur gut? Beck tippte sich an den Scheitel. Roch sein Atem streng? Er schob die Hand vor den Mund, atmete hinein. Puh, frisch ging anders. Aber was bildete er sich denn ein? Die Dame neben ihm hatte ja ihren Latin Lover. Wobei – war sie nicht viel zu alt für so einen Lustknaben? Der hätte ja fast ihr Sohn sein können. In diesem Moment schlug sie die Beine übereinander und sein Blick streifte ihr Knie. Ihn schwindelte. Hatte er wieder einen Anfall? Nein! Mit größter Mühe konzentrierte er sich auf das, was vorne vor sich ging. Doch das Geplapper neben ihm, die Vorträge vorne und dieser Duft verwirrten ihn, kosteten Kraft. Vielleicht hätte er den Sekt doch nicht trinken sollen. Oder noch eine Tablette mehr? Oder eine weniger? Beck spürte eine Schwere in sich aufsteigen, gegen die er kaum noch ankämpfen konnte.

Hermann Castus referierte gerade darüber, dass er für jede Premiere eine Extra-Edition herausbringen werde: zum feierlichen Auftakt das Zuckmayer-Cuvee „Wunder des Weinbergs", danach „Hofmannstahls Spätlese" als weißen Schoppenwein, „Kleists kühlen Krug", und – wie sich das für einen Franzosen gehörte – einen Roten mit Namen „Molières Medizin".

Der Gedanke an eine Weinprobe beruhigte Becks Gemüt, da packte Claudia seinen Arm und schüttelte ihn: „Oh, Mann, wie lange will der seine Weine denn noch anpreisen? Ich will jetzt endlich wissen, was hier wirklich los ist." Doch an Fragen der Presse war nicht zu denken, denn nun war Anatol Wildmoser-Bettencour dran, ein rotbärtiger Bayer mit Fünftagebart und Locken, die nicht zu bändigen waren. Er galt in der Szene als scharfer Schürzenjäger. Die Besetzungscouch des „wilden Moser", wie er in den Theaterkantinen genannt wurde, war berüchtigt. Wobei Beck nie verstanden hatte, was den Mann so unwiderstehlich machte. Wird wohl seine Macht sein, tröstete er sich. Wildmoser jedenfalls gab sich alle Mühe, auch bei der Pressekonferenz den Kunst-Erotomanen zu spielen. Stets eine Hand in der Höhe, die unsichtbare Objekte liebkoste, beschwor der Intendant, der sich wortreich für seine radikale Sinnlichkeit lobte, eine künstlerische Vision, die offenbar darin bestand, möglichst viele Produkte der Sponsoren in den Ablauf der Handlung zu integrieren. Das sollte Kaufimpulse setzen und zugleich Konsumkritik sein.

Eigentlich war Wildmoser-Bettencour ja für abgedrehtes Regietheater bekannt, nun aber schien er einen

Dauerwerbeklassiker inszenieren zu wollen, was gewiss auch wieder ziemlich abgedreht werden musste. „Sind wir hier bei einer Kaffeefahrt?", schimpfte Claudia neben ihm. „Was ist denn das für ein Schmierlappen?" Der Satz riss Beck aus seiner müden Grübelei und machte ihm die aufdringliche Kollegin an seiner Seite schlagartig sympathisch. Offenbar war ja doch nicht jede Frau Anatol Wildmoser-Bettencour gegenüber willenlos. Der Gedanke schmeichelte Beck, der das Gefühl genoss, ohne sich zu fragen, was ihn da kitzelte.

Der große Meister auf dem Podium war mittlerweile dazu übergegangen, den Journalisten zu erklären, warum der „Jedermann", die zweite der vier Festspielpremieren, nicht vor der katholischen Pfarrkirche, sondern vor einer Filiale der Sparkasse spielen sollte. Claudia hatte, ermattet vom Vortrag, Becks Arm gerade wieder losgelassen, da brachte ein schwerer Schlag die Pressekonferenz zum Schweigen. Man spürte ein leichtes Zittern. Ein Murmeln lief durch den Raum. Hermann Castus hatte sich als Erster gefasst, griff zum Mikrofon: „Meine Damen und Herren…" Weiter kam er nicht, da sprang die Tür auf, ein Mann im dunkelgrauen Kittel, offenbar der Pförtner, kam herein und rief: „Abbrechen, abbrechen! Eine Bombe! Alle raus hier, alle raus!" Im nächsten Moment war Panik im Saal, die drei Herren vom Podium sprangen auf und verschwanden durch eine Tür an der Rückwand, die sie offenbar hinter sich verschlossen hatten. Jedenfalls kam Kevin Jung, der ganz vorne gesessen hatte und hinterhergerannt war, nicht mehr hinein. Er ruckelte an der Klinke, sah ein, dass er hier nicht weiter kam, dann drehte er sich um, rannte durch den Ratssaal und schrie „weg da, weg da".

Jetzt war der Tumult komplett. „Terroristen“, rief einer. „Das waren Terroristen.“ Alle drängten nun an die zweiflügelige Eingangstür, deren einer Teil aber verriegelt war. Auch die Kamerateams wollten dort durch, steckten aber mit Stativen und Lampen kreuz und quer fest, weshalb sich am Ausgang ein Pfropf aus Mensch und Technik bildete. Nichts ging mehr.

Für solche Hektik war Beck generell nicht gemacht. Erst recht nicht, wo sein Kreislauf gerade so am Boden war. Langsam erhob er sich, während Claudia Cestonaro längst stand und ängstlich um sich blickte: „Sind da draußen wirklich Terroristen?“ Das konnte er jetzt ja gar nicht gebrauchen. „Lassen wir die Kollegen erstmal in ihr Unglück laufen. Dann haben wir immer noch Zeit.“ In der Tat löste sich die Verstopfung an der Tür schnell, und die beiden konnten hinter dem panischen Pulk in aller Ruhe durchs Foyer ins Freie treten. Draußen, vor dem Rathaus, hatte sich eine Menschenmenge gebildet, aus deren Mitte Rauch aufstieg. Im nächsten Moment schon fuhren fünf Fahrzeuge von Feuerwehr und Polizei auf den Platz. Die Menge strebte auseinander, da sah man die Trümmer eines Kassenhäuschens, in dem Karten fürs Freilichttheater zu erwerben gewesen waren. Das Dach war fort, Holzstücke lagen im Umkreis verstreut. „Ich glaube ja nicht, dass Al Kaida sich für die Festspiele interessiert“, sagte Beck. Claudia Cestonaro sah ihn noch immer staunend an: „Du bist ja cool drauf.“ Das hatte noch nie jemand zu ihm gesagt. Justus Cool! Wenn sie wüsste, dass er einfach nur schlapp machte. Oder war das etwa ironisch gemeint? Beck entschied sich schnell dafür, den Satz als Ausdruck aufrichtiger Bewunderung zu nehmen. Eben noch war er zu matt gewesen, um angemessen in Panik zu verfallen, aber jetzt fühlte er sich geradezu heldenhaft. In ihm stieg ein Gefühl auf, das seinen eingefallenen Brustkorb merklich weitete, das Blut wieder kräftiger strömen ließ und seine Backen rötete. Beck war stolz.

2 Was für eine Wohltat. Becks schmerzende Füße glitten in die warme Seifenlauge. Die Blasen und Schwielen taten aber auch höllisch weh. Am Morgen hatte er sich noch ein Taxi gegönnt. Sein Saab war immer noch nicht wieder zu gebrauchen. Und wie es sich am Telefon angehört hatte, sah der Chef der Werkstatt auch gar keinen Sinn darin, den alten Schweden wieder flott zu machen. Viel lieber wollte er Beck einen jungen Koreaner, der bei ihm auf dem Hof einstaubte, zu einem frechen Preis überlassen. Um diesem Ansinnen Nachdruck zu verleihen, hatte er eine lange Mängelliste heruntergebetet, an deren Ende eine Zahl stand, die Beck schlucken ließ. „Schöner Wagen, schlechte Baureihe", das war des Meisters Mantra. Sie hatten sich darauf geeinigt, dass der Saab noch einige Tage auf dem Werkstatthof stehen bleiben könne, falls sich vielleicht doch noch ein Liebhaber und Schrauber für ihn fände. „Aber im Grunde können Sie das vergessen", hatte er noch in den Hörer gehustet und als Abschiedsformel etwas von wegen „Abwrackprämie" drangehängt.

Also Taxi: Über zehn Kilometer raus aus der Kurstadt in die flacheren Regionen des Weinbaugebiets, wo in einer Ebene mitten in den Feldern ein trutziges Landgut lag. „Castus Castle" nannte man die Anlage mit den markanten Feuerstein-Mauern in der Stadt. Nachdem das Büro von Castus zwar einen dreiseitigen „Fragebogen zur Ersterfassung von Kundenkontakten" geschickt, nach der Rücksendung aber weder auf Anrufe noch auf Schreiben reagiert hatte, wollte Beck nun direkt bei ihm vorbeischauen. Schließlich gab es im Landgut auch einen kleinen Verkaufsraum. Da würde er schon ins Gespräch kommen, hatte er gedacht. Doch dann stand er vor dem verschlossenen schmiedeeisernen Tor. Er rüttelte, er rief, er drückte auf einen Klingelknopf. Nichts geschah, obwohl es doch offen hätte sein müssen. Lag es an der ominösen Sprengung gestern? Die Polizei hatte den Platz bald geräumt, von den Festspielen hatte sich keiner mehr blicken lassen, Gerüchte von islamistischen Terroristen liefen seither durch die Stadt, doch da niemand verletzt worden war, hatte der Schrecken eine wohlige Note. Und als dann am Abend die Meldung der Polizei gekommen war, man gehe davon aus, dass illegales Feuerwerk zur Explosion gebracht worden sei, sackte die leicht frivole Panik ermüdet in sich zusammen wie ein angestochenes Soufflé. Polen-Böller gegen eine Karten-Bude. Klang nach einem verspäteten Abi-Streich, hatte der Kellner beim Frühstück gesagt.

„Und was ist mit den brennenden Flaggen und den verschmierten Plakaten?" Auf Becks Frage hatte der Mann mit der Stoffserviette überm Arm nur abgewinkt. „Kinderkram!" Dann sollten die Festivalmacher doch eigentlich keinen Grund zur Sorge haben. Dennoch stand Beck nun vor verschlossener Tür. „Castus Castle" uneinnehmbar. Er wollte schon wieder gehen, da sah er auf der linken Seite des Innenhofs einen Mann, dem er winkend zurief. Ein bulliger Kerl mit olivgrünen Gummistiefeln und blauer Latzhose. Als er sich näherte, erkannte Beck auf einem schmalen weißen Stoffstreifen den Namen „Sortini". Zehn Meter vor dem Tor blieb der Bulle stehen und grunzte, was Beck wolle. Er nannte seinen Namen und sein Anliegen. Die Antwort war schroff: „Wir kennen Sie. Herr Castus empfängt heute nicht. Kommen Sie ein andermal." Dann drehte er sich um. Beck rief noch „Aber, hallo!" Doch dieser Sortini war schon hinter einer Tür verschwunden. Wieso kannte der Kerl ihn? War sein Fragebogen also doch ausgewertet worden? Hatte man sich weitergehend mit ihm beschäftigt, vielleicht Erkundigungen eingeholt, weil er übers Theater schreiben wollte, das Castus bezahlte? Oder war das hier Kafka mit versteckter Kamera? Beck steckte den Kopf zwischen die Gitter und ließ den Blick schweifen über die Anlage, die aus vielen eng aneinander stehenden niedrigen Bauten bestand. Es gab einen Turm, Schwärme von Krähen umkreisten ihn. Aber nirgends ein Mensch zu sehen. Er zuckte mit den Schultern, drehte sich um, nestelte in seinen Taschen und merkte dann, dass er sein Mobiltelefon im Hotel vergessen hatte. Noch einmal ging er ans Tor und rief „Hören Sie mich? Können Sie mir ein Taxi rufen?" Doch es rührte sich nichts.

Wohl oder übel musste er laufen. Erst über den langen Pflasterweg, der durch die Weinfelder zum Gutshof führte, dann staubige Pisten entlang. Schließlich wollte er sich nicht auf der Landstraße totfahren lassen. Tatsächlich begegnete ihm auf dem Weg, den er gewählt hatte, kein einziges Auto. Beim Versuch, durch ein Waldstück abzukürzen, verlief er sich. Anfangs dachte er noch darüber nach, was mit diesem Castus los sein mochte, warum er sich so verbarrikadierte. Doch es fiel ihm immer schwerer, den Gedanken festzuhalten. Beck schwitzte kalt, musste immer öfter immer längere Pausen machen. Auf einer Holzbank überkam ihn Müdigkeit wie ein Schatten. Erst nach fast drei Stunden erreichte er den Rand der Kurstadt, nur um den Bus, der hier alle 20 Minuten fuhr, knapp zu verpassen. Und jetzt hatte die Linie Mittagspause. Er schaute auf die Uhr, sah, dass er noch ein wenig Zeit hatte, schöpfte noch einige Minuten unter dem Dach der Haltestelle Kraft, dann schleppte er sich fort. Eine weitere halbe Stunde später – mit schmerzenden Zehen, schwitzenden Füßen in rutschenden Socken und zu engen Schuhen – kam Beck endlich ins Hotel und konnte geradewegs durchlaufen zu Toni, die sich ja heute seine Füße vornehmen wollte. Wenn schon nichts klappte, das immerhin passte.

So saß er nun, die Füße im warmen Schaum, wartete darauf, dass Frau Weißmehl zurückkommen würde und ließ seinen Blick durch die Glasscheiben der Wellnessabteilung hinausgleiten in den Flur, der sich übers Treppenhaus ins Foyer hin öffnete. So richtig glücklich war er im „Nehoda Imperial" nicht. Das Haus versprach im Katalog Bewirtung im Stile neobarocker Kurstadtpracht wie in Böhmen, von wo die damals jungen Brüder Ludek und Zdenek Nehoda in den Achtzigern in den Westen gezogen waren. Doch ein zweites Karlsbad hatten sie nicht gefunden, weshalb sie in Weinfurt ein neu gebautes und schnell aufgegebenes Tagungshotel übernommen hatten. Gegen die postmodernen Schnörkel, die Fensterchen, die sich nicht gescheit putzen ließen, die Türmchen, die für nichts gut waren, außer dass es durchs Dach tropfte, und die braunen polierten Steinfassaden, die nie schmutzig wurden, aber auch nie gut aussahen, gegen all das konnten die Brüder Nehoda nichts ausrichten, weshalb sie drinnen großzügig schwere Vorhänge, dicke Läufer und klobige Leuchter verteilten, die sich auf Werbefotos ganz stilvoll machten, in der Realität aber so gar nicht zu diesem Bau passen wollten. Die Inneneinrichtung erzählte beredt davon, dass die Brüder Nehoda immer noch auf der Suche nach ihrem alten Leben waren und dass dieses Hotel nur ein dekorierter Kompromiss war. Das ganze Haus verströmte eine nostalgisch parfümierte Sehnsucht nach einem Anderswo, die es dem Gast eigentlich unmöglich machte, hier innerlich anzukommen.

Was Beck durch die Glasscheibe sah, ließ ihn zwar heftig an der Wahl seiner Bleibe zweifeln, dennoch durchzog ihn ein Gefühl von Erholung, das sich von seinen Zehen über die Waden nach oben schob. Ach, diese armen dicken Füße. Er hob den rechten aus der Seifenlauge: fette Füße! Das Wasser hatte sich derart im Gewebe gestaut, dass der Knöchel nicht mehr zu erkennen war, der Fuß fast ansatzlos in die Wade überging. Nur an der Stelle, wo der Sockenbund eingeschnitten hatte, war eine Art Taille zu erkennen. Eigentlich war an Beck ja nicht viel dran, aber seine Füße wurden zunehmend klobig. Er wusste schon, warum er, wenn es irgendwie ging, auf Spaziergänge verzichtete. Für ihn waren das immer Gewaltmärsche. Er wollte sich gerade wieder ein wenig bedauern, da ging eine Tür auf, und Antonia Weißmehl stand in weißem Kittel, weißen Socken und silberfarbenen Gesundheitssandalen vor ihm.

„Wollen wir loslegen?“ Beck schmunzelte und schaute auf das seifige Wasser und plätscherte mit den Zehen: „Tun Sie, was Sie nicht lassen können.“

Mit festem Griff packte Toni seine rechte Wade und legte gleich los, hobelte an seiner Hornhaut herum, zog dabei an seinen Zehen, wie sie noch nie gestreckt worden waren. „Ui“, machte Beck und „autsch“ und „oh“, was Toni aber nicht einhalten ließ. Im Gegenteil, sie wirkte bedrohlich angespornt: „Wird aber auch Zeit, dass hier mal einer rangeht“, sagte sie und griff zu einem Fräser. Um sich von ihrem groben Zugriff abzulenken, begann er ein Gespräch und musste gleich feststellen, dass die forsche Frau Weißmehl keinerlei podologische Ausbildung besaß. „Ich hab meinem Opa und meinem Vater die Füße gemacht.“ Da sollte sie mit einem wie Justus Beck doch allemal fertig werden. Zweifel oder gar Widerspruch waren sinnlos, weshalb er sich auch nicht zu mucken getraute, als sie ihn wieder zwickte. Lieber reden. „Was ist eigentlich mit diesem Castus los? Ich war heute bei ihm, aber er hat sich in seinem Weingut verbarrikadiert.“

„Das wundert mich nicht. Der Mann leidet an Verfolgungswahn, wenn Sie mich fragen. Und nachdem ihm gestern seine schöne Pressekonferenz um die Ohren geflogen ist, hat er ja auch allen Grund. Sie waren ja dabei.“

„Das wissen Sie?“ Beck staunte, denn er hatte bislang nur vage angedeutet, was er in der Stadt vorhatte.

„Man hört so einiges.“

„Was hören Sie denn so?“

„Sie haben ja auch gleich einen Kurschatten getroffen.“

Jetzt war Beck aber baff: „Wie bitte?“

„Ja, die Frau Cestonaro, das ist aber auch eine ganz lustige. Bisschen munter vielleicht für Sie.“

„Sie kennen die Dame?“

„Na, sie schreibt ja in der Zeitung. War auch schon hier im Hotel, nachdem die Sauna renoviert wurde. Hat auch ein Foto gemacht von uns allen. Und früher haben wir bei ihrem Mann immer mal gegessen.“

„Ach, Sie ist verheiratet?“ Jetzt wurde es richtig interessant.

„Verwitwet. Der Pippo ist schon ein paar Jahre tot. Er hatte ein Restaurant am Markt. Pippos Pipapo, das stand für Pizza, Pasta, Pomodoro, glaub ich. Gibt’s heute noch. Schmeckt aber nicht mehr. Ist ein neuer Wirt drin, der hat den Namen und die Karte übernommen, kann aber nicht kochen. Müssen Sie die Claudia mal fragen. Die regt sich immer noch drüber auf.“

Beck war jetzt hellwach. Dass Toni an seiner Ferse schabte, kriegte er nicht mehr mit. „Sie kennen die Frau Cestonaro?“

„Das ist ein kleiner Ort. Ich kenne sie noch als Claudia Mühlbach, bevor sie den Pippo getroffen hat. Also, wenn Sie mich fragen, da müssen Sie sich ranhalten. Sie ist ein bisschen jung für Sie.“

So genau wollte Beck das nun auch wieder nicht wissen und wand sich auf seinem Stuhl: „Also, die Frau Cestonaro und ich, wir haben nur geplaudert."

„Stillhalten!" Toni griff zur Schere und schnappte sich Becks rechten großen Zeh, dessen Nagel schrundig ausgerissen war.

Jetzt nur kein falsches Wort, besser das Thema wechseln: „Dann kennen Sie auch den Hermann Castus gut?"

„Kennen ist zu viel gesagt. Unsereins hat mit so Leuten nichts zu schaffen. Aber ich weiß ein bisschen Bescheid. Der Mann hat sich hier sehr unbeliebt gemacht, glaubt, ihm gehört der ganze Ort."

Beck tat jetzt dümmer, als er war. „Und ich dachte, es seien alle ganz glücklich, weil die Festspiele so groß rauskommen."

„Also, wenn Sie mich fragen, hat der allen Grund, sich in seiner Weinburg zu verbarrikadieren. Die Festspiele sind all die Jahre ganz schön ohne ihn gelaufen. Da konnte jeder mitspielen. Der Kinderchor, die Musikschule, die Landfrauen. Meine Tante war sogar einmal die Helena im Sommernachtstraum. Und wer nicht spielen konnte, der hat die Kostüme gemacht oder Kabel verlegt oder Kaffee gekocht. Ich hab mit meiner Schwester Kuchen gebacken und Laugenbrezeln verkauft. Und heute gibt's Catering, roten Teppich, blöde Promis, und die Winzergenossenschaft kann sehen, wo sie ihren Wein loswird, weil der Herr Castus überall den Daumen drauf hat."

Hoppla, da hatte er ja in ein Wespennest gestochen, dachte sich Beck und bohrte scheinheilig weiter. „Ja, meinen Sie denn, diese Schmierereien, die brennenden Fahnen und das explodierte Kartenhäuschen, das waren Feinde von Herrn Castus? Gibt's hier denn sowas wie eine Untergrundgruppe?"

„Wenn Sie mich fragen", sagte Toni mit einem leichten Beben in der Stimme, „dann gibt's genug Leute, die dem Castus die Pest an den Hals wünschen." Das Wort „Pest" spuckte sie so wütend aus, dass ihr die Schere abrutschte. „Aua", maunzte Beck. Eine dunkelrote Blase quoll aus seinem Zeh.

„Oh, nein, das tut mir leid." Toni griff zu einem Tissuetuch. „Was reg ich mich so auf? Sie sind ja hier, um schönes Theater zu schauen. Was gucken Sie als Erstes?"

„Der fröhliche Weinberg, Zuckmayer – kennen Sie?"

„Mal gehört, nie gesehen. Ist das lustig?"

„Naja, es geht um Wein."

„Dann können wir es uns ja schöntrinken", scherzte Toni, und Beck war jetzt doch erleichtert, dass ihre Wallung wieder abgeklungen war.

„Das ist so eine klassische Geschichte um einen Vater, der seine Tochter verheiraten will, doch die liebt einen Anderen. Der alte Gunderloch will seinen Weinberg verkaufen, sein Klärchen soll den schnöseligen Assessor Knuzius zum Mann nehmen, dabei ist sie in einen kernigen Schiffer verliebt."

„Das kann ich jeden Tag in einer Seifenoper haben",
sagte Toni, die Becks Blut gestillt hatte und nun an einem eingewachsenen Nagel herumhebelte.

„Stimmt. Bei Zuckmayer wird jeder verheiratet, der
nicht bei drei über alle Weinberge ist. Aber er be-
schreibt auch das Milieu in den 1920ern. Offenbar sehr
treffend. Es gab damals in Halle an der Saale sogar Tu-
multe von extra angereisten Randalierern, Pfiffe, Zwi-
schenrufe, Polizeieinsatz. Und das alles nur, weil sich
Burschenschaftler über den Knuzius im Stück aufgeregt
haben, der Couleurstudent war. Farben tragend – kennen Sie?"

„Ach, Akademiker." Toni winkte ab, und Beck referierte weiter.

„Aber sie kriegen in dem Stück alle was ab: die Ka-
tholiken, die Antisemiten, die Juden. Wilde Zeiten, damals in der Weimarer Republik. Kann man sich gar
nicht mehr vorstellen. Das Stück ist heute ja nur noch
süffig, ein bisschen ruppig vielleicht. Damals aber
ging's rund, das war einer der ganz großen Erfolge der
Weimarer Republik. In Zuckmayers Heimatort Nackenheim war damals übrigens auch Aufruhr, weil es dort
tatsächlich einen angesehenen Winzer Gunderloch gab,
dessen Name plötzlich für das Sinnbild des Heuchlers
und Spießers stand."

Toni ließ von seinem Nageldorn ab und schaute auf:
„Weingut Gunderloch in Nackenheim, das gibt's doch
heute noch. Hat der nicht ganz viel Riesling?"

Beck war beeindruckt: „Rote Tonschieferlagen. Sie
kennen sich aber aus!"

„Na, das ist hier ja auch eine Weinregion. Dann ist auf der Bühne ja die Konkurrenz unterwegs", sagte Toni und rammte Schere und Feile wieder in sein Fleisch. „Aber Castus hat mehr Hektar!" Es klang wie ein Triumph. Offenbar wallte in Toni bei aller Abneigung gegen den Großwinzer doch der Lokalpatriotismus, sobald es gegen die Rheinhessen ging. Wie zur Bestätigung drückte Toni den Stahl noch tiefer unter die Ruine eines Nagels.

Beck entwich ein leiser Schmerzenspfiff, er wurde rot, schwitzte, versuchte aber, sich mit dem Gedanken an Theater abzulenken: „Ich glaube, entscheidend ist, dass die Zuschauer den Weinkeller von Castus leertrinken. Die Aufführung scheint mir eh mehr eine szenische Weinprobe zu werden."

„Da tun Sie mir aber leid, wenn Sie den Essig serviert kriegen", schimpfte Toni und trieb ihr Werkzeug an einer anderen Stelle in sein Fleisch. Beck dachte noch, dass ihm die Castus-Weine doch ganz bekömmlich schienen, aber er wischte den Gedanken sofort beiseite. Nicht dass Toni ihm noch den ohnehin schon rot angeschwollenen Zeh amputierte.

„Also, wenn sauer lustig macht, wird's ein fröhlicher Weinberg", sagte sie, stocherte weiter, und er schnappte nach Luft. Gerade wollte er um Gnade flehen, da sagte sie: „So, für heute machen wir mal Schluss. Ich habe Sie genug traktiert. Mit einem Mal ist es bei Ihren Füßen nicht getan. Da müssen wir noch mehr Termine machen."

Hastig zog sich Beck seine Socken an, sagte „Ja, ja, machen wir" und dachte sich: Bloß nicht!

3 Radfahren hatte sie ihm empfohlen. Das sei gut für sein Herz. Und kräftigere Waden könne er ja auch gebrauchen, hatte Toni gesagt. Radfahren! Soweit kam es noch. Schon Paula hatte ihn nie dazu überreden können: mit schmerzendem Steiß, verkrampftem Nacken, taubem Handgelenk bergauf und gegen den Wind strampeln, bis man nassgeschwitzt war, nur damit der Hosensaum in der Kette hängen blieb und dann noch die Kette abfiel. Nein, nicht mit ihm.

Beck hatte ein Taxi zur Eröffnung der Festspiele bestellt. Es waren zwar nur wenige Minuten raus aus dem Kurpark an den Stadtrand und durch ein Wäldchen vier Kurven den Burgberg mit der Ruine hinauf. Aber Beck wollte kein Geknitter und keine Flecken riskieren. Er hatte sich schick gemacht. Für das neue Leben, das er sich zu Herzen genommen hatte, aber so ganz nebenbei wollte er natürlich auch bei Claudia Cestonaro bella figura machen. Nicht dass er sich das eingestanden hätte, aber Toni sah es sofort, als er das Hotel verließ: graue Knickerbocker, braunrote Kniestrümpfe, die den doch sehr kläglichen Zustand seiner bleichen Streichholzwaden gnädig verdeckten, graue Weste, cremefarbenes Hemd, Kappe auf dem ondulierten Resthaar und eine hellblau getüpfelte Fliege, die Toni etwas lächerlich vorkam. Doch sie hatte nichts gesagt, als sie ihn im Foyer erblickte, ihn stattdessen hergewunken, ihm den knittrigen Kragen glattgestrichen, die schief sitzende Weste gerichtet und den obersten Hemdknopf gelöst. „Viel besser so“, hatte sie gesagt, und Beck war guter Dinge in sein Taxi eingestiegen.

Nach 25 Minuten saß er immer noch auf dem Beifahrersitz. Zwei weiße Stretchlimousinen, die als Promi-Shuttle die Schönen und Schicken zum VIP-Eingang kutschieren sollten, hatten sich in einer Serpentine so ineinander hineinmanövriert, dass der von unten kommende Wagen mit dem linken Hinterrad im Unterholz hing, während der von oben kommende mit dem rechten Kotflügel an Büschen schrammte. Es brauchte lange, bis der eine raus und rückwärts, der andere zurück und wieder vor manövriert hatte. Auch das Taxi musste zwei Kurven zurücksetzen, während sich hinter ihm schon eine Schlange wartender Wagen gebildet hatte. War nicht bei der Pressekonferenz von einem ausgeklügelten Parkplatzkonzept die Rede gewesen? Der Fahrer fluchte, Beck schwitzte. Nun hatte seine Weste doch Flecken. So ein Mist.

Vom Wendeplatz, wo ihn der nunmehr gründlich genervte Chauffeur aussteigen ließ, blieben noch siebzig Meter bis zum Eingang, der zweigeteilt war. Links gab es einen schmalen Zugang für alle Zuschauer, rechts eine Einfahrt auf rotem Teppich für die Stretchlimousinen, die sehr bedeutungsvoll heranrollten und sehr würdelos zurückrangierten, denn zum Wenden war es auch hier viel zu eng. Ihre wertvolle Fracht luden die Fahrer in Livree direkt am VIP-Bereich ab, wo hinter einer Kordelabsperrung gut zwei Dutzend vornehmlich weibliche, durchweg sehr junge Fans schreiend mit Postern, Stiften und Telefonen gestikulierten, um Autogramme und Selfies zu erhaschen. Gerade traten zwei Frauen und ein Mann aus dem Fahrzeug ins Freie, die Fans drehten schier durch. Beck schaute genau hin, konnte aber niemand identifizieren. Aber die angeblich so bekannten Fernsehschauspieler, die bei den Festspielen auftraten, sagten ihm ja auch rein gar nichts.

Über diesem Entree wehte vom Wehrturm die Fahne der Festspiele, überragt nur vom Banner des Groß- und Hauptsponsors. Das Festival ging seit jeher in der Ruine über die Bühne. Vom Pallas aus rotem Sandstein waren nur noch die Grundmauern übrig, auf denen die Theaterbretter ruhten. Die Kapelle war rekonstruiert worden und beherbergte während des Festivals Teile der Technik. Das Publikum saß im Burghof ansteigend rund um eine mächtige Linde, die sich wie ein Schirm über die Tribüne wölbte. Bei leichtem Regen würde sie einige Plätze trocken halten, sie verhinderte jedoch auch, dass die Festspiele ein Zeltdach installieren konnten, mit dem sich verhindern ließe, dass bei schlechtem Wetter die halbe Saison ins Wasser fiel. Der neue Festivalvorstand wollte die Motorsäge ansetzen, doch sofort waren Traditionalisten und Umweltschützer aufmarschiert. Zwei Ökopaxe hatten sich in der Krone des Baumes festgekettet. Die Bilder von der Räumung hatten es sogar ins Regionalfernsehen geschafft. Danach war ein Dach fürs Publikum kein Thema mehr. Und es sah auch nicht so aus, als werde man besonders oft die Schirme aufspannen müssen, denn die Hochdruckgebiete krallten sich förmlich fest über Bad Weinfurt. Es sollte ein großer Sommer werden. Die fast schon gefällte Linde hatte es derweil ins Logo des Festivals geschafft, wo man nun Werbung damit trieb, dass hier ökologisch vorbildliche Luftkurspiele geboten wurden: mehr Wald- als Burgtheater. Schließlich ragten nicht nur im Zuschauerraum, neben der Spielfläche, sondern auch dort, wo einst der Pallas war, Bäume auf. Wo nun der Wald begann und die Festung endete, ließ sich auf den ersten Blick nicht mehr genau sagen.

Aber dafür interessierten sich die Gäste heute ohnehin nicht. Auch an Theater war jetzt noch nicht zu denken. Die Gala zur Eröffnung war das Spektakel, die Premiere wohl allenfalls das Nachspiel. Vor der Burg hatte sich ein weißes Zeltlager breit gemacht, in dem schon zwei Stunden vor Beginn der Vorstellung gefeiert wurde. Es gab an diesem Abend nur amtliche und wichtige Besucher, Sponsoren und Honoratioren, Politiker und Presse. Und darunter wahrscheinlich nur sehr wenige Menschen, die sich Karten fürs Theater jemals kaufen mussten oder mochten.

„Der fröhliche Weinberg" war ein gesellschaftliches Ereignis, bei dem Hermann Castus die Hauptrolle zu spielen gedachte, was man schon daran merkte, dass eine Firma mit dem umständlich zusammengeschraubten Namen HeCAtheaTERING das kulinarische Monopol besaß. Nicht nur was den Wein betraf, hatte Castus das Sagen. Und wer wirklich wichtig war, der hatte Zutritt zur „Hecastus-Lounge", an deren Eingang der Chef wuchtig wie zwei Türsteher die Honneurs machte. Beck war nicht so wichtig, und das war ihm ganz lieb, selbst wenn er an diesem Abend wohl wieder nicht mit Castus ins Gespräch oder gar ins Geschäft kommen sollte. Aber er würde Essen und Trinken umsonst kriegen, wobei ihn die Speisen eher weniger interessierten.

Zunächst aber brauchte er seine Theaterkarte. Als er auf einen Tisch mit Hostessen zusteuerte, löste sich aus dem Publikumspulk ein weißes Kleid mit roten Punkten. Beck traute seinen Augen nicht. Das Kleid flog auf ihn zu. „Huhu, ich hab uns Karten nebeneinander besorgt!" Claudia Cestonaro lief winkend auf ihn zu. Nein, ganz falsch, sie schwebte, ihre Haare schienen wie in Zeitlupe im Wind zu wehen. Dabei ging kein Lüftchen. Beck aber fröstelte es, während ihm winzige Schweißtropfen auf die Stirn traten. „Schicke Knickerbocker! Und die Mütze! Stehst Du auf Landhausstil? Sieht ja aus wie aus dem Katalog. Brauchst jetzt nur noch eine Jagdflinte und einen Weimaraner." Es war, als hätte man Beck mit einer riesigen Klistierspritze Pudding in die Knie injiziert. Alles drehte sich. Hatte er richtig gehört? Sie hatte seine Garderobe gelobt! Sie mochte ihn. Vielleicht war sie sogar in ihn verliebt. Sei vernünftig, rief er sich selbst zu! Doch schon musste er daran denken, dass ihr Latin Lover offensichtlich nicht mitgekommen war zur Gala. Wahrscheinlich ein Kulturbanause. Gut im Bett, aber nichts im Kopf. War das seine Chance? Die Gedanken gingen mit ihm durch, sodass ihre Worte mit einiger Verzögerung in Becks Bewusstsein ankamen.

„Ich hab gedacht, wenn Du neben mir sitzt, kann ich Dich fragen, wie ich es finde." Claudia lachte. „Und wenn ich was nicht verstehe, kannst Du es mir nachher bei der Premierenfeier erklären." Beck war immer noch wie betäubt, sah nur die roten Punkte auf dem weißen Stoff tanzen, sah Juliane, dann wieder Claudia, dann wieder Juliane. Dann hörte er wie ein fernes, schon halb verklungenes Echo das Wort „Premierenfeier". Das ließ ihn wieder zu sich kommen. „Premierenfeier? Nein, also, ich gehe nie zur Premierenfeier. Da hat der Kritiker auch gar nichts verloren." Was dachte sich diese Kollegin eigentlich, wollte bei ihm abschreiben und dann noch mit den Künstlern Brüderschaft trinken?

Claudia schaute ihn erschrocken an, doch es war offensichtlich gespielt: „Ach, ist das so schlimm? Das hab ich gar nicht gewusst. Ich bin immer zu den Feiern gegangen. Na, dann spielt es jetzt aber auch keine Rolle mehr. Komm schon, sei kein Spielverderber. Das wird lustig. Du kannst ja dann trotzdem eine ganz böse Kritik schreiben."

Beck nahm einen neuen Anlauf, ihr unsittliches Angebot abzuwehren, doch er geriet ins Stammeln, sah nur noch ihre blonden Haare und die roten Punkte, er verhaspelte sich, als er die Begriffe „kritische Distanz" und „Haltung zum Kunstwerk" in einen zusammenhängenden Satz bringen wollte.

Schließlich fiel sie ihm ins Wort: „Ich will doch nicht bei Dir abschreiben. Wir können es auch so machen, dass ich das Gegenteil von Dir schreibe. Ich mail Dir meinen Text morgen früh auch noch mal zu, dann siehst Du es. Musst keine Angst haben."

Beck hatte ihren frühlingsfrischen Aprikosenduft in der Nase, weshalb er nicht mehr herausbrachte als: „Aber so geht das doch nicht."

Sie aber winkte ab, griff seine Hand und zog ihn zum Weinstand. „Ach, klar, so haben wir das bei unseren Aufsätzen in der Schule auch immer gemacht. Wir haben immer vor der Stunde alles getauscht und abgeglichen, und unser Lehrer ist nie drauf gekommen. Komm, jetzt trinken wir erst mal was." Sie zog ihn fort, seine Beine fühlten sich wacklig an. Am Tresen einer Weinhütte fand er endlich festen Halt.

Nebeneinander sitzen, Premierenfeier und das alles ohne ihren jüngeren Liebhaber – sie hatte ihm völlig den Kopf verdreht, weshalb Beck nun dringend einen Wein brauchte, um wieder nüchtern zu werden. Er blickte kurz auf die Karte an der Rückwand der Bude. „Wunder des Weinbergs", das Premieren-Cuvée musste es sein. Trinken als Recherche. Das war es, was jetzt helfen würde, um wieder zu Verstand zu kommen. Claudia nahm einen Schaumwein, der sich „Perle des Weinbergs" nannte. Es gab auch eine Spätlese als „Krone des Weinbergs", einen Riesling-Kabinett als „Licht des Weinbergs", einen Spätburgunder als „König des Weinbergs" und als „Geist des Weinbergs" einen Tresterschnaps. Beck fragte, was denn für das „Wunder" in seinem Glas verschnitten worden sei, und die junge Dame mit der Flasche in der Hand hielt beim Einschenken inne und begann einen routinierten Monolog: „Herr Castus selbst hat dieses Cuvée gestaltet, würzig und eindringlich im Bouquet, mit einer Note von gelben Früchten, etwas Pfirsich. Dieser Wein ist wunderschön süffig im Mund, harmonisch, besitzt gute Struktur und Substanz. Dazu…"

Beck fuhr dazwischen. „Danke, danke, schenken Sie ruhig ein."

Gehörte das schon zum Stück, mussten hier selbst die Mädchen am Ausschank Text lernen? Beck griff das Glas, nahm einen halben Schluck, merkte, dass er vergessen hatte, mit Claudia anzustoßen, holte es hektisch nach. Sie lächelte: „Cincin!" Er hob nur sein Glas, setzte an, zog ab, schmeckte nichts, wusste nur, dass er mehr brauchte. „Moment", sagte er zu Claudia, drehte sich um, winkte dem Mädchen am Ausschank mit seinem Glas zu: „Kabinett, bitte!"

Sie hatte die Flasche noch nicht gegriffen, da sprudelte es schon aus ihr heraus: „Ein herrlich rauchiger Riesling, klar und konzentriert, frisch und zupackend im Mund, schon druckvoll, aber doch auch noch jugendlich und verhalten. Ein Wein mit Potenz…"

„Danke, danke, geben Sie nur her." Beck entriss ihr das Glas förmlich, trank es noch über dem Tresen halb leer, atmete tief durch. Wieder schmeckte er nichts, doch jetzt fühlte er sich besser, stark genug, das weiße Kleid mit den roten Tupfen anzuschauen.

Claudia lächelte ihn an. „Na, da hat aber einer Durst. Komm, dann brauchen wir auch Grundlagen, holen wir uns was zu Essen." Wieder hatte sie seine Hand gepackt und zog ihn durch die Menge, grüßte links und rechts, nannte ihm Namen, die ihm nichts sagten und die er schnell wieder vergaß, stellte ihn auch vor „als netten Kollegen von der Neuen Post". Meist mit dem lachend vorgetragenen Zusatz: „Da kann ich noch was lernen." Beck versuchte, aus den Reaktionen ihrer Freunde und Bekannten herauszulesen, was sie über ihn dachte, welche Rolle er hier wohl spielte, doch er wurde aus ihren Blicken nicht schlau. Anscheinend waren alle anderen Claudias offenherzige Art gewöhnt. Schleppte sie etwa ständig irgendwelche Männer ab und führte sie bei Festen vor? Und das machte dann die Runde. Kein Wunder, dass Antonia Weißmehl gleich von ihrem ersten Treffen Wind gekriegt hatte. Was sagte denn der Latin Lover dazu? So ein junger Südländer lief doch nicht als Hahnrei durch den Ort, der konnte bestimmt richtig Ärger machen. Beck hatte ihn ja nur kurz gesehen, aber er war ihm als so athletisch in Erinnerung, dass ihm mulmig wurde, während Claudia ihn vom Boeuf Stroganoff zu den Scampis, von den Grillspießen zur Mousse au chocolat bugsierte. Viel Hunger hatte er ja ohnehin nicht, aber mit jedem Schritt rutschte ihm sein schwaches, aber erhitztes Herz tiefer in die Hose.

Erst die Fanfare aus allen Lautsprechern vertrieb seine Furcht und brachte ihn auf andere Gedanken: Das Theater wollte beginnen, Zeit, zu den Plätzen zu gehen. Da fuhr ihm die Angst in die Glieder, ein Gedanke, der so nahe lag, den er vor lauter blonden Haaren und roten Tupfen übergangen hatte: Was, wenn er wieder auf seinem Sitz einschlief? Schlimme Geräusche machte, blubberte, röchelte oder wenn ihm gar Spucke aus dem Mund lief? Direkt neben Claudia! Er würde sich unsterblich blamieren. Warum war Paula nicht hier? Er brauchte einen doppelten Espresso. Jetzt, sofort. Doch es war zu spät. Sie waren schon an der siebten Reihe, und Claudia schob ihn zu ihren Sitzen.

4 Es dauerte eine gefühlte Ewigkeit, bis alle auf ihren Plätzen waren. Mehrere Fernsehteams standen den Besuchern im Weg, denn unter den Ehrengästen waren viele Schauspieler aus dem Fernsehen, die wiederum wegen ihrer Kollegen auf der Bühne gekommen waren. Oder weil sie hofften, dass Anatol Wildmoser-Bettencour sie im nächsten Jahr auch für das Ensemble der Festspiele auswählen würde. Beck hatte davon eigentlich keine Ahnung. Er wusste, wem der Eysoldt-Ring gebührte und wer den Iffland-Ring trug,

den Nestroy, den Molière oder den Faust-Preis verdiente, aber wer so alles nachmittags in seinem Fernseher wohnte, davon wusste er nichts. Bis jetzt.

Im Gedränge hatte Claudia ihn am Nacken gepackt, seinen Blick durch die Menge gelenkt und überall Menschen entdeckt, die er doch kennen musste – aus Serien wie „Zeit der Freundschaft" und „Orkan der Leidenschaft", „Wie Feuer und Wasser" oder „Weiße Nelken". Mit Müh und Not wusste Beck, dass das Klärchen Gunderloch aus der Eröffnungsinszenierung eine Schauspielerin der Telenovela „Für immer und ewig" war. Ihr Name war Cornelia Hartmann, und sie galt schon jetzt als eine Favoritin auf die silberne Scheurebe, den Preis für die beste Schauspielerin des Festivals. Für die Herren sollte es die Reblaus in Bronze geben, deren Skulptur Beck immer an die Steinlaus erinnerte, die der bekannte Entomologe Vicco von Bülow Mitte der Siebziger entdeckt hatte. Die Trophäen gab es schon lange, und man wusste nie, ob man die Preisträger wirklich beglückwünschen sollte, denn die Skulpturen verunzierten noch die älteste Schrankwand. In diesem Jahr aber hatte Hermann Castus neben einem Deputat von zehn Kisten Spätlese ein Preisgeld von 4000 Euro ausgelobt, was den begrenzten künstlerischen Wert von Rebe und Reblaus deutlich überstrahlte. In einem überregionalen Theatermagazin hatte es sogar geheißen, das Preisgeld könne auch als Schadenersatz für die Annahme des Preises verstanden werden. Sowas konnte Beck sich viel besser merken als irgendwelche Namen aus dem Nachmittagsnirvana der Privatsender. Dafür kannte Claudia sie alle, und ihr Ehrgeiz lag darin, selbst C-Prominente im Publikum zu entdecken und Beck jede Sichtung sofort zu melden. So dauerte es quälend lang, bevor es überhaupt losging. Langsam wurde Beck dämmerig.

Noch einmal ertönte die Festspielfanfare. Endlich Zuckmayer, dachte er, doch stattdessen betrat ein junger Mann mit schon schütterem Haar die Bühne. Er hatte das Jackett lässig über die Schulter geworfen und strebte einem Pult zu. Beck kannte ihn: Ingo Alt, Sohn eines Winzers aus der Region und Neffe eines Ministers in Berlin, der sich über einschlägige Seilschaften bis ins Landesministerium für Kunst und Wissenschaft hatte hieven lassen, wo er nun als Staatssekretär den gut gelaunten Grüßaugust geben durfte. Von Kunst hatte er so wenig Ahnung wie von Wissenschaft, vom Weinbau schon, weshalb er hier gar nicht mal verkehrt zu sein schien. Zu Krone, Licht und Perle des Weinbergs fielen ihm auch einige süffige Bemerkungen ein, aber weil er vom Theater nichts verstand, rettete er sich bei seiner Rede ins Kino und lobte die Otto-Filme der Achtziger, die er immerhin gesehen hatte und die ihm als Gradmesser für gute Unterhaltung schon bei Ausstellungseröffnungen und Verleihungen von Literaturpreisen gute Dienste geleistet hatten. Beck hatte das schon mehrfach erlebt. Dieser Staatssekretär war ja ein munterer Bursche, ein wenig seifig zwar, aber nicht völlig unsympathisch. Bestimmt hätte er einen tollen Gebrauchtwagenhändler abgegeben. Ingo Alt könnte seinen kaputten Saab gewiss zu einem Höchstpreis als Oldtimer losschlagen, sagte sich Beck, und der Gedanke tröstete ihn darüber hinweg, dass der Staatssekretär immer noch redete, irgendwas mit Otto Waalkes als Winzer, den Korkeichen von Emden und den Kabinettkalauern von ostfriesischen Nordhängen. Beck hörte gar nicht mehr richtig zu, sein Blick wanderte über die Ruinenbühne mit den alten Bäumen im Hintergrund. Das ergab für den „Fröhlichen Weinberg" fast schon von selbst eine passende Kulisse. Der Bühnenbildner hatte rechts und links ein wenig Fachwerk hingestellt. Zur Mitte hin markierte ein Labyrinth aus Treppen bis zum Waldrand die Wege des Weinbergs. Üppig wuchernder Blauregen spielte recht überzeugend die Weinstöcke zur Erntezeit. Neben den Fachwerkwänden waren Buden aufgeschlagen, in denen unübersehbar Flaschen vom Weingut Hermann Castus ausgegeben wurden. Wahrscheinlich war Gunderloch längst pleite, dachte sich Beck, aufgekauft vom Festspielwinzer. Der Gedanke legte ein Lächeln um seine Lippen, während er Ingo Alt kaum noch hören konnte. Auch sein Blick hatte sich getrübt, als ihn ein ländlich-würziger Duft anwehte. Als würde er in einem Stall voller Kühe sitzen und nicht in einer luftigen Ruine zwischen Wein und Wald. Wie konnte das sein, fragte er sich und kämpfte noch einmal an gegen die Schwere seiner Augenlider. Er blinzelte und entdeckte endlich hinter dem Staatssekretär einen Misthaufen, den er für künstlich gehalten hatte, der aber ganz authentisch duftete. Zwar war das werktreuer Mist – Zuckmayer mochte es zünftig. Doch von derart naturalistischem Gestank nahm das Theater beim „Weinberg" normalerweise Abstand. Das sah diesem Wildmoser ähnlich. Erst das Publikum abfüllen und dann alle mit der Nase in die Kuhkacke stoßen, damit auch jeder riecht, dass etwas faul ist im Staate.

Der Gedanke gefiel ihm, er trug ihn fort vom Staatssekretär, der immer noch den Mund bewegte, ohne dass ein Wort herausgekommen wäre. Das war seltsam. Aber noch bemerkenswerter erschien es Beck, dass zwei Bühnenarbeiter mit einem Kalb kamen, das sie am Rednerpult festbanden. Danach packten sie den Staatssekretär, der immer noch redete, ohne ein Wort zu sagen, oben und unten, als wäre er aus Pappe und trugen ihn weg wie ein Stück Kulisse. Das Kalb hob den Schweif und setzte einen kleinen Haufen neben den großen. Der Geruch kam Beck fast schon süßlich vor, jedenfalls gar nicht anrüchig. Merkwürdig, aber gut, dachte er sich. Was für ein schöner Regieeinfall. Unschön nur, dass es mit einem Mal so laut wurde, immer lauter. Beck zuckte, und schlagartig war die Bühne voll mit Menschen, die brüllten und aufeinander einschlugen. Auch im Publikum herrschte Unruhe. Er verstand nicht. Das sah aus, als hätte die Inszenierung gerade mitten im Stück begonnen. Da waren sie ja schon alle: Der schrullige Witwer Gunderloch mit seinem Klärchen, der unehelichen Tochter eines Schiffermädchens; ihr weinerlicher Verlobter Knuzius in den Farben seiner Verbindung; ihr geliebter Rheinschiffer Jochen Most mit dem handgreiflichen Naturell; dessen zupackende Schwester Annemarie, die ein Herz für Gunderloch hat; Klärchens Freundin, die Wirtstochter Babettchen, die wiederum ein Herz für den Assessor Knuzius hat. Und irgendwo auch der jüdische Weinreisende Hahnesand und das kölsche Fräulein Stenz, die sich ja auch noch kriegen mussten. Aber vorher hatte Carl Zuckmayer ordentlich Schlägerei angezettelt: Erst die Hiebe, dann die Liebe, Faustschlag vor Herzschlag. So ging es gerade rund. Aber so konnten sie doch nicht anfangen. Was hatte dieser Anatol Wildmoser-Bettencour sich denn dabei gedacht?

Beck blickte sich um. Die meisten Leute schienen ihren Spaß zu haben, obwohl in den hinteren Reihen Unruhe herrschte. Aber keiner schien sich so zu wundern wie er. Kannten die alle das Stück nicht? Auch Claudia neben ihm schaute vergnügt zur Bühne. War er denn wirklich der Einzige, der merkte, was hier alles fehlte? Ein unguter Gedanke beschlich ihn. Zur Sicherheit schaute er noch mal neben sich zu Claudia, dann schob er unmerklich seinen Ärmel zurück, um das Zifferblatt seiner Uhr zu prüfen. Dann fuhr ihm der Schreck in die Glieder: Wie lange der Staatssekretär auch immer gesprochen hatte, das Stück lief bestimmt schon fast eine Stunde. Verzweifelt nestelte er nach dem kleinen Notizblock in seiner Jackentasche, holte ihn hervor, blätterte und sah – nichts!

Umso eifriger begann Beck jetzt, alles, was er sah, aufzuschreiben. Irgendwie musste er seine Kritik noch retten. Claudia, die später von ihm wissen wollte, wie er es gefunden haben würde, konnte er ja nicht fragen, ohne sich zum Gespött zu machen. Ein alter Theaterpenner, der nichts mehr mitkriegte. Der Gedanke schmerzte ihn so sehr, dass er ihm durch die Brust in den linken Arm zog und ihn wie ein innerer Blitz gleichzeitig benommen und hellwach machte. Beck sah, dass die Farben Hellblau, Rot und Weiß, die der ehemalige Couleurstudent Knuzius trug, sich wiederfanden bei den Veteranen, die jüdische Mitbürger beschimpften. Und wie er nun so seinen Blick streifen ließ, fand er die Farben fast ein wenig versteckt wieder im Zuschauerraum, auf den Plätzen mit eingeschränkter Sicht hinter der mächtigen Linde, die sich über die Tribüne wölbte. Dort saßen offenbar farbentragenden Anhänger jener

Partei, die der Regisseur hier aufs Korn genommen hatte. Und sie machten mächtig Radau, riefen immer wieder „Lügentheater", „Wildmoser muss weg" und „Wir sind das Publikum". Und als Knuzius, wie von Zuckmayer verlangt, seinen Rausch auf dem Misthaufen ausschlief und sich dabei braun einfärbte, drehte der blau-weiß-rote Mob aus den letzten Reihen völlig durch.

Wie konnte das sein? Es waren doch nur geladene Gäste zugegen, die sich einen netten Abend machen sollten. Woher kamen nun diese Wutschnorrer? Saßen die etwa im Stadtparlament? Waren das Abgeordnete der Krawallpartei? Auf jeden Fall waren sie laut, obwohl sie nicht viele waren. Zwischendurch gelang es stämmigen Ordnern die Wut zu dämpfen, doch je länger das Stück lief, desto mehr Unruhe machte sich breit. Als sich dann auf der Bühne alles zur Vierfachhochzeit fügen sollte, war im Parkett alles aus den Fugen. „Buh" und „Aufhören" krakeelten die Störer hinter der Linde, und immer lauter formierte sich auch der Widerstand der Galagäste, bis die Schlussszene schließlich in Bravos und Beifall unterging. Von Zuckmayer war nichts mehr zu hören, vom Pöbel aus den letzten Reihen aber auch nicht.

Da knallte und zischte es, Feuerwerk stieg aus dem Wald hinter der Bühne auf. Die Stimmung war jetzt so gut wie die Gesinnung. Den Zuschauern, denen der reichlich und kostenlos ausgeschenkte Wein von Hermann Castus noch immer wohlig den Kopf schwirren ließ, gab Anatol-Wildmoser-Bettencour das gute Gefühl, die richtigen Leute verlacht zu haben. Der Intendant kam mit seinem Team auf die Bühne. Er trug ein langärmeliges Shirt mit einem Comic-Auto, das durch einen Hundehaufen spritzte, und dem Slogan „Ich bremse nicht für Nazis“. Anatol Wildmoser-Bettencour klopfte Schauspielerschultern, stellte sich an die Rampe, krempelte die Ärmel hoch, zeigte seine Oberarme, hob beide Hände, streckte die Mittelfinger in Richtung Radau. „Faschos raus“, rief er und gab den Ordnern ein Zeichen. Ein gutes Dutzend extrabreiter Ordner stürmte los an der ersten Reihe entlang und durch die Mitte hinauf. Jeder schnappte sich einen Krawallbruder, Krawallschwestern waren nicht zu sehen. Wildmoser-Bettencour klatschte dazu rhythmisch, skandierte so lange „Fa-schos-raus“, bis die Zuschauer mitklatschten und einstimmten. Claudia klatschte mit. „Gibt's bei euch Neonazis“, flüsterte Beck ihr zu, obwohl es um sie herum lärmte. „Nö, die kenne ich nicht, noch nie gesehen“, antwortete sie laut und lustig.

Noch immer stand der Intendant als Triumphator an der Rampe, sein Ensemble applaudierte ihm, da kam ein kleiner Junge mit einer Flasche zu ihm gelaufen, klopfte ihm von unten an die Hüfte, bis Wildmoser-Bettencour ihn bemerkte, die Flasche griff, in die Höhe reckte und mit dem Victory-Zeichen auf das Etikett deutete. Dann setzte der Intendant die Flasche an, zog einen großen Schluck ab und stimmte dann „Ein Prosit, ein Prohosit, der Deemoooookratie“ an. Beim dritten Mal stimmten die ersten Zuschauer ein, bei der fünften Wiederholung sangen alle. Außer Beck, der angestrengt zu entziffern versuchte, was auf dem Etikett stand. Endlich kapierte er, da stand: „Wunder des Weinbergs“.

5 „Und, wie fandest Du's?" Claudia zog von hinten ungeduldig an seinem Ärmel, als sie die steile Kellertreppe der Burgschänke heruntergingen. „Sag mal! Wieso gab's denn da so viel Unruhe und all die Buhrufe? Und wer waren diese Leute, die sie abgeführt haben? Ich verstehe die Aufregung gar nicht. Das war doch eigentlich ganz lustig. Oder? Sag doch mal!" Das hatte ihm gerade noch gefehlt: Die halbe Vorstellung verschlafen, die andere Hälfte nicht verstanden, und jetzt wollte Claudia Erklärungen. Sowas konnte er ja auf den Tod nicht ausstehen. Paula war ihm nie mit sowas gekommen. Im Gegenteil: Sie hatte ihm gesagt, was sie von dem Abend hielt, den sie gerade abgesessen hatte. Meist nichts. Und damit war's gut, und er konnte sich seine einsamen Gedanken zu seiner Kritik machen. Nun aber hing Claudia an ihm und wollte irgendwas hören. Beck klammerte sich an das Treppengeländer und tat so, als sei er vollauf mit dem Abstieg beschäftigt, was leider auch der Fall war. Ihm schwindelte leicht.

Am Fuße der Treppe tat sich rechts und links ein niedriges, aber breites Gewölbe vor ihnen auf. Lange dunkelbraune Holztische durchzogen den Raum bis zu einer Bar auf der einen und einer kleinen Bühne auf der anderen Seite, wo während der Festspiele Kleinkunstprogramme gegeben wurden. An diesem Abend aber war die Empore für Hermann Castus und seine Ehrengäste reserviert. Eigentlich hatte er als Kritiker hier ja eh nichts verloren, dort oben aber gehörte er ganz bestimmt nicht hin, dachte sich Beck und freute sich, als eine Hostess ihnen einen Platz in der Mitte des Kellers zuwies.

Claudia, die immer noch hinter ihm war, und ihn nun wie ein Kind zum Tisch bugsierte, fing wieder an: „Ich weiß schon, warum Du nichts sagen willst." Jetzt war er aber gespannt. „Du hast geschlafen. Ich hab's gemerkt." Der Satz durchzuckte ihn. Hatte er wieder geblubbert? War sein Kopf auf ihre Schulter gesackt? Er war geliefert. Eine Lachnummer. Die wenige Körperspannung, die er so spät am Abend noch aufbringen konnte, entwich, und er sackte in sich zusammen, stand da wie ein nasser Sack.

„Du bist schon eine coole Sau, das weißt Du schon?" Schlief er jetzt schon im Stehen? Was sagte sie da? „Da können Bomben hochgehen, und Du zuckst nicht mal, und wenn Dich das Stück langweilt und Du kennst schon alles, dann machst Du ein Nickerchen." Durfte er sich trauen? Vorsichtig straffte er sich, hob die Augen. Sie hatte sich zu ihm gedreht und schaute ihn an. War das Bewunderung in ihrem Blick? „Aber ganz so langweilig fand ich's ja nicht. Ich bin bei sowas auch viel zu aufgeregt, hab immer Angst, ich könnte was Wichtiges verpassen. Deine Ruhe möchte ich haben." Sie lachte. Lachte sie ihn auch nicht aus? „Wirklich souverän: Ich kenn das Stück, dann kann ich auch abschalten. Das will ich auch können." Das musste doch Spott sein, aber es klang ernst gemeint. Beck konnte immer noch nicht fassen, dass ihm seine eigene Lächerlichkeit als Lässigkeit ausgelegt wurde. Er musste die Betablocker ganz absetzen, sonst blamierte er sich bis auf die Knochen. Er konnte sich ja nicht sicher sein, dass er, coole Sau, die er nun war, nicht auch hier wieder wegnickte. Oder bei der nächsten Premiere. Wenn sein jüngster Blackout nicht ohnehin von Leuten bemerkt worden war, die ihn nicht so heroisch fehlinterpretierten wie Claudia. Saßen ja überall tuschelnde Dramaturgen und Kritikerkollegen im Publikum. Warum hatte er sich bloß darauf eingelassen, zu dieser Premierenfeier zu gehen? Er war hier sowas von falsch.

Vor ihm eine Tafel voller Ehrengäste, die er nicht kannte, hinter ihm Claudia, die ihn nun wieder weiter schob und von der Seite eine Stimme, die den ganzen Raum durchschnitt: „Mensch, Beck, wie sehen Sie denn aus?" Die Stimme kam ihm unangenehm bekannt vor, dennoch schien sie als Ablenkung nicht ungelegen. Es war Kevin Jung, der mit Weißwein und Rotkopf auf ihn zusteuerte. Dieser Idiot, dachte Beck, aber in diesem Moment schien ihm alles recht, was Claudia davon abhielt, ihn weiter zu löchern. „Haben Sie sich verkleidet? Sherlock Beck und Justus Watson. Mit Mütze und Knickerbocker, haha! Sie wissen aber schon, dass das eine Premierenfeier ist und kein Maskenball. Oder spielen sie im Kinderstück mit?" Jung stand jetzt vor ihm, patschte ihm auf die Schulter und fand es offenbar sehr komisch, ihn als Kauz vorzuführen. „Dann merken die Landeier hier mal, wie so ein richtiger Kritiker aus der Stadt aussieht. Haha." Jung schaute sich triumphierend um. Er hatte schon so viel intus, dass er gar nicht merkte, wie er nicht nur den Kritiker seiner Zeitung, sondern auch sich selbst unmöglich machte mit seiner Publikumsbeschimpfung. „Hier gibt's ja eh zu viele Rechtsradikale. Haben wir ja gerade gesehen." Aber offenbar hatten sich die Kurstädter an den polternden Redaktionsleiter der „Neuen Post" längst gewöhnt, jedenfalls wollte ihm niemand Aufmerksamkeit schenken. Außer Claudia. „Lieber Herr Kollege, wir müssen etwas besprechen, entschuldigen Sie uns", sagte sie, setzte sich und zog Beck zu sich auf die Bank. Jung schob ab, brabbelte in weinseligem Singsang etwas, was wie „Schnepfe" und „Scheißfaschos" klang, während Beck sich grämte. Hätte er Kevin Jung nicht zurechtweisen müssen? Ritterlich für Claudia einstehen. Stattdessen war er verstummt, weil sie Zeugin geworden war, wie er vor allen Leuten lauthals zur Witzfigur gemacht wurde.

Kevin Jung hatte mittlerweile wieder die kleine Bühne erreicht, an deren Rampe Castus Hof hielt. Nicolaus Staat-Morgenroth, rotbraun, als wäre er unter dem Solarium eingeschlafen, stand eine Stufe tiefer, während der Winzer auf ihn einredete und dabei seine Pranken auf die Schultern des Bürgermeisters legte. Es schaute aus, als wollte er ihn im Boden versenken. Der Intendant war auch schon da. Anatol Wildmoser-Bettencour lagerte cäsarenartig auf einem roten Sofa, um sich drei junge Damen in dünnen Leibchen, zwei hingen dekorativ über den Sofalehnen. Sie mochten von der Statur her Tänzerinnen sein, die dritte war Cornelia Hartmann, nun ohne Rock und Schürze des Klärchens, dafür in Jeans und T-Shirt. Sie saß auf dem rechten Oberschenkel des Intendanten. Es schien Beck, als habe der wilde Moser ihren Rock hochgeschoben und ließe sie jetzt auf seinem Bein reiten. Die Szene war ein stückweit weg, und Beck sah es auch nur aus dem Augenwinkel, als er den Kopf über das „Wunder des Weinbergs" vor ihm hob. Das Pfirsichbukett stieg ihm beruhigend in die Nase. „Was lässt Du denn den Kopf so hängen? So schlimm war das Stück doch nun auch wieder nicht. Oder bist Du sauer wegen diesem Affen eben?" Claudia stand über ihm. „Komm, wir feiern.

Darf ich vorstellen?" Ein Mann war dabei, neben Beck Platz zu nehmen. „Das ist der Ulf. Wir sind auf dieselbe Schule gegangen, aber ich war eine Jahrgangsstufe drunter."

„Und doch haben sich alle Jungs bei uns in die Claudia verguckt", sagte der groß gewachsene Mann mit der Wellenmähne und dem Schnurrbart eines Musketiers. „Und wir sind ja auch heute noch alle in sie verliebt." Claudia strahlte, Beck bekam leicht schlechte Laune. Was raspelte dieser Reserve-D'Artagnan denn da für Süßholz? „Guten Tag, Ulf Stroh-Engel." Der Musketier streckte Beck die Hand hin.

„Das ist unser Kommunikationskommissar", sagte Claudia und strahlte noch ein wenig mehr.

„Naja, eigentlich Eigentums- und Vermögensdelikte, aber nebenbei mach ich die Pressearbeit. So kommt man dann eben auch an Freikarten und zu Premierenfeiern."

Soso, ein Kartenschnorrer, dachte sich Beck: „Und wird bei Ihnen viel geklaut?"

„Nein, das ist ein sehr ruhiges Städtchen."

„Wenn nicht gerade Fahnen brennen und Kassenhäuschen in die Luft fliegen", stichelte Beck, doch der Musketier ließ sich nicht aus der Ruhe bringen.

„Alles Dumme-Jungen-Streiche."

Was für eine Schnarchnase, sagte sich Beck. So wird der in seinem Laden nie was. Zeit, ein bisschen anzugeben: „Kennen Sie Bernd Rudolf? Ein Freund von mir, Polizeipräsident!"

„Namen hab ich mal gehört, aber wir haben hier unseren eigenen Chef." Was für ein Phlegmatiker, dachte sich Beck, da ging Claudia dazwischen.

„Nun hört schon mit Euren Polizeigeschichten auf, wir wollen doch Spaß haben. Und der Justus muss mir auch noch sagen, wie er die Premiere fand und warum es so viel Buhrufe und Ärger gab." Sie knuffte ihn. „Der Justus ist nämlich von der Neuen Post. So ein richtiger Feuilletonist." Es klang, als wäre sie stolz auf ihn. Und dann belehrte sie den Musketier noch: „Sowas haben wir hier gar nicht!"

Keine Frage, sie war stolz auf ihn. Also traute er sich: „Ich glaube, da war gar nichts." Beck machte eine Kunstpause. Hatte er ihre ungeteilte Aufmerksamkeit? „Heute Abend waren doch nur geladene Gäste da, die beschweren sich nicht, und wenn Du selber sagst, dass Du die Krawallbrüder nicht kennst, und dieses Populistenpack hier sonst auch gar keine Rolle spielt, hat auch keiner Grund, sich darüber aufzuregen, wenn ein Deutschnationaler auf dem Mist landet. So viel Erregungspotenzial wie in der Weimarer Zeit hat der gute alte Zuckmayer doch beim besten Willen nicht mehr."

„Und was heißt das?", fragte Claudia. Auch Kommissar Stroh-Engel war neugierig geworden und hörte zu.

„So wie ich den Intendanten kenne, gehörte das zum Stück. Das waren Krawallstatisten. Keine Ahnung, wo er die her hat. Die waren nur dafür da, damit die Festspiele in die Nachrichten kommen. Und zwar in den politischen Teil, nicht in die Kultur. Das macht mehr her. Dieser Wildmoser ist ein Windhund, der hat bei uns im Stadttheater schon mal einen Shakespeareskandal inszeniert. Mit Blut und Hoden und ganz vielen Schlachtabfällen auf der Bühne. Und dann hat er sich gleich noch Tierschützer vors Theater inszeniert. Hat ganz lange keiner kapiert, selbst unser Intendant glaubte daran, dass die Ökos ihm aufs Dach steigen. Der hatte schon die Hosen voll und wollte alles ganz schrecklich finden. Als er aber gemerkt hat, dass die Demos zum Stück gehören, war's plötzlich toll, und der Wildmoser hat noch einen Theaterpreis gekriegt. Also, dem trau ich alles zu."

Stroh-Engel hatte seine Musketiermähne immer weiter in die Mitte des Tisches geschoben: „Alles?", fragte er. Dabei schaute er Beck durchdringend an, als wäre er der Kronzeuge und der Kommissar wollte gleich die Handschellen klicken lassen.

„Naja, also viel. Also alles für die Kunst", sagte Beck, dem sein eigener Vorstoß schon wieder unangenehm wurde. Doch bevor er Wildmoser mit seiner Fachsimpelei noch Mord und Totschlag andichten konnte, wurde es laut. Jubel brandete auf, als die noch fehlenden Schauspieler hereinkamen, und sich alle, die an der Produktion beteiligt waren, vor ihrem Intendanten versammelten, der jeden einzeln aufrief, damit Castus allen eine Rose und sein „Wunder des Weinbergs" in die Hand drücken konnte. Dem Klärchen griff er dabei vor allen Leuten an den Hintern, und sie ließ es geschehen. Die Ehrung zog sich hin.

„Und, wie findest Du's hier?" Claudia wartete seine Antwort gar nicht ab. „Ich find's ja immer total aufregend mit all den Künstlern. Ich könnte das ja gar nicht. So auf der Bühne und der ganze Text."

Beck macht nur „Hmm".

„Aber Du siehst doch, ist gar nicht schlimm so eine Feier. Macht's Dir auch ein bisschen Spaß? Guck mal, da drüben sind sogar der Mehltau und die Tugendhat."

Der Apotheker Gundolf Mehltau und die Klavierlehrerin Hannelore Tugendhat gehörten zum alten Vorstand des Festivalvereins, den Hermann Castus aus den Ämtern gedrängt hatte. Sie saßen einen Tisch weiter, Mehltau trug eine karierte Weste, das weißblonde Resthaar stand ihm als Zipfel über der Stirn. Auf dem Kopf von Hannelore Tugendhat türmte sich ein mächtiger Dutt. Den kühnen Ausschnitt ihres hellgrünen Kleides umwallte ein dünner Schal mit langen fliederfarbenen Fransen. Beide reckten sie die Hälse wie Punktrichter, die gleich Wertungsnoten zu vergeben hatten. Und es sah nicht so aus, als würde diese Kür ihnen gefallen.

Als endlich alle Mitarbeiter der Premierenproduktion abgefeiert waren, kamen auf das Zeichen von Castus Kellner mit Fingerfood auf Tabletts in den Saal. Zugleich legte ein DJ los, Bänke wurden weggerückt, und es entstand eine Tanzfläche, die sich schnell mit Theaterleuten füllte, was man schon daran erkannte, dass sich alle gut zu bewegen wussten. Sollten sie ihren Spaß haben, Beck wollte zuschauen, dass er bald wegkam. Noch zwei Imbiss-Happen, dann sollte es doch genug gewesen sein. Schnell aber kamen ihm Zweifel an seinem Rückzugsplan, denn er merkte, dass Claudia schon nach zwei Liedern unruhig wurde. Als dann „Sing Halleluja" aus den Boxen tönte, entfuhr ihr ein leiser Schrei.

„Ich will tanzen, komm!" Schon hatte sie ihn an der Hand gegriffen.

Beck wehrte sich nach Kräften, hakte sich mit der linken Kniebeuge am Tischbein fest. „Ich kann nicht."

„Jeder kann tanzen. Siehst Du doch."

Das sah er allerdings. Jeder außer ihm. „Mir tut der Rücken weh." Das war nicht mal gelogen.

„Dann machen wir Dich jetzt locker."

„Nein, nein!" Es klang fast schon wimmernd.

„Ach, sei doch kein Frosch." Sie stand vor ihm, schaute zu ihm herab und auf die Tanzfläche. Endlich ließ sie locker, doch zu Becks Entsetzen wendete sie sich dem Musketier zu. „Ulf, komm!" Und Kommissar Stroh-Engel legte einen Alarmstart hin, als wäre er beim Überfallkommando. Schon waren die beiden auf der Tanzfläche. Claudia warf die Arme in die Höhe, die roten Tupfen auf ihrem Kleid hüpften lustig, der Musketier wogte mit angespannter Brust vor ihr her, und Beck saß da wie der letzte Langweiler. Wieder ein Debakel.

Am Nebentisch hatte Hannelore Tugendhat ihren Schal gerade in einem Glas Weißwein gebadet. Sie ärgerte sich so lautstark darüber, dass Beck es mitkriegen musste, was wiederum Gundolf Mehltau bemerkte und offenbar verstimmte. Jedenfalls machte er unmissverständlich Anstalten, mit ihr den Heimweg antreten zu wollen. Sollte er sie fragen, ob sie sich ein Taxi teilten? Aber er kannte die beiden ja gar nicht. Und wenn er jetzt ginge, dann wäre Claudia sicher sauer. Aber er hätte auch wieder seine Ruhe. Der Gedanke behagte ihm trotzdem nicht.

Bald sah er nur noch Claudias Schopf im Pulk der Tänzer. Schon seit fünf Liedern zappelte sie dort und schien nicht mehr wiederkommen zu wollen. Mist. Er brauchte dringend mehr vom „Wunder des Weinbergs". Nach dem zweiten Glas, hatte er sich damit abgefunden, wie bestellt und nicht abgeholt rumzusitzen. Erlösende Mattigkeit legte sich über seine trübe Stimmung. Er war schon fast eingenickt, sein Kopf lag bereits auf der Tischplatte, als Gebrüll ihn wieder herausriss aus seiner Gedankendämmerung. Beck brauchte einen Moment, bis er orientiert war, dann sah er den Intendanten und einen Kahlkopf mit grauer Weste und rotem Seiden-schal: Wildmoser und sein Stamm-Bühnenbildner Frei-muth Wunderle hatten sich einander gegenüber aufge-baut und fauchten sich an. Wobei es eher Wunderle war, der schimpfte. Sie waren so laut, dass es im Rest des Gewölbes sogleich leiser wurde. Offenbar wollten ganz viele hier gerne noch ein gepfeffertes Nachspiel zur Krawallpremiere haben. Dennoch drangen nur Fetzen zu Beck durch. Aber es war schnell klar, dass Wunderle weder den Umgang seines Intendanten mit der Ge-schäftswelt, noch seine Kontakte zu einigen Damen des Theaters gut fand. „Kommerznutte" hallte es durchs Gemäuer. „Scheißzuhälter" schallte hinterher. Wildmo-ser keifte zurück: „Besoffener Idiot", was der tatsäch-lich betrunkene Kontrahent mit einem herzhaften „blö-der Pornopimmel" konterte.

Gelächter und Applaus drangen aus dem Publikum. Gerade wollten sich die beiden an die Gurgel gehen, da ging Kevin Jung dazwischen, der aber auch schon sternhagelvoll war. „Meine Herren, meine Herren“, rief er, schwankte nach vorn, griff nach den beiden Streithähnen, die aber beide einen Schritt zurück machten, sodass Jung kopfüber von der Rampe in den Saal segelte und mit einem jämmerlichen Ächzen aufschlug. Im selben Moment stand schon Hermann Castus auf der Bühne, schob Wildmoser und Wunderle auseinander. „Schluss jetzt!“ Das Kommando ging durch Mark und Bein. Die Musik war vorher schon erloschen, nun wagte keiner mehr zu atmen. Nur Wunderle wollte sich nicht beruhigen, ging wütend ab zum Ausgang und schleuderte noch „Dreckspuff“ in den Saal. Dann war er weg. Castus grollte ihm hinterher: „Erst meine Weine wegsaufen, und dann so eine Pöbelei. Es reicht. Die Feier ist zu Ende!“

An den Tischen schauten sich die Leute um. Meinte er das ernst? Aber die, die Castus kannten, überzeugten die anderen davon, dass es sehr ernst war, sonst würden sie alle Castus ganz schnell kennen lernen. Claudia saß mittlerweile wieder neben Beck. „Was war das denn“, fragte sie, und man hörte, dass sie ein wenig mehr getrunken hatte, als sie vertrug.

„Wo ist der Kommissar“, antwortete er.

„Fuß verknackst bei Jan Deelay. Ist schon mit dem Taxi weg“, sagte sie und verfiel dann in einen Singsang: „Oh Jonny! Aber hast du kein Gewissen. Ja, dann kannst du dich verpissen! Oh Jonny! Hat dein Gandhi immer Pause, Ja dann geh mal schnell nach Hause.“

Das verstand Beck zwar nicht, hörte es aber gerne. Gut dass er sitzen geblieben und jetzt noch immer unversehrt an Leib und Leben war. Der Abgang des Musketiers machte ihn wieder gesprächig, und so schilderte Beck mit der dramatischen Ausschmückung, dass er eigentlich selber gerade den Streit schlichten wollte, was sich eben auf der Bühne zugetragen hatte. Um sie herum packten die Gäste langsam ein.

„Wie doof", sagte Claudia. „Dann gehen wir halt."

„Zu Fuß?" Beck sah sich schon in der Finsternis die Weinberge herunterstürzen.

„Klar, so sind wir viel schneller. Jetzt wollen alle ein Taxi. Aber Du musst mich halten. Sonst breche ich mir mit meinen Absätzen den Hals."

So wenig er von einer nächtlichen Weinlagenwanderung hielt, so sehr beflügelte ihn die Aussicht, den Kavalier geben zu können, jetzt wo der Musketier schon fußlahm daheim saß. „Gehen wir", sagte Beck und stand so schnell auf, dass er selbst dabei erschrak und ihm auch ein wenig schwindelig wurde. Er wollte es sich nicht anmerken lassen, hastete zur Treppe, klammerte sich ans Geländer, ließ sich fast schon nach oben fallen, zog Claudia mit sich und hielt sich zugleich an ihr fest. „He, ruhig Brauner", rief sie. „Du hast es aber eilig." Beeindruckte er sie etwa mit seinem Elan?

Am Ausgang empfing sie kühle Nachtluft. Jetzt erst merkte er, wie stickig es im Keller gewesen war. Mit jedem Atemzug wurde er wacher und kräftiger. Er strich sich durch die Haare, zog seine Mütze in die Stirn. Es konnte losgehen. Beck reichte Claudia den Arm. An der

Treppe, die durch den Wald hinab zum Städtchen führte, merkten sie schon auf den ersten Stufen, dass es zu dunkel war für den direkten Abstieg. Also wählten sie den vom Halbmondlicht beschienenen Weg in weiten Schleifen durch die steilen Hanglagen. Das war Beck sehr recht, denn er war wacklig auf den Beinen, und auf dem Asphaltweg konnte er wesentlich besser so tun, als sei er es, der Claudia hielt. Sie hatte seinen rechten Unterarm mit der Linken umklammert, in ihrer Rechten hielt sie eine Sektflasche, die sie hatte mitgehen lassen. Sie gickelte zwischen zwei Schlucken, sein Herz schlug bis zum Hals. Er kam sich vor wie 15. Aber er wusste, dass er jetzt schlauer sein musste als damals. Von der Beerenbrause in ihrer Hand kam er auf den Spätburgunder in der Steillage, die sie gerade durchwanderten, ganz nebenbei zu italienischen Roten, durchstreifte imaginäre Weinregale vom Friaul bis Apulien. Wäre doch gelacht, wenn er auf diesem kleinen Umweg nicht rauskriegen würde, wie es um ihren Latin Lover stand. Toll konnte es ja nicht sein, sonst wäre Beck jetzt nicht hier an ihrer Seite.

Als er zum Lob des Frascati aus dem Latium kam, war endlich das Stichwort gefallen, und Claudia fing an, über ihren Pippo zu sprechen. Nichts, was Beck nicht schon von Toni gewusst hätte – über das Lokal ihres verstorbenen Mannes und den neuen Besitzer, der Pippos guten Namen mit verkochten Tortellini und matschigen Bruschette ruinierte. Aber außer von ihrem Sohn, dem „kleinen Marco", war von keinen anderen männlichen Wesen die Rede. Vielleicht hatte sie den Latin Lover ja auch schon abserviert. Auf dem letzten Stück durchs halsbrecherisch steile Höllgeröll gab sich

Beck kühnen Gedanken hin. Hatte Claudia ihrem doofen Schönling den Laufpass gegeben, nachdem sie ihn getroffen hatte? Er wollte sich gerade an der Idee berauschen, da gellte ein Schrei durch den Weinberg, gefolgt von einem dumpfen Schlag. Es konnte gar nicht weit weg sein, aber man sah nichts.

Claudia war vor Schreck leicht umgeknickt, er fing sie, doch sie hatte die fast leere Flasche fallen lassen und ihn jetzt mit beiden Händen an der Schulter gepackt. „Was war das denn?", fragte sie so leise, als könne sie jemanden aufwecken.

Beck rief umso lauter: „Hallo. Ist da wer? Ist was passiert? Können wir helfen?" Doch statt einer Antwort kam ein Knall, und am Burgberg erhob sich ein heller Schein. Irgendwas brannte dort oben.

„Ach, herrje", sagte sie mit einem Lachseufzer, „jetzt müsste ich mit meinem Notizblock ausrücken. Aber ich bin viel zu beschwipst. Was mach ich denn jetzt bloß?"

„Keine Ahnung, ich bin ja nur für das zuständig, was auf der Bühne passiert", sagte Beck und freute sich, dass er so fein raus war. „Ich bring die Kollegin jetzt mal nach Hause."

Das „Du", das ihr so leicht von den Lippen ging, hatte er bislang immer zu umgehen versucht. War auch nicht schwer, denn sie redete ja ständig. Und auch jetzt traute er es sich nicht. Wie hätte das denn geklungen: „Ich bring Dich jetzt mal ins Bett"? Nein, da sah er vor seinem geistigen Auge schon den jungen Südländer mit einem langen Messer auf ihn zukommen. Er wollte gerade wieder aufbrechen, doch Claudia hielt ihn zurück, fingerte auf einem Bein stehend an ihrem anderen Fuß und streckte Beck einen Absatz entgegen. „Ach, das gibt's doch gar nicht. Die sind ganz neu. Ist eben passiert bei dem Knall, da bin ich umgeknickt." Sie zog auch den zweiten Schuh aus. „Dann halt so", sagte sie und wollte losgehen, da hörten sie die Sirenen.

Im Wald sah man Blaulicht flackern, ein Löschzug fuhr zur Burgruine, die weithin sichtbar gelbrot strahlte. „Was ist hier bloß los", sagte Beck, der nicht erwartet hatte, eine Antwort zu kriegen, doch da war ein Geräusch. Klang wie ein Röcheln.

„Hast Du das auch gehört?", fragte Claudia.

„Das kam von da hinten." Beck war mutig ums Herz. „Ich schau mal."

Schon war er zwischen den Weinstöcken verschwunden. Hier war es flach, das Höllgeröll endete zwanzig Meter vor ihm an einer Bruchsteinmauer. „Hallo, ist da wer?" Keine Antwort. Dann wieder ein Röcheln, aber viel leiser. Claudia war auf dem Weg geblieben und rief jetzt: „Siehst Du was?" Zwischen den Blättern und Trauben glaubte er, einen Schatten zu sehen. Als er näher trat, malte das Mondlicht die Szene blauschwarz aus: Da lag ein verdrehter Körper. Ein Bein war anatomisch absurd abgewinkelt. Der Kopf hing seltsam auf der Schulter. Überall glänzte es schwarz. Dann erkannte Beck zwei Augen, die an ihm vorbeistarrten, und darüber ein Loch im Schädel. Der Mann war grässlich entstellt, aber den kahlen Kopf kannte er: „Wir brauchen einen Arzt", rief er zu Claudia. „Da liegt einer mit eingeschlagenem Schädel. Ich glaub der lebt noch. Das ist der Freimuth Wunderle!"

Dritter Aufzug: Jedermann

1 „Nein, nein, aber so hab ich das doch nicht gemeint". Beck war schon leicht verzweifelt, doch der Polizist ließ nicht locker.

„Der Kollege Stroh-Engel hat zu Protokoll gegeben, Sie hätten gesagt…" Der junge Mann mit den Segelohren und dem viel zu früh schütteren Haar blätterte erst in einem Papierstapel und schaute dann auf seinen Bildschirm. „Zitat: Also, dem trau ich alles zu!"

„Ja, ja, aber doch nicht, dass der Herr Wildmoser über Leichen geht. Das hab ich dem Kommissar ja auch gleich gestern Abend erklärt. Also noch mal…" Und dann erzählte Beck zum dritten Mal, wie Anatol Wildmoser-Bettencour bei einem „Titus Andronicus" im Stadttheater halbe Schweine zerhacken ließ und zugleich dafür sorgte, dass draußen falsche Tierschützer aufmarschierten und Schlachtabfälle vor dem Theater abgeladen wurden. „Das können Sie nachlesen. Er hat dafür sogar einen Preis gekriegt. Steht alles in der Laudatio."

Der junge Mann im hellblauen Hemd hörte gar nicht mehr zu, aber weil Beck nach der viel zu kurzen Nacht nun endlich wach wurde und langsam in Fahrt kam, referierte er einfach weiter: „Außerdem heißt es, dass er bei einem Projekt über Korpsstudenten mit Statisten eine Keilerei im Publikum provoziert hat. Er hat am selben Abend Burschenschafter und Antifa eingeladen.

Da flogen volle Bierkrüge, und die Polizei musste anrücken. Fast so wie gestern bei der Premiere. Sie verstehen?"

Von diesen Schmierfinken der Presse hielt er ja grundsätzlich nichts, aber dieser gerupfte Paradiesvogel war besonders: Ondulierter Wirrkopf, dachte sich der Polizist und blätterte, leise eine Melodie brummend, in einer Akte.

„Einmal soll er sogar einen Kritiker dafür bezahlt haben, dass der sich mit großer Auflage darüber aufregt, weil bei Wildmoser so viele Nackte durch Schlamm waten. Das ist nur ein Kantinengerücht, aber solche Sachen trau ich dem Mann zu. Aber auch nur solche."

Der Polizist griff sich einen Aktenordner. „Ja, ja, überall Nackte, deshalb geh ich prinzipiell nicht mehr ins Theater. Meine Mutter findet auch, dass in den modernen Inszenierungen viel zu viele Schimpfwörter gebraucht werden." Beck zweifelte daran, dass der junge Mann selbst jemals im Theater gewesen war, aber er setzte seine Belehrung dennoch fort. Es musste ja irgendeinen Sinn ergeben, dass sie ihn vom Hotelfrühstück weg ins Präsidium komplimentiert hatten, nachdem Claudia und er am Vorabend am Fuße des Höllgeröll nur die Personalien hatten abgeben müssen.

„Ihre Frau Mutter mag ein empfindsames Gemüt haben, aber sie kriegen ja heute beim besten Willen keinen richtigen Theaterskandal mehr hin", dozierte Beck und machte sich einen Spaß daraus, seinen Worten mit erhobenem Zeigefinger die nötige Gravität zu verleihen. „Vielleicht noch in Österreich. Aber selbst bei den Habsburgern… Es gibt doch einfach keine Tabus mehr.

Zumindest auf der Bühne. Im Internet, da können Sie mit einem Satz weltweit für Aufruhr sorgen."

Beim Stichwort „Internet" spitzte der eben noch sichtlich verdrossene Polizist seine Segelohren, lies Beck aber noch weiter reden.

„Aber die Kultur regt doch keinen mehr wirklich auf. Ich persönlich glaube ja, der Wildmoser-Bettencour hat das schon lange gemerkt und deshalb inszeniert er sich seine Kunstskandale gleich selbst. Als Skandalkunst quasi. Sie verstehen?"

Der Polizist schüttelte den Kopf, auf seine Stirn trat eine steile Falte, als er sich jetzt weiter über den Schreibtisch zu Beck herüber neigte. „Sie wissen schon, dass es in sozialen Netzwerken Vorwürfe gibt, ihr Herr Wildmoser habe Schauspielerinnen sexuell genötigt?"

Jetzt stand der Polizist vor ihm. Beck zog den Kopf ein. „Was, nein. Also, das ist ja auch nicht mein Herr Wildmoser."

„Glauben Sie etwa, das mit der Nötigung hat er auch inszeniert?"

„Nein, äh, weiß nicht. Ergibt keinen Sinn. Oder? Also, von Frauengeschichten weiß ich auch gar nichts." Der Polizist hatte sich wieder gesetzt, fixierte nun seinen Monitor und las ab: „Anal-toll Wild-möser nennt man ihn angeblich in der Branche. Und Sie wollen mir erzählen, dass Sie davon noch nie gehört haben, wo Sie sich so gut auskennen mit Theaterskandalen."

Wie? War er jetzt selbst verdächtig? Was sollte das denn? Was wusste er von irgendwelchen Sex-

Sauereien? Und überhaupt: Analtoll Wildmöser, das klang nach „Pudelnackt in Oberbayern“ und „Unterm Dirndl wird gejodelt“, das hätte er sich gemerkt. Beck berührte die Tischkante mit den Spitzen der Mittelfinger, schloss kurz die Augen, um sich zu sammeln. Er kam hier ja ganz aus dem Konzept: „Was ich einzig und allein sagen will, ist doch nur: Für Publicity tut Anatol Wildmoser-Bettencour vielleicht etwas mehr als andere Kollegen. Und schlechte Presse findet er offenbar richtig gut. Aber dass er seinen Lieblingsbühnenbildner im Weinberg erschlägt, das wollte ich keinesfalls unterstellen.“

Der Beamte brummte, schaute nun aber nicht mehr von seinem Bildschirm auf und sagte erstmal nichts. In die Pause hinein fragte Beck: „Muss ich was unterschreiben?“

„Nein, das war’s, halten Sie sich zu unserer Verfügung.“

„Gewiss, ich schreibe ja über sämtliche Premieren. Wenn was ist, finden Sie mich im Nehoda Imperial. Was sagt denn Wildmoser selbst zu den Vorwürfen?“

Der Polizist schaute sehr kurz und sehr unlustig auf: „Der ist verschwunden.“

„Oh, das macht ihn dann wohl verdächtig.“

Der Polizist blieb einsilbig. Wenn er so einen halb verwahrlost, halb verwirrt wirkenden Typen auf der Straße treffen würde, müsste er ihn einkassieren, dachte er sich und brummte nur „Fahndung läuft“. Dann wies er Beck den Weg zum Flur.

Draußen traf er auf der Außentreppe prompt den Musketier, der sich gerade wenig elegant das Treppengeländer hochzog.

„Ah, da sind Sie ja", sagte Ulf Stroh-Engel, der seine im Licht der Vormittagssonne glänzenden Locken mit einem Gummi gebändigt und offenbar mit Öl getränkt hatte. „Sehr gut, habe dem Kollegen gesagt, dass Sie bestimmt was für uns haben, damit wir diesen Wildmoser festnageln können."

Ging das schon wieder los? Beck konnte es nicht fassen: „Das hab ich Ihrem Kollegen gerade alles ausgeredet. Ich hab doch immer nur von Theater gesprochen."

Der Musketier aber hörte gar nicht zu. „Wenn ich mir gestern beim Tanzen nicht den Fuß verdreht hätte, wäre das alles nicht passiert. Aber die Claudi wirbelt einen so rum, da wird einem ganz schwummerig. Seien Sie froh, dass Sie sitzen geblieben sind. In Ihrem Alter wäre das echt ungesund gewesen. Glauben Sie mir. Schauen Sie mich an." Stroh-Engel ließ vergnügt sein lädiertes Tanzbein in der Luft schwingen. Beck war wenig beeindruckt, aber davon merkte der Kommissar nichts, denn er sah in ihm nicht den altgedienten Kritiker der „Neuen Post", sondern nur eine windschiefe Witzfigur. „Wenn ich noch mitgekriegt hätte, wie Wildmoser und der Andere aneinander hochgehen, hätte ich schon ein Auge drauf gehabt."

Der Reserve-D'Artagnan war so sehr von sich überzeugt, da wollte Beck zu gerne ein wenig Luft rauslassen: „Aber es ist doch gar nicht gesagt, dass der Intendant was damit zu tun hat. Es kann doch auch ein Unfall gewesen sein."

„Dann hätte der Wildmoser ja nicht untertauchen müssen, nachdem er oben auf der Burg einen Schuppen abgefackelt hat, um uns abzulenken. Wenn Claudia und Sie nicht gerade vorbeigekommen wären, hätten wir den toten Herrn Wunderle sicher erst am nächsten Morgen gefunden. Aber wir kriegen den Kerl, verlassen Sie sich drauf. Fahndung läuft." Stroh-Engel tippte mit zwei Fingern einen militärischen Gruß an die Stirn: „Halten Sie sich zu unserer Verfügung. Und grüßen Sie mir die Claudia, wenn Sie sie sehen." Dann war er weg, und Beck war bedient.

Das wollte wohl heute nicht sein Tag werden. Schon am Morgen hatte die Sekretärin aus der Redaktion angerufen, um ihm zu sagen, dass er nur ein paar Stichpunkte über die Inszenierung liefern solle. Aufmacher würde der Tod von Freimuth Wunderle werden. Da müsse die Kritik weichen. Man werde schon irgendwie ein paar Sätze von ihm in den Artikel reinwursteln.

Was machte er hier eigentlich, wunderte sich Beck, als er vom Polizeirevier durch die Fußgängerzone in die Innenstadt spazierte. Seine Rezensionen waren nicht gefragt, dafür fragte er sich immer mehr, ob dieses Festival wirklich etwas mit Theater zu tun hatte. Mehrere Laufstege zogen sich an den Schaufenstern entlang. Sie führten mit kleinen Unterbrechungen zur Bühne des „Jedermann", der hier nicht wie anderorts üblich vor einer Kirche, sondern vor der Stadtsparkasse gegeben wurde. Schließlich sei Mammon heute der einzige Gott, an den Menschen aller Konfessionen glauben, hatte Anatol Wildmoser-Bettencour im Programmheft der Festspiele behauptet. Heute sollte offene Probe sein, und viele der Sponsoren, die das Festival unterstützten, waren auch schon bereit, die eigentlichen Hauptrollen zu spielen. Ein Grundstücksmakler, ein Vermögensverwalter und eben die Sparkasse, ein Feinkostgeschäft, ein Spirituosen- und Tabakhändler hatten Stände aufgebaut, an denen sie für die Festspiele und ihre Produkte warben – schließlich boten sie alle Dinge und Dienste, die der reiche Jedermann gerne in Anspruch nahm.

Auf den Laufstegen sollte später eine Modenschau mit den edelsten Gewändern der Buhlschaft zu sehen sein – präsentiert von der teuersten Boutique am Ort. Und natürlich warben auf Schritt und Tritt Schilder für die „Jedermannauslese", die Hermann Castus ausschenken ließ. Aus dem pseudomittelalterlichen Mysterienspiel des Hugo von Hofmannsthal würde eine Dauerwerbeinszenierung werden. Das sah Beck schon jetzt deutlich, ohne auch nur eine Szene der Aufführung zu kennen.

Eigentlich hätte der Intendant die öffentliche Probe auf dem Marktplatz an diesem Vormittag leiten sollen, doch er war und blieb verschwunden, weshalb eine Frau mit Krissellocken und viel zu großer Brille, die sich mit einem Stapel Notizen Luft zufächerte, nun zwischen den Schauspielern stand. Offenbar die Regieassistentin. Als Beck die Bühne erreichte, redete sie gerade mit dem Jedermann, der zum rosafarbenen Maßanzug und einem offenen weißen Hemd eine Sonnenbrille trug und damit aussah, als wäre er aus einem Drogenkrimi der Achtziger entlaufen. Die Assistentin sprach leise, aber Beck erhaschte doch ein paar Sätze. „Das hatte schon viel Schönes." Dabei kritzelte sie fahrig auf ihren Notizen herum. „Aber vielleicht kannst Du ja noch was anbieten. Ich weiß ja auch nicht, was mit dem Anatol ist." Sie merkte, dass man sie hören konnte und drehte sich von den Passanten weg.

Wollte er sich das wirklich anschauen? Nein, er würde schnell wieder ins Hotel gehen. Doch kaum hatte er sich in Bewegung gesetzt, blieb er auch schon wie angewurzelt stehen: Da war sie! Diesmal in einem blauen Kleid, die Haare sehr offen, sehr lang, der Rock kürzer als beim letzten Mal. Und neben Claudia: ihr Latin Lover mit einer Hand auf ihrer Schulter. Beide schleckten an Eistüten. Der Anblick verklebte Beck den Gaumen. Bloß weg hier. Doch es war zu spät, sie hatte ihn gesehen: „Huhu, Justus, hier sind wir." Sie winkte. Wollte sie ihn in aller Öffentlichkeit demütigen? Wie grausam. Gab die Schönheit ihr das Recht dazu? Beck wäre gern wütend geworden, doch er fühlte sich nur traurig, kniff die Lippen zusammen und presste sich etwas ab, was ein Lächeln sein sollte. Schon standen die beiden vor ihm.

Der Lover war noch jünger, als Beck aus der Ferne gedacht hatte. Er trug ein T-Shirt mit tiefem rundem Ausschnitt, das seinen hellbraunen Teint betonte und dazu Jeans, die modisch zerschlissen waren. Warum gab sie sich mit so einem Jungchen ab? Was konnte der ihr schon bieten? Beck ahnte die Antwort und grämte sich noch mehr. Claudia merkte davon nichts. „Das ist aber schön, Dich hier zu treffen", zwitscherte sie. Es schien ihr kein bisschen peinlich zu sein, so erwischt zu werden. Aber eigentlich war er es ja, der kalt erwischt wurde. Sah sie das denn gar nicht? „Warst Du gerade bei der Polizei? Die haben mich auch schon alles Mögliche gefragt, aber ich haben ihnen gesagt, bei Toten im Theater kennst Du Dich bestimmt besser aus." Sie klang verschmitzt. „Ich hab Dir Marco noch gar nicht vorgestellt." Das war sein Untergang, eine Exekution am helllichten Tag, die absolute Vernichtung. Der Kerl ließ sie los, wechselte sein Eis von der Rechten in die Linke und streckte seinen Arm zum Handschlag vor, der doch ein Schlag in die Magengrube war.

„Hallo, ich bin der Marco. Meine Mama hat mir schon von Ihnen erzählt."

Beck war zu verblüfft, um die Hand zu greifen. Wie jetzt? Das war „der kleine Marco"? Der Kerl war fast 1,90 Meter und bestimmt Anfang zwanzig. Aber vielleicht täuschte er sich auch. Jedenfalls löste sich sein Schreckgespenst in diesem Moment vor ihm auf. „Hallo", stammelte Beck, „ich bin der Justus. Deine Mutter hat mir auch schon von Dir erzählt." Beck musste lachen, und es sah leicht irre aus. „Hatte Dich mir nicht so groß vorgestellt."

„Ja, er hat jetzt das Abitur und liegt der Mama auf der Tasche. Kann sich nicht entscheiden, ob er jobben soll oder eine Reise machen oder sich fürs Studium bewerben oder ein Praktikum."

„Ach, Mama!" Marco guckte genervt. „Ist ja peinlich."

„Tut mir leid, mein Großer." Sie drückte ihn, er entwand sich ihr.

„Ich lass Euch mal allein, muss eh noch ins Training."

Langsam löste sich Becks Überraschung: „Was trainierst Du denn?" Immerhin war ihm eine Frage eingefallen.

„Fußball bei der Esskaageh, aber heute kick ich mit meinen Jungs. Spielen Sie auch?"

„Ja, klar." Was für ein Unfug. Es war aus Beck rausgeplatzt. Selbst in der Schule war er für Sport nicht zu brauchen gewesen. Seine Kameraden hatten ihn immer als Letzten gewählt und ihn dann ins Tor gestellt, wo er eine gewisse Kunstfertigkeit darin entwickelt hatte, den Bällen auszuweichen. Wie kam er da jetzt wieder raus? „Also, in Deinem Alter hab ich viel gespielt." Was für eine bescheuerte Übertreibung. „Aber heute komme ich halt nicht mehr dazu." Hatte er völlig den Verstand verloren? Was redete er denn?

Claudia schaute anerkennend: „Wusste gar nicht, dass Du so sportlich bist."

Beck wedelte mit beiden Händen: „Bin ich gar nicht, bin ich gar nicht."

„Sie können ja mal mitkicken, unten am Weiher", sagte Marco, und Claudia klatschte: „Oh, das will ich sehen. Wir können da auch picknicken. Das wird lustig."

Ich Idiot, dachte sich Beck, der dringend ein anderes Thema brauchte: „Gehst Du gar nicht mit Deiner Mutter ins Theater?"

„Muss nicht sein." Marco winkte ab.

„Da langweilt er sich nur", sagte Claudia und klopfte ihrem Sohn mitleidig die Schulter. „Und ich bin ja auch froh, dass ich jetzt gar nichts über die Premiere schreiben musste. Und Du hast mir ja auch nicht sagen wollen, wie ich's finden soll." Sie deutete eine Ohrfeige an, tätschelte ihm aber mit gespieltem Vorwurf die Backe. Es fühlte sich an, als hätte ihn eine Riesenfaust gestreift. Beck glaubte zu taumeln, ließ sich aber nichts anmerken, und Claudia plauderte einfach weiter. „Die Redaktion wollte lieber was über die Premierenfeier und das, was wir im Weinberg erlebt haben."

„Ja, was für ein Nachspiel", sagte Beck und hatte den Eindruck, dass das jetzt viel zu sexuell klang. Aber das fiel offenbar nur ihm auf.

„Na, die Premierenfeiern scheinen ja das Beste am Theater zu sein, was meine Mutter so erzählt hat: Wein und Crime. Respekt", sagte Marco und machte erneut Anstalten zu gehen. „Muss ich aber trotzdem nicht haben." Da näherte sich ein Röhren, eine Hupe heulte auf, Menschen sprangen zur Seite, als ein rotes Cabrio heranbrauste. „Wow, ein Mustang!" Marco ließ auf den Satz einen Pfiff folgen.

„Das ist ja der Wildmoser", rief Claudia.

„Wer?", fragte Marco.

„Der Intendant! Von dem hab ich Dir erzählt."

„Oh, ich glaub, ich will auch Intendant werden, wenn man dann solche Autos fährt."

„Schon, aber ich hab Dir auch gesagt, dass ihn die Polizei sucht."

„Und jetzt?" Marcos Frage war höchst berechtigt. Beck konnte auch nicht fassen, was er da sah. Wildmoser schob die Sonnenbrille auf die roten Locken, schälte sich lässig aus dem Sitz, vier Knöpfe seines Hemdes offen. „Jessica, jetzt übernehme ich", rief er seiner Assistentin zu, die ebenso verblüfft dastand wie die Schauspieler. „Was ist los, Leute? Was guckt ihr so? War spät gestern." Im Hintergrund näherten sich Martinshörner.

„Die Polizei kommt", rief Jessica.

„Das hör ich."

Wildmoser machte keine Anstalten zu fliehen, während seine Assistentin ihm hektisch zuwinkte: „Du musst abhauen, die holen Dich."

„Weil ich in der Fußgängerzone parke?" Weiter kamen die beiden nicht. In dem Moment fuhren zwei Streifenwagen neben der Bühne vor. Vier Polizisten sprangen heraus. Wildmoser legte eine Hand lässig an die Hüfte. „Was ist denn hier los?"

„Anatol Wildmoser-Bettencour", rief einer der Beamten.

„Ja, bitte? Sie stören meine Probe."

„Sie sind verhaftet." Mehr sagte der Polizist nicht. Im nächsten Moment wurde der Intendant umgedreht, Handschellen klickten, Wildmoser verschwand auf dem Rücksitz, und die beiden Wagen brausten mit Blaulicht davon.

Beck und Claudia schauten sich sprachlos an. „Krass", sagte Marco. Es klang hoch anerkennend. „Was geht denn hier ab? Also, wenn das Theater ist, muss ich doch mal mitgehen."

2 Sie war erstaunt, versuchte aber, es sich nicht anmerken zu lassen. Paula hatte mit dem Schlimmsten gerechnet, als sie den Korb mit der frischen Wäsche vom Parkplatz ins Hotel getragen hatte. Dass er verwahrlost wäre und vielleicht betrunken, nicht gewaschen und dehydriert. Er war ja noch nie so lange ohne ihre Betreuung gewesen, seit Juliane gestorben war. Und schon vor seinem Infarkt war er immer bockiger geworden. Nun aber stand Justus Beck vor ihr, das Hemd glatt gebügelt in der Hose, kein Fleck, nicht mal eine Fluse, die Haare gewaschen und gekämmt, keine Bartstoppeln zu sehen. Ja, es schien ihr, als habe er Creme aufgetragen. Jedenfalls roch er nicht mehr nach altem Mann, Paula hatte den Eindruck, dass er duftete. Zitronengras? Es sah aus, als habe er sich für ihren Besuch rausgeputzt. Oder war er herausgeputzt worden? Er sah wieder verkleidet aus, aber diesmal eher so wie Junggesellen, die im hohen Alter noch im Hotel Mama wohnen und seit Jahrzehnten morgens die weichgespülte Wäsche für den Tag auf einem Stuhl in ihrem Kinderzimmer finden.

Solch ein Aufzug, nur weil sie seine Klamotten abholte? Konnte das sein? Sie wollte nicht fragen. Irgendwie traute sie dem Anblick nicht. Dabei hatte sie das Gefühl, dass sie ihn dringend loben sollte. Die dreckigen Kleider hatte er ordentlich auf drei Beutel verteilt. Seine Siebensachen im Hotelzimmer waren ums Bett und am Schreibtisch akkurat geordnet. Auch im Bad schien alles tipptopp zu sein, als sie beim Reinkommen kurz hineingelinst hatte. Sehr erfreulich. Aber mehr als ein „Gut siehst Du aus" konnte Paula sich zunächst nicht abringen. Sie fragte sich selbst, warum, und war ganz entschieden der Ansicht, dass sie nicht enttäuscht war, dass er ohne sie zurechtkam. Zumindest wollte sie nicht enttäuscht sein. Wie blöd wäre das denn gewesen?

„Schön, dass Du da bist, setz Dich doch." Er deutete auf einen Sessel. Auf dem Beistelltisch stand eine Vase mit Sommerblumen. Beck und Blumen – das gab's doch gar nicht. Und dann war da dieses Leuchten. Paula wusste nicht, wie sie diese Ausstrahlung sonst nennen sollte: Ja, Beck leuchtete. Als würde er Drogen nehmen. Nein, das konnte nicht sein. Wein ja, aber der hatte Beck immer noch matter gemacht, wogegen er wiederum Sekt und Espresso einnahm. Aber das erklärte nicht diese Erscheinung vor ihr. Von einer Claudia Cestonaro hatte Paula ja noch nie gehört, weshalb sie sich rätselnd davor drückte, das Leuchtphänomen offen anzusprechen.

„Dir scheint's ja nicht schlecht zu gehen. Nimmst Du auch Deine Medikamente regelmäßig?"

„Aber Paula", sagte Beck mit einem fröhlichen Vorwurf im Ton. Von seinem Leuchten wusste wiederum er nichts, und erst recht nicht, dass Claudia es in ihm angezündet hatte. Kaum konnte er sich seine Verliebtheit eingestehen, und dann wäre es ihm auch vor Paula peinlich gewesen. Dass er vor ihrer Ankunft das Zimmermädchen noch mal hatte aufräumen lassen und Antonia Weißmehl den Sitz von Kleidung und Frisur hatte kontrollieren müssen, verschwieg er tunlichst. Mehr aber noch wollte er darüber schweigen, dass er die Betablocker abgesetzt hatte, weil sie ihn so müde machten. Viel zu müde für Claudia. Dafür warf er jetzt mehr ASS ein, dann konnte er bei der Sommerwärme auch mehr Weine probieren. Und außerdem wirkten die Tabletten ja blutverdünnend. Das war dem Kardiologen doch so wichtig gewesen.

„Du siehst doch, dass es mir gut geht."

„Und Du bleibst auch ohne mich wach im Theater?" Fast fürchtete sie, dass es so sein könnte.

„Klar, hier ist man ja immer an der frischen Luft, da bleibe sogar ich wach. Und dann gibt's hier immer frisches Frühstück, und mein Wellnessprogramm ist auch straff." Dass er sich bisher nur die Zehennägel hatte schneiden lassen und sich heute mal massieren lassen wollte, unterschlug Beck elegant. „Außerdem ist hier ja richtig was los. Hast Du das mitgekriegt? Erst brennende Fahnen, Schmierereien, Flugblätter und eine gesprengte Kartenbude, und dann ist ein Bühnenbildner den Weinberg runtergestürzt."

„Ja, hab ich gelesen. Und jetzt ist der Intendant unter Verdacht."

„Einen Teil hat er ja gestanden", sagte Beck und berichtete Paula davon, dass Wildmoser, kaum dass sein Anwalt eingeschaltet war, Vandalismus und Brandstiftung in mehreren Fällen sowie Verstoß gegen das Sprengstoffgesetz eingeräumt hatte. Der Anwalt plädierte auf experimentelle Öffentlichkeitsarbeit und Aktionstheater in künstlerischer Tateinheit mit grobem Unfug. Ein Hospitant, der sich Hoffnungen auf ein Praktikum gemacht hatte, sei ihm dabei zur Hand gegangen. Das hatte Beck von Claudia gehört, die es wiederum von ihrem geölten Musketier wusste. Mit dem Todessturz von Freimuth Wunderle aber wollte Wildmoser partout nichts zu tun gehabt haben. Er sei, nachdem der Hospitant das Feuer im Schuppen auf dem Schloss gelegt hatte, mit seinem Wagen zur Wohnung einer Bekannten vor den Toren der Kurstadt gefahren, habe verschlafen und sei deshalb zu spät zur Probe gekommen. Ein Alibi hatte er dafür nicht, aber nach dem Gutachten der Gerichtsmedizin war wohl auch nicht klar, ob Wunderle ausgerutscht und ins Höllgeröll gestürzt oder ob er gestoßen worden war. Anatol Wildmoser-Bettencour jedenfalls war wieder auf freiem Fuß. Die Sache mit der sexuellen Belästigung stand zwar noch im virtuellen Raum, doch da die Vorwürfe anonym im Netz kursierten, rührte sich die Staatsanwaltschaft nicht, und die Polizei hatte keine Handhabe.

„Und was sagt Frau Bettencour dazu?", fragte Paula.

„Eglantine Bettencour hat schon lange genug von den Weibergeschichten ihres Mannes, soviel ich weiß", sagte Beck. „Sie kümmert sich um die Kinder, die beiden sind schon lange getrennt."

„Über sowas schreibst Du in Deinem Feuilleton ja nie. Mach das doch mal, dann lese ich's auch mehr."

Beck verzog nur das Gesicht.

„Das sind doch auch Dramen. Das interessiert die Leute", sagte sie, kramte in ihrer Tasche und holte eine zerknitterte Ausgabe der „Neuen Post" hervor: „Hast Du das schon gesehen?"

Beck griff sich die Zeitung, verstand aber erst nicht: Ein Kellermeister namens Norbert Postillion sprach zum Leser, lobte einen Rosé vom Gardasee, der gar nicht mehr so pummelig und müde sei wie früher, sondern ein energetischer und funkensprühender Typ. Dann erzählte der lyrisch gelaunte Norbert von einem Chianti, den er als sinnensatt und beglückend fröhlich kennen gelernt hatte. Als Beck dann noch von einem wunderbar schmelzigen Grauburgunder las, riss er sich wütend von der Zeitungsseite los.

Was war das denn für ein Quatsch? Dann erst begriff er: Norbert Postillion, Kürzel: NP, war das stets grässlich gut gelaunte Maskottchen der „Neuen Post", Kürzel: NP. Der Typ war sich für nichts zu schade, was auch daran lag, dass er sich nur als Comicfigur mit Zylinder, Trompete, Schaftstiefeln und gelber Uniform blicken ließ. Wobei Herr Postillion viel mehr konnte, als einen alten Briefzusteller darstellen. Eigentlich konnte er alles, was den Marketingleuten gerade wieder an Unfug durchs Hirn brauste. Und jetzt war er also Kellermeister.

Aber konnte das sein? Doch, Tatsache: Der Zeitungsverlag verkaufte jetzt Weinpakete und Weinverkostungen. Buchreihen über die schönsten Ausflugsziele der Region und eine Auswahl an Bildungsreisen bot die „Neue Post" schon lange an, was Beck verdrießlich stimmte, denn es zeigte ja, dass mit dem Journalismus kein Geld mehr zu machen war. Aber dass der Verlag, für den er für viel zu wenig Geld schrieb, ihm jetzt auch noch Konkurrenz beim Weinverkauf machte, das war schon dreist. Wieso hatte er diese Sonderseite eigentlich übersehen? Nein, falsche Frage: Wieso hatte ihm keiner aus dem Haus vorher Bescheid gesagt?

Es war, als hätte einer am Lichtschalter gedreht. Mit einem Schlag war das Leuchten erloschen. Paula sah es sofort: „Ach, komm, Justus, ärger Dich nicht. Was weiß der Verleger denn vom Wein? Hast Du nicht immer gesagt, dass der Antialkoholiker ist und immer mit Mineralwasser anstößt?" Das machte die Sache für Beck allerdings nicht besser, und seine Stirn verdunkelte sich noch mehr. Irgendwann würde die „Neue Post" wahrscheinlich auch Allwetterreifen und halbe Hähnchen verkaufen. Da war er sich fast sicher. Paula aber war entschlossen ihn aufzumuntern. „Dieser Verleger hat doch keine Ahnung von Wein. Nicht wie Du." Stimmt auch wieder, dachte Beck, und der strenge Zug um seine Mundwinkel löste sich ein wenig. „Dann fahren wir doch jetzt gleich zu diesem Winzer", schlug Paula vor. Becks Saab würde stillgelegt werden. Es ging nur noch darum, ob er die Verschrottung zahlen musste oder die Werkstatt noch genug Teile fand, die auszubauen sich lohnte. Deshalb hatte Beck gefragt, ob Paula ihn zum Weingut von Hermann Castus fahren könne. Nach seinem ersten Besuch dort war er doch verunsichert und froh, wenn jetzt jemand hinter ihm stand.

Mit ihrem hellroten Seat, den Paula ihr „Möhrchen" nannte, waren sie schnell auf der Landstraße, und nach wenigen Minuten öffnete sich vor ihnen die Ebene der Weinstöcke rund um Castus Castle, das sich dunkelgrau und wuchtig aus dem Grün abhob. Auf dem kleinen Besucherparkplatz war wenig los. Beck fürchtete schon, dass er wieder vor verschlossenen Gittern stehen würde, doch diesmal war es kein Problem, in den Innenhof der Trutzburg zu gelangen. Kein Mensch zu sehen, und es hätte totenstill sein müssen, doch zwei Krähen stritten sich und machten Lärm für zwanzig. Ein Schild wies den Weg zum Laden, dessen Tür offen stand. Hinter dem Verkaufstresen ragte im Halbdunkel ein hagerer Mann auf und grüßte Beck und Paula, kaum dass sie in der Tür standen: „Guten Tag, was kann ich für Sie tun?"

Beck ging auf ihn zu. „Guten Tag Herr…", er strengte sich an, das Namensschild am Poloshirt zu entziffern, „…Erlanger."

Doch bevor er sagen konnte, was er wollte, fing der Mann hinterm Tresen mit seinem Verkaufsvortrag an: „Wir haben die Edition unserer Festspielweine im Geschenkkarton zum Vorzugspreis. Sie können auch Einzelflaschen…"

Beck unterbrach ihn: „Entschuldigung, aber ich will nichts kaufen. Eigentlich will ich mit Herrn Castus sprechen. Oder mit einem Geschäftsführer, der mir weiterhelfen kann. Ich hab's schon schriftlich und telefonisch probiert, auch ihren Fragebogen zur Ersterfassung von Kundenkontakten ausgefüllt. Alle drei Seiten, aber ich bin nicht durchgedrungen."

„Wir haben keine Fragebögen", behauptete Erlanger. „Wir sind ja nicht das Finanzamt."

Das war dreist, dachte Beck. „Hören Sie: Ich führe einen Weinladen. Mein Vertrag mit der Firma i.vive läuft aus, und jetzt will ich mich mit regionalen Weinen selbstständig machen. Und da dachte ich als Erstes an Herrn Castus. Ich habe ihm vorgeschlagen, einen Hecastus-Flagshipstore bei uns in der Stadt zu eröffnen, als Direktvermarkter. Der Vorgang muss bei Ihnen im

Grunde bekannt sein, Ihr Herr Sortini wusste davon, als ich die Tage schon mal hier war."

„Wer?" Der lange Erlanger kippte mit dem Oberkörper Beck entgegen, der instinktiv ein Stück zurückwich, bis er Paula hinter sich spürte.

„Sortini hieß der Mann. Er hat mich leider nicht hereingelassen. Es war alles zu."

„Sortini?" Erlanger schien sehr angestrengt nachzudenken. „Seltsam, Herr Sortini hat damit eigentlich nichts zu tun. Er kümmert sich um die Hunde. Aber egal. Herr Castus hat für solche Gespräche im Moment keine Zeit. Wie Sie sicher wissen, ist er Vorsitzender des Festspielvereins, und es gibt da derzeit ein kleines Problem mit der Leitung. Herr Castus wird sich in nächster Zeit persönlich um die Festspiele kümmern. Ich kann Ihnen da jetzt auch nicht weiterhelfen. Kommen Sie doch ein andermal wieder. Aber wenn Sie schon hier sind, darf ich Ihnen ein Glas unserer Jedermannauslese anbieten?"

Beck verzichtete dankend und verabschiedete sich, was Paula mit stillem Wohlwollen registrierte. Ihr Justus konnte mittlerweile offenbar ohne Probleme an einem Glas Wein vorbeigehen. Sie wusste ja nicht, was Beck wirklich auf der Leber lag. „Die scheinen es hier ja nicht nötig zu haben, ihren Wein zu verkaufen", sagte sie, als sie den Wagen schon wieder erreicht hatten.

„Ich glaub, ich geb's auf mit diesem Castus", murmelte Beck. Es war ohnehin eine blöde Idee gewesen, mit dem Hauptsponsor eines Festivals, über das er schrieb, ins Geschäft kommen zu wollen. Das gab Interessenkonflikte, die er sich als Kritiker eigentlich gar nicht erlauben konnte und auch zuvor nie erlaubt hatte. Wie unprofessionell von ihm, schimpfte er in sich hinein. Seinen Jedermannessig sollte Hermann Castus doch allein trinken. Auch von dieser stillen Schelte ahnte Paula nichts. Sie wunderte sich nur darüber, dass Beck auf dem Beifahrersitz grübelnd verstummte. Sie waren schon vom Parkplatz gerollt, als er seine Sprache wiederfand: „Ich werde mich mal bei der Winzergenossenschaft umhören. Die sind nicht so arrogant und haben auch ordentliche Tropfen." Das Möhrchen rumpelte über das Pflaster durch die Felder. Im Rückspiegel hätte man sehen können, wie ein enormer Schwarm Krähen über dem Landgut aufstieg, doch Beck und Paula blickten nur nach vorne.

3 Sie hing über ihm, presste seinen Kopf in die Liege. Es fühlte sich an, als wollte sie ihn würgen. Ihre Finger krallten in den Nacken, spielten in seinem Fleisch Klavier. Becks Backen waren in das Loch gepresst, durch das er atmen und die grauen Bodenfliesen sehen konnte. Vor jedem Griff verhärtete er sich noch mehr, aus Angst vor neuen Schmerzen.

„Sie sind aber auch wirklich sehr verspannt", sagte Toni, und es fühlte sich jetzt an, als würde sie ihr gesamtes Köpergewicht auf die beiden Handballen legen, die nun seinen Schultergürtel malträtierten. „Da muss ich aber noch ganz schön dran arbeiten." Bitte nicht, dachte er. Wahrscheinlich war sie für die Sportmassage, die sie anbot, ebenso qualifiziert wie für die podologischen Anwendungen; also etwa dadurch, dass sie schon als junges Mädchen immer ihrer Tante die dicken Füße massiert hatte. Anders konnte sich Beck kaum erklären, was er gerade fühlte. Aber vielleicht hing es auch damit zusammen, dass er sich schon lädiert auf die Liege gelegt hatte.

Paula war am Vortag gerade wieder abgefahren, da hatte Claudia angerufen und gefragt, ob er nicht zum Grillplatz kommen wolle, Marco und seine Freunde seien auch da. Es hatte nicht viel gebraucht, ihn zu überreden. Er nahm ein Taxi, ließ sich hundert Meter vor einem beschaulichen Hain absetzen und näherte sich so federnd wie möglich, damit Claudia denken würde, er sei mal eben schnell vom Hotel hergelaufen. Noch bevor sie seinen sportlichen Elan bewundern konnte, hatte Marco ihn schon beiseite gezogen, weil ihnen zum Kicken auf zwei kleine Tore zwischen dem Holperrasen noch ein Mitspieler fehlte. Beck wollte sich damit herausreden, seine Mutter brauche doch Gesellschaft, doch Claudia winkte ab: „Spiel nur. Aber tu Dir nicht weh."

Schon stand er in Marcos Mannschaft auf dem Feld, der Ball rollte auf ihn zu, wie ihm das vor bald fünfzig Jahren zum letzten Mal passiert war. Damals war er weggerannt und hatte seine Mama gebeten, ihm ein Attest zu besorgen. Nun aber gab es kein Zurück. Claudia stand hinter ihm und feuerte ihn an. „Justus, zeig den Jungs mal, dass die Alten auch noch was drauf haben!" Tollkühn tat Beck einen Schritt auf den Pulk von vier Jungs zu, die alle nach dem Ball stocherten. Da kam die Kugel schon auf ihn zugeschossen. Der Rasen war leicht feucht, seine Schuhe hatten kein Profil. Auch größere Sportler als er wären hier gescheitert, sagte er sich später. Es linderte den Schmerz nicht. Sein rechter Fuß wollte den Ball treten. Fort, bloß fort damit. Im selben Moment rutschte sein Standbein weg. Becks rechter Spann senste über das Ziel, er trat ein Loch in die Luft, kam in Rücklage. Erst sah es aus, als wollte er zu einem verwegenen Fallrückzieher ansetzen. Im Ansatz irgendwo zwischen Zlatan Ibrahimovic und Cristiano Ronaldo, von denen Beck aber nichts wusste. Und als er waagrecht in der Luft lag, fiel er wie ein Stein zu Boden, kam erst mit dem Hintern auf, dann mit dem Kopf. Ihm wurde kurz schwarz vor Augen, die Luft blieb weg. Er wusste gar nicht, ob ihm etwas weh tat und kriegte auch keinen Ton raus. Als es wieder hell wurde in seinem Schädel, sah er nur die Wattewolken am Himmel, dann ein, zwei, bald sieben Köpfe seiner Mitspieler. Schließlich Claudia, die sich über ihn beugte und sorgenvoll lächelte. „Mensch, Justus, mach doch langsam. Warum steigst Du denn auch gleich so ein. Das hat ja schon beim Zuschauen wehgetan. Soll ich einen Arzt holen?"

Das war seine einzige Chance, diese Schmach zu tilgen: kein Arzt, kein Schmerz. Einfach aufstehen, schütteln und irgendwie vom Platz kommen. Nur klappte es nicht. Claudia, Marco und zwei Mitspieler hoben und stützen ihn, setzten ihn auf eine Holzbank. Es tat alles höllisch weh, doch Beck behauptete, es sei fein, nur die Hose und die Schuhe seien nicht so ideal zum Fußballspielen. Beim nächsten Mal würde er besser ausgerüstet kommen. Bestimmt. Beck hielt sich noch eine Weile auf der Bank, bis er nicht mehr sitzen konnte und Anstalten machte, irgendwie zum Hotel zu humpeln. Aber Claudia sprang schnell auf, hielt ihn und geleitete ihn zum Taxistand wie den alten Knacker, der er war.

Die Nacht in seinem Hotelzimmer hatte er dann halbwach auf dem Bauch liegend verbracht, um seinen Rücken zu schonen. Und jetzt lag er also mit dem Blick zum Boden vor Toni, der er seinen Sportunfall schamvoll verschwiegen hatte und ließ sich kneten, so wie es im Behandlungsplan stand. Unerträglich weh tat nur sein Steiß, von dem sie gottseidank ebenso die Finger ließ wie von seinem Hinterkopf, der immer noch brummte. Dennoch war das mit der Massage keine gute Idee. Toni langte herzhaft hinein, und sein Nacken knackte so laut, als wäre jemand auf einen dicken Ast getreten. Leise und kläglich machte Beck „uiuiui".

Toni freute sich. „Ja, das werden Sie morgen noch spüren. Aber wir müssen eben unbedingt die Faszien lösen, da ist ja alles verklebt."

Auf solche Gespräche wollte er sich lieber nicht einlassen. Am Ende würde Toni noch irgendwelche Spezialgriffe auspacken, die ihm den Rest gaben. Also lenkte Beck sich selbst ab, indem er von seinem Besuch auf dem Weingut von Hermann Castus zu reden begann. Toni wusste schon von Paulas Besuch, und er hatte einige Mühe, ihr klarzumachen, dass sie nicht seine Frau und Claudia nicht sein Kurschatten war. Toni schien nicht recht davon überzeugt zu sein. Sie sagte nur: „Na, wie Sie meinen."

Von weiteren Versuchen, mit Hermann Castus Kontakt aufzunehmen, riet sie ab, denn der Winzer habe sich in die Idee verrannt, die Festspiele notfalls eben in eigener Regie zum Erfolg zu führen. „Man hört ja so einiges“, sagte Toni und erzählte davon, dass Gundolf Mehltau und Hannelore Tugendhat vom alten Vorstand der Festspiele überall in der Stadt streuten, was für ein perverser Hurenbock dieser Wildmoser doch sei. Bürgermeister Staat-Morgenroth sei auch schon ganz nervös. Nicht nur wegen des Toten im Höllgeröll, sondern weil im Internet unappetitliche Andeutungen übers Vorsprechen für Festivalrollen im Whirlpool und im Dampfbad kursierten.

Toni hatte endlich von seinem Rücken abgelassen.

„Sie hören ja so einiges“, sagte Beck anerkennend, bevor ihm die Luft wegblieb, denn Toni tastete nun mit strengem Griff nach den Muskeln seiner Beinchen, dabei hatte er dort doch gar keine Muskeln.

„Erst hat der Wildmoser was mit einer Muschi gehabt, dann kam eine Hasi ins Spiel, schließlich die Mausi. Und die Mausi hat jetzt gleich zwei Hauptrollen gekriegt, Muschi und Hasi nur Nebenrollen.“

Unglaublich, was seine Masseurin alles über das geheime Tierleben des Intendanten wusste. „Und das steht im Internet?“ In Becks Frage schwang ehrlicher Respekt mit.

„Nein, das hab ich heute Morgen gehört. Jedenfalls fragt man sich doch, ob Muschi und Hasi jetzt in irgendwelchen Foren mit Schmutz schmeißen.“

„Ja, und wie heißen die Damen wirklich?“

„Da kenn ich mich jetzt nicht so aus, aber ich hab gehört, dass diese Hasi eigentlich die Hauptrolle bei der Premiere heute kriegen sollte.“

„Im Jedermann?" Eigentlich eine rhetorische Frage, aber Beck wollte Missverständnisse vermeiden.

„Ja, dann spielt Mausi jetzt wahrscheinlich die Jederfrau."

„Die gibt's nicht. Es gibt nur die Buhlschaft."

Toni kniff ihn in die Waden „Au", machte Beck. „Was?", fragte Toni.

„Das ist ein altes Wort für eine Affäre. Sie kennen doch den Nebenbuhler – etwa in diesem Sinne ist das gemeint."

„Aha", sagte Toni. „Ich versteh gerade gar nichts."

„Also, die Buhlschaft ist die Freundin vom Jedermann."

„Hat der keinen richtigen Namen?"

„Nein, der heißt so, weil er kein Charakter ist, sondern ein Typus: Das Stück nennt sich ja im Untertitel Das Spiel vom Sterben des reichen Mannes. Hugo von Hofmannsthal hat das 1911 geschrieben, aber es war schon damals altmodisch. Mit Knittelversen und allegorischen Figuren wie Mammon, Glaube und Werken, also den guten, frommen Taten. So hat man im Mittelalter gedichtet, und Hofmannsthal hat nach alten Quellen ein Mysterienspiel geschrieben, ein geistliches Drama um einen kaltherzigen Sünder, dem Gott den Tod auf den Leib hetzt."

„Ja, die Typen kenn ich. Lassen sich gerne auch bei mir behandeln, und dann jammern sie mir die Ohren voll, dass sie sich von ihrer Frau getrennt haben, Alimente zahlen müssen, die Kinder nie sehen, und die neue Freundin ihnen auf der Tasche liegt und jetzt auch schon keine Lust mehr auf sie hat. Die Kerle sind echt widerlich. Für die bin ich dann ganz oft der Psycho-Mülleimer. Heulen mir vor, für wen und was sie alles blechen müssen, fahren mit der S-Klasse vom Hof und geben dann nicht mal ein gescheites Trinkgeld. Manchmal werden sie auch zudringlich, aber da sind sie bei mir an der falschen Adresse." Toni betonte ihre entschiedene Haltung, indem sie eine schlaffe Hautfalte an Becks innerem Oberschenkel zwischen ihre Finger klemmte: „Und so ein Arschloch ist der Jedermann?"

Beck seufzte den Schmerz weg. „Das ist jetzt keine tolle Partie für einen Schauspieler, der psychologische Feinheiten sucht. Die Herren, die Sie hier so zu Gast haben, machen da vielleicht sogar mehr her. Die Rolle ist eher eine Art Ritterschlag. Zumindest bei den Salzburger Festspielen. Da haben schon der Attila Hörbiger und Will Quadflieg, Maximilian Schell und der Curd Jürgens den Jedermann gespielt. Auch der Brandauer und der Moretti."

Bei diesem Namen schlug Toni mit der flachen Hand freudig auf Becks Hintern, der straff in ein Handtusch gehüllt war. Beck war zusammengezuckt, denn der Hieb war knapp an seinem lädierten Steiß vorbeigegangen.

„Tschuldigung", sagte Toni. „Aber den kenn ich: Kommissar Rex, hab ich als kleines Kind immer heimlich geguckt."

„Und hier ist doch auch irgend so ein bekannter Fernsehschauspieler zu sehen", sagte Beck, dem das ach so prominente Ensemble der Festspiele immer noch nicht viel sagte. „Wie heißt er doch gleich?"

„Sie meinen den Weichholzer aus Vulkan der Sünde. Ein furchtbarer Schmierlappen, wenn Sie mich fragen."

„Hab ich nie gesehen", sagte Beck, der sich wieder etwas entspannte, denn Toni machte keine weiteren Anstalten, ihm vor Freude den Hintern zu versohlen. „Gestern auf der Probe auf dem Marktplatz hatte er so einen Flamingo-Anzug an. Sah aus, als wäre er aus den Achtzigern übrig geblieben.

Toni schnaubte höhnisch: „Sieht ihm ähnlich."

Dazu fiel Beck nichts ein, er hielt sich lieber an Hofmannsthal: „Na, jedenfalls will der Jedermann seiner Freundin einen Lustgarten bauen. Dafür ist Geld da, aber seinem Nachbarn will er nichts leihen und seinem Schuldner nichts erlassen. Jedermanns Mutter klagt auch darüber, dass ihr Junge so unchristlich ist. Dann läutet schon sein letztes Stündlein, was aber nur der Jedermann hören kann. Der Tod will ihn holen, Jedermann handelt noch einen Aufschub raus, denn er sucht eine Begleitung für seine letzte Reise. Geselle, Vettern und Knechte winken dankend ab. Nur eine ganz schwache Frau will mit ihm gehen, das sind seine guten Werke. Und eine Dame, die den Glauben darstellt, gesellt sich auch noch dazu. Zur Feier des Tages geht's auch nicht in die Hölle, sondern in den Himmel."

Beck hatte seinen eigenen Vortrag schmerzfrei genossen, denn Toni hatte von ihm abgelassen, während er sprach. Dafür packte sie nun wieder umso härter zu:

„Und für so eine Predigt soll ich Theaterkarten kaufen? Das krieg ich in der Kirche aber umsonst.“

Beck musste erst einmal schnaufen, bevor er wieder Worte fand. „Ja, deshalb spielt man den Jedermann auch so gerne vor einer Kirche. Wobei das bei Hofmannsthal schon eine sehr kapitalismuskritische Predigt ist, weshalb der Intendant hier auch entschieden hat, dass er den Jedermann vor der Sparkasse spielen will. Und ganz anders als in Salzburg. Da hat 1920 der Max Reinhardt eine Musterinszenierung vor dem Dom hingelegt, und seither sieht der Jedermann immer so oder so ähnlich aus.“

„Wie langweilig. Und trotzdem kommt da so viel Prominenz?“

„In Salzburg ist der Jedermann eben auch immer eine Modenschau.“

„Also ist der Schickimickischeiß wichtiger als die Aufführung.“

„Wenn Sie so wollen, aber die Buhlschaft macht meistens ganz schön was her. Die Figur hat ja kaum Text, aber wenn die Schauspielerin bekannt und schön ist, dann ist das schon mehr als die halbe Miete. Die Nadja Tiller und die Hörbiger, Senta Berger und die Trissenaar waren in Salzburg schon die Buhlschaft, die Ferres und die Hoss, und Marie Bäumer konnte sich auch sehen lassen.“

„Und wen haben wir hier?“

„Cornelia Hartmann heißt sie, hat auch die Hauptrolle im Fröhlichen Weinberg “

„Kenn ich aus Kirschblüten im Frühlingswind“, sagte Toni. „Soll ein ganz schönes Luder sein.“

„Man hört ja so einiges“, sagte Beck, hob sein Haupt aus dem Loch in der Liege und versuchte ihr zuzuzwinkern, doch es zog höllisch im Nacken, und er ließ seinen Kopf wieder sinken.

„Nein“, erwiderte Toni mit großem Ernst. „Das habe ich in einer Zeitschrift gelesen, beim Friseur. Und diese Schickse darf gleich zwei Hauptrollen hintereinander spielen.“ Toni war empört, und Beck spürte es an dem Schraubstockgriff, mit dem sie nun seinen rechten Fuß umschloss, als wolle sie Gift und Galle herauspressen.

Ächzend sagte Beck: „Ja, sie schien mir bei der Premierenfeier auch sehr vertraut mit dem Wildmoser.“

Augenblick ließ Toni seinen Fuß auf die Liege zurückplumpsen und semmelte mit der flachen Hand auf Becks Hintern, diesmal direkt neben den Steiß.

„Aua!“

„Tschuldigung, aber dann muss die Frau Hartmann doch die Mausi sein.“

„Gut möglich, aber wer sind dann Hasi und Muschi?“, fragte Beck und stemmte schnaufend seinen Oberkörper empor.

Toni stellte sich mit den Händen in den Hüften vor ihn: „Das krieg ich raus.“

4 Er sah aus wie der Seppel im Kasperltheater: grau-grüne Lederhose, Hosenträger überm rot-weiß-karierten Hemd und ein spitzer Hut. So konnte er unmöglich unter die Leute gehen, doch er spürte, wie sein Widerstand erlahmte. Seit über einer halben Stunde war er jetzt in der Umkleidekabine, immer wieder war er herausgetreten, hatte „nein, nein, das geht doch nicht" gesagt, immer wieder war Claudia ganz anderer Meinung gewesen, und dann musste er die nächsten Kleider anprobieren. Sie hatten sich vor der Premiere getroffen, um noch einen Kaffee zu trinken, doch kaum hatte sie ihn gesehen, war es schnurstracks zum Trachtenverleih gegangen. Jene Landhaus-Garderobe, die Kevin Jung zuletzt als Sherlock-Holmes-Kostüm verspottet hatte, war im Schmutzwäschesack gelandet und mit Paula nach Hause gefahren. Seine etwas ausgebeulte Hose und ein graues Jackett würden es doch auch tun, hatte Beck gedacht – doch nicht mit Claudia.

Konnte er ahnen, dass sie im Dirndl auflaufen würde? Und in was für einem: roter Rock mit hohem Schlitz und grüner Schleife, dazu ein Lederbustier mit Reißverschluss. Wenn Catwoman je Tracht tragen sollte, dann diese. Sah scharf aus, und Beck daneben fahl und fad. „Geht gar nicht", hatte sie gesagt. „Ganz Weinfurt putzt sich heute raus." Tracht müsse sein, darauf hatte sie bestanden. Und die Besitzerin des Ladens, die nicht müde wurde, Claudias Erscheinung zu loben, tirilierte immer wieder „Overdressed gibt's nicht!" Schließlich habe doch der Festspielverein für die Premiere die Parole ausgegeben, die ganze Stadt solle sich selbst inszenieren. Darüber waren die beiden Damen in ein munteres

Gespräch ausgebrochen, bei dem Claudia erfreut vermeldete, heute gehe es doch gar nicht ums Theater, sie solle auch gar nicht darüber schreiben, was *auf* der Bühne passierte, sondern *davor*. Eine Society-Reportage hatte ihr die Redaktion aufgetragen, und sie war froh drum. Doch vorher musste Beck zünftig umdekoriert werden. Und die Kollektion mit den Initialen eines legendären Bergfex, der selbst noch mit wollenen Unterhosen die Steilwände emporgepickelt war, sollte es bitteschön sein, empfahl die Inhaberin und bot Rabatt, falls Beck sich nach der Ausleihe zum Kauf entscheiden sollte. Ein tolles Angebot fand Claudia und fing bereits an, den Nachlass in die Höhe zu treiben. Die Sache zog sich hin, weil Beck bockte, doch die Zeit lief ab. Mit hängendem Kopf kam er schließlich aus der Kabine. Seine blassen Arme schauten wie Ästlein aus Ärmeln heraus, die einen Baumstamm hätten schmücken können. Seine dünnen Waden schlotterten unter der Hose. Nur seine Füße waren wieder dick. Er sah aus wie eine klapprige Holzpuppe. Diese Tracht stand ihm wie eine Tracht Prügel.

„Das ist doch fesch." Claudia klatschte in die Hände. „Komm, das nehmen wir jetzt. Wer was auf sich hält, trägt heute Tracht." Was sollte er noch sagen? „Wie Du meinst." Leider führte der Laden keine Tarnkappen. Er hätte sogar eine mit Gamsbart genommen. Stattdessen trat er mit seinem spitzen Hut neben Claudia auf die kleine Seitengasse: sie sexy, er Seppi. Hoffentlich erkannte ihn keiner. Auf dem Markplatz war schon einiges los. Mehrere Kamerateams zogen auf der Suche nach Interviewpartnern durch die Menge. Die Sparkasse, halb verdeckt von der Bühne, machte sich nur noch dadurch bemerkbar, dass ihr Schild leuchtete. Rund um die vielleicht vierhundert Klappstühle auf dem Pflaster hatte ein kleines Budendorf geöffnet, das alles bot, was schick und teuer war. Tatsächlich war das Gros der Gäste aufgedonnert, als wollten sie Statisten an Jedermanns Tafel sein. Überall High Heels und Hochsteckfrisuren, Geschmeide am Hals und in den Haaren, Boleros, Wickelblusen, Organza-Blüschen. Rüschen hier und Taft da. Die Damen hatten sich fast ausnahmslos in Schale geworfen. Der Wille zum Glamour war ebenso unübersehbar wie der beklagenswerte Mangel an Stilsicherheit. Die Herren waren deutlich zurückhaltender eingekleidet, viele Smokings, einige Janker, und Beck sah mit Grausen, dass keiner ein derartiges Kaspertheaterkostüm trug wie er.

Am Tisch mit den Presse- und Ehrenkarten standen lange Schlangen. Die wenigsten Zuschauer hatten an diesem Abend bezahlt, schließlich waren die Sponsorenkontingente enorm aufgebläht. Die Geschäftswelt spielte ja auch eine wichtige Rolle bei dieser Produktion: Alles, was Jedermann sich leisten würde, sollte während der Aufführung von den Verkaufsständen rings um die Zuschauer ins Spiel gebracht werden. Beck sah die nächste Dauerwerbe-Inszenierung auf sich zukommen, ärger noch als die Weinprobe mit Zuckmayer-Zugabe. Und er war bereit, dies in seiner Kritik streng zu geißeln. Schließlich hatte der so grässlich gestürzte Freimuth Wunderle seinem alten Weggefährten ja vor seinem Abgang nicht umsonst lautstark vorgeworfen, sich zu verkaufen. Da war viel dran, wiewohl Anatol Wildmoser-Bettencour natürlich eine dramaturgische Begründung hatte, die ihm gewiss den nächsten Theaterpreis einbringen würde: Seine Festspiel-Intendanz instrumentiere subversives Sponsoring in einem Akt ironischer Affirmation als Strategie des kritischen Kunstkonsumismus. Was Hermann Castus davon hielt, war nicht überliefert, aber solange Hugo von Hofmannsthal einen guten Anlass bot, Uhren, Markenkleidung und hochwertige Spirituosen zu bewerben, konnte ihm der ideologische Überbau ja auch herzlich schnurz sein.

Die spannendste Frage war ohnehin, ob sich der Intendant bei seiner zweiten Premiere noch blicken lassen würde. Claudia hatte als neueste Information aus ihrer Redaktion erfahren, dass er wieder auf freiem Fuß war, weil bislang nicht geklärt werden konnte, ob Wunderles Höllensturz ins Geröll nun Unfall oder Straftat war. Für die anonymen Sex-Vorwürfe im Internet interessierte sich die Staatsanwaltschaft immer noch nicht: kein konkreter Anfangsverdacht. Beides war wiederum Munition für Wildmosers Anwalt, der sich mit dem Advokaten des Festspielvereins einen schriftlichen Schlagabtausch darüber lieferte, ob man den Intendanten beurlauben und ihm den Zugang zu den Festspielen verwehren könne.

Am Ende der Schlange vor den Ehrenkarten ließ Beck den Blick schweifen: kein Wildmoser in Sicht. Dafür näherte sich zu seinem Schrecken Kevin Jung mit rotem Kopf und blauem Janker, neben ihm Bürgermeister Nicolaus Staat-Morgenroth, braun im Gesicht, der Janker grün. „Mensch, Beck", brüllte Jung schon von weitem, woraufhin sich viele Blicke auf ihn richteten. „Wie sehen Sie denn schon wieder aus? Heute ist aber kein Kasperletheater, gell. Was macht denn der Seppel hier?"

Nun richteten sich alle Blicke auf Beck. „Hör nicht auf den Idioten", zischte Claudia, die vor ihm anstand und zog ihn ein Stück zu sich, was seine brennende Scham ein wenig versüßte. Jung und Staat-Morgenroth standen mittlerweile in derselben Schlange fünf Positionen hinter ihm, und der Redaktionsleiter schien gar nichts dabei zu finden, über die Köpfe hinweg Beck und den Bürgermeister bekannt zu machen. „Das ist Justus Beck, unser Kritiker, nicht mehr der Jüngste, und modisch auch immer ein bisschen daneben, aber stets eine scharfe Klinge. Was, Beck?"

So, jetzt wussten es alle. Der Bürgermeister lächelte Beck gequält zu. Da packte Claudia, die mittlerweile die Karten hatte, ihn an der Schulter und zog ihn fort zu ihren Plätzen. „So ein versoffener Idiot", schimpfte sie. „Der soll sich mal angucken, eine Fresse wie der Arsch vom Pavian und große Töne spucken." Das wiederum war Balsam für Beck. Und als es endlich losging, war die peinliche Begegnung fast schon verdrängt.

Aus einem Fenster der Sparkasse heraus hatte Gott im Himmel gerade dem Teufel, der unten an einem Automaten Geld abhob, den Auftrag erteilt, Jedermann zum letzten Kassensturz zu holen: „Und heiß ihn mitbringen sein Rechenbuch / Und dass er nicht Aufschub noch Zögerung such", ließ Gott, der einen guten Rechnungsprüfer abgab, den Tod noch wissen, da donnerte es schon wie beim jüngsten Gericht, und über eine Rampe rollte mit heulendem Sechszylinder eine Sportlimousine aus Zuffenhausen bis kurz vor die erste Reihe. „Autohaus Rost und Söhne – Wir geben Gas für Spaß" prangte auf der Motorhaube. „Vorfahrt für Jedermann" stand auf der Fahrertür, die nun aufsprang, und es entstieg Johannes Weichholzer in seiner ganzen öligen Pracht. Das weiße Hemd unter dem Flamingosakko offen bis zum Gürtel. Als wollte er eine Arie anstimmen, griff er sich an die blanke Brust und lockerte dann sein lindgrünes Halstuch, das ihn als Fähnchen seiner Eitelkeit umflatterte. Der unwiderstehliche Weichholzer war so selbstverliebt, dass er eigentlich gar keine Buhlschaft brauchte. Cornelia Hartmann hatte denn auch nicht viel mehr zu tun, als gut auszusehen in ihrem bombastischen roten Kleid, das nur aus Schleifen und Schlitzen zu bestehen schien und sie zu einer menschlichen Rose machte.

Hier war doch mehr ein Mannequin gefragt, schauspielerisch schien das Beck keine schwere Aufgabe zu sein, jedenfalls stellte er sich Claudia als rote Rose vor und sah sich schon selbst zum Teufel gehen wegen dieser Frau. Da stand Justus Jedermann also vor dem armen Nachbarn und schlug ihm die Bitte nach einem Almosen ab: „Mein Geld muss für mich werken und laufen, mit Tod und Teufel hart sich raufen." Dieser Jedermann war offensichtlich ein komplett deregulierter Investmentbanker. Den Schuldknecht ließ er ins Gefängnis gehen: „Wer hieß Dich Geld auf Zinsen nehmen / Nun hast Du den gerechten Lohn."

Ein wenig wunderte sich Beck schon, wo Johannes Weichholzer geblieben war, aber als die Rose Claudia vor ihn trat, war die Verwunderung auch schon verflogen. „So bin ich dir wahrhaftig dann / Kein ältlich unbequemer Mann", fragte Jederbeck in der siegesgewissen Sicherheit seiner betörenden Verführungskraft.

„Steh nit auf grüne Buben an / Du bist mein Buhl und lieber Mann."

Er konnte es kaum fassen, alles in ihm jubelte: „Fühl mich wahrhaftig herzensjung / Und selber bubenhaft genug, / Und wenn ich alls kein Bub mehr bin, / So zärtlich ist drum mein Sinn."

Beck schauerte vor Glück, da grollte mit schepperndem Tremolo der Tod in seinem aschgrau verstaubten Anzug: „Jedermann! Jeeedermann / sieh Dich an / sieh Dich an." Er blickte an sich herab, sah sein kariertes Hemd, die Lederhose, tastete nach seinem Kopf, fühlte den spitzen Hut.

Dann hörte er die Buhlschaft höhnen: „Jedermann, gib endlich Ruh / Ein alter Seppel, das bist Du."

Beck erschrak, als hätte ihm der Teufel mit dem Pferdefuß gegen das Schienbein getreten. Mit einem Schlag war er wieder wach, sah die Bankettszene bei Jedermann vor sich, und erkannte, dass die Gäste des Hausherren noch immer dabei waren, allerlei Luxusartikel von den Ständen der Sponsoren zur Tafel zu tragen und dabei von Preis und Qualität zu schwärmen. Eine LED-Laufschrift unter dem Dach der Sparkasse zeigte die aktuellen Börsenkurse aus aller Welt und zwischendurch immer wieder die Sonderangebotspreise all jener Produkte an, mit denen Jedermann bei seinem Fest prasste. Der dünne Vetter konnte sich gerade nicht zwischen einer Taucher- und einer Fliegeruhr entscheiden. Der dicke Vetter hatte sein Dilemma zwischen einem 35

Jahre alten First-Fill-Sherry-Cask-Speyside-Whisky und einem 17 Jahre alten Hibiki-Blend aus Japan dadurch gelöst, dass er gleich beide Flaschen mitnahm. So ging das schon sehr lange, darüber musste er eingeschlafen sein. Ängstlich spähte er zu Claudia neben sich, die seinen Blick sofort bemerkte, schmunzelnd die Hände faltete und ihre linke Wange zärtlich darauf bettete wie auf ein Kissen. Dann näherte sie sich mit ihren Lippen seinem Ohr und flüsterte: „Du hast nichts verpasst. Ich pass schon auf."

Er konnte es nicht fassen, fühlte sich zugleich durchschaut und verstanden, nackt bis auf die Knochen und geborgen wie ein Baby. Vom Jedermann bekam er fast gar nichts mehr mit, obwohl er hellwach war, aber seine Gedanken waren überall, nur nicht auf der Bühne. Dass der Teufel eine Frau war, die Prada trug, der Tod von Armani eingekleidet wurde und Gott einen Ausrüstervertrag mit Gucci hatte, registrierte er nur, weil das Publikum diese Einfälle so frenetisch feierte. Auch dass die Figur der guten Werke sich hier „Gute Geschäfte" nannte und die Allegorie des Glaubens sich als „Gläubiger" vorstellte, wehte an ihm vorbei. Und als der Allmächtige eine der Stretch-Limousinen vom Shuttle-Service des Festivals hinter der letzten Zuschauerreihe auffahren ließ, um Jedermann zur Himmelfahrt abzuholen, musste Claudia ihn heftig schütteln – es war ihm wie ein zärtlicher Hauch – damit Beck mitbekam, dass Anatol Wildmoser-Bettencour am Steuer saß und dem Publikum durchs offene Seitenfenster zuwinkte. Jubel brandete auf, doch der Jubel in Beck war längst lauter. Er konnte nur noch daran denken, dass er zur Premierenfeier gehen musste: Und diesmal würde er tanzen.

5 Er war völlig aus der Übung. Das merkte er jetzt deutlich. Es war derart lange her, dass er sich um eine Frau bemüht hatte, dass er selbst nicht mehr genau wusste, wann und wie. Nach Julianes Tod hatte er noch zwei, drei halbherzige Versuche unternommen, die zu nichts geführt hatten außer Missverständnissen, zwei überteuerten Restaurantrechnungen, einem Kuss auf die Wange und einer Backpfeife. Und die Erinnerung daran, wie er das einst mit Juliane angestellt hatte, war ohnehin längst bis zur Unkenntlichkeit von einer Gloriole der Verklärung umstrahlt. Aber er glaubte, sich daran zu erinnern, dass es ganz leicht gewesen war, wunderbar selbstverständlich. Jetzt war nichts selbstverständlich. Es fühlte sich an, als habe er nach vierzig Jahren seinen Führerschein wiedergefunden, aber keine Ahnung, wie er den Wagen aufschließen konnte. An Fahren war schon gar nicht zu denken.

Die Premierenfeier stieg diesmal direkt neben der Bühne im Foyer und mehreren Konferenzräumen der Sparkasse, die dafür weder das richtige Ambiente noch die passende Infrastruktur boten. Überall hingen rote Luftballons mit weißem „S", und wer von der Premiere nichts wusste, musste denken, dies sei der Weltspartag, an dem die Bankberater und Kunden das Taschengeld ihrer Kinder verprassen. Beck hatte für sich und Claudia einen Tisch neben einer kränkelnden Zimmerlinde in einem dunkelbraunen Granulattopf gesucht. Nicht schön, aber hier war es ja nirgends sonderlich anheimelnd, und dafür war es neben dem grünen Kümmerling ruhig. Hatte Beck zumindest gedacht und sich aufgemacht, für sie und sich Sekt und Schnittchen zu organisieren. So machte man das doch als Kavalier. Als er sich gerade erhoben hatte und fortstrebte, sah er den Musketier mit diesmal geföhnter Lockenpracht auf jenen Platz zustreben, den er gerade geräumt hatte. Beck war schon zu weit weg, um seinen Sitz zu verteidigen, aber noch nah genug dran, um das Wort „Seppel" zu hören. Claudia schien zu lachen. Sicherheitshalber schaute Beck weg. Auf zum Sekt.

Die Schlange war lang, wickelte sich um eine Säule, eine Granulat-Palme und einen Granulat-Benjamin. Den jungen Leuten am Ausschank fehlten offenbar Routine, Gläser und hinreichend gekühlter Sekt. Es spritzte und schäumte, jeder Kelch lief über, hier und da bildeten sich Pfützchen. Bald schon stand er in der Mitte der Schlange, obwohl er keine zwei Schritte vorangekommen war. Wenn das Hermann Castus mitbekäme. Doch der Vorsitzende des Festspielvereins war nirgends zu sehen. Genauso wenig wie der Intendant. Schade, den Eklat hätte er gerne erlebt, wenn die beiden aufeinander knallten.

Dafür standen plötzlich Hannelore Tugendhat, Gundolf Mehltau und Christian Binz, der Vorsitzende der Winzergenossenschaft, vor ihm. Natürlich waren sie schon die ganze Zeit dort, aber erst jetzt hatte Beck sie bemerkt, zuvor waren seine Gedanken ganz davon absorbiert gewesen, was dieser Strohbengel mit Claudia anstellen mochte.

Beck räusperte sich: „Schön, dass ich Sie hier treffe." Er reichte der Dame zuerst die Hand. Die Klavierlehrerin schaute pikiert. „Beck, Justus, Beck. Ich berichte für die Neue Post.“

Auch der Apotheker machte einen angewiderten Eindruck, nahm widerwillig Becks Hand: „Das wissen wir.“ Es klang, als hätte Beck gerade erklärt, er leide an hartem Schanker und offener TB.

„Ich wollte mich aber vor allem in meiner Eigenschaft als Weinhändler vorstellen“, sagte er nun zum Chef der Winzergenossenschaft gewandt, einem gedrungenen Mann mittleren Alters mit wenigen Haaren, die wie Flusen von seinem rotglänzenden Schädel abstanden. Er griff Becks Hand ohne erkennbares Interesse und ohne sich selbst vorzustellen.

„Auch das wissen wir“, sagte nun Hannelore Tugendhat, deren Dutt heute noch ein wenig höher als beim letzten Mal wirkte. Sie nickte dazu streng, und der Berg ihrer Haare schwankte missbilligend.

„Was wollen sie von uns? Sie sind doch gut mit Herrn Castus im Geschäft“, sagte der Herr von der Winzergenossenschaft so barsch, als wollte er Beck aus dem Haus jagen.

„Wir wissen, dass Sie ihn aufgesucht haben“, sagte nun Mehltau, ging einen Schritt auf Beck zu und sah ihm prüfend in die Augen.

Herrje, was war denn hier los? Wieso waren diese Leute über alle seine Wege informiert. Bislang hatte nur Antonia Weißmehl den Anschein erweckt, im Ort geheimdienstlich vernetzt zu sein, aber offenbar wusste hier generell jeder alles über jeden.

„Sehen Sie, wir in der Genossenschaft machen nur Geschäfte mit Partnern, denen wir vertrauen. Wenn Sie mit dem Herrn Castus handelseinig werden wollen, dann ist das Ihr gutes Recht. Und jetzt entschuldigen Sie uns bitte." Der Vorsitzende der Winzergenossenschaft drehte sich um, die Klavierlehrerin und der Apotheker folgten seinem Beispiel mit dem Ausdruck tiefster Verachtung. Es ging so schnell, dass Beck gar nichts mehr sagen konnte. Aber es fiel ihm sowieso nichts ein.

Was war das denn gewesen? Er war ja gar nicht dazu gekommen, sein Anliegen zu erläutern. Gab es in dieser Stadt nur Leute, die es mit Castus hielten und solchen, die gegen ihn waren? Und konnte es sein, dass man ihn für einen Geschäftsfreund der Großwinzers hielt, obwohl er doch noch nie mit ihm gesprochen hatte. Es war vertrackt, so vertrackt, dass er aus dem Grübeln darüber gar nicht mehr rauskam, bis er endlich zwei Gläser lauwarme Beerenbrause in der Hand hatte.

Immer noch versonnen erreichte er den Platz an der Zimmerlinde. Claudia hatte sich gerade zum Musketier herübergebeugt, als sie ihn erblickte: „Wo bleibst Du denn?" Ihr Ton gefiel ihm gar nicht. Vor den beiden standen leere Gläser und Teller mit Essensresten. Offenbar hatten sie sich schon selbst versorgt. „Wir wollen schon die ganze Zeit tanzen. Ulf war viel schneller als Du", sagte sie und deutete auf das Geschirr. „Passt Du bitte auf meine Handtasche auf?" Sie wartete die Antwort gar nicht mehr ab, war schon mit ihrem Disco-D'Artagnan in Richtung der wummernden Bässe verschwunden. Beck blieb stehen mit den beiden Sektgläsern.

Das war nicht nett, dachte er, als er das erste Glas geleert hatte. Dann erst schaute er zur Uhr und begriff, dass er sie fast eine Dreiviertelstunde hatte sitzen lassen. Offenbar ging es anderswo schneller mit der Bedienung, und ganz fraglos, wusste sein Rivale, wo er zuschlagen musste. Der Sekt war längst warm und schal, dennoch stürzte Beck auch den zweiten Kelch hinunter. Er wollte Wirkung spüren. Durchatmen. Er griff sich Claudias Handtasche und lief sofort in einen Kellner mit einem Tablett hinein, dessen Gläser bedenklich klirrten. „Entschuldigen Sie", sagte Beck leise, hielt sich an der Schulter des jungen Mannes fest, verringerte dadurch das Beben des Tabletts und sein eigenes Schlingern. Als die Unfallgefahr gebannt schien, griff er sich ein Glas Weißwein, leerte es wie Mineralwasser, stellte es mit einem zufriedenen „danke" wieder ab und folgte der Spur der Bässe.

Zwischen den Kartenautomaten wogten die Tänzer. Die Schauspieler unter ihnen waren leicht zu erkennen, denn sie trugen noch immer ihre Kostüme. Wie ungewöhnlich. Gehörte das hier denn noch zur Inszenierung? Schuldknecht und Hausvogt tanzten gerade zwei Engel an. Jedermann umbalzte die Regieassistentin. Und auch sonst zuckten die Leiber lustvoll zum Gesang.

If you want my future / Forget my past If you wanna get with me / Better make it fast / Now don't go wasting / My precious time / Get your act together / we could be just fine

Da erspähte Beck Claudias blonde Haare, daneben hüpften dunkle Locken. Der Musketier hatte die Brust angespannt und herausgeschoben, was seine Bewegungen zwar wuchtig, aber unrhythmisch machte.

Beck merkte, dass er im falschen Stück war. Die Szene vor ihm, das war nicht Hofmannsthal, das war Büchners „Woyzeck" mit Ulf Stroh-Engel als dampfendem Tambourmajor und Claudia Cestonaro in der Rolle von Woyzecks willenlos sinnlicher Marie. Wahrscheinlich schnaubte der Testosterontambour gerade in ihre Ohren, wie geil er mit Federbusch, weißen Handschuhen und sonst nix über sie drüber reiten werde. Wie hieß es doch bei Büchner? „Du bist auch ein Weibsbild! Sapperment, wir wollen eine Zucht Tambourmajors anlegen. He?" Da blieb für Beck ja nur noch eine Rolle, die Titelrolle: das Würstel Woyzeck. Wobei er weder mit Claudia zusammen war, noch ein Kind von ihr hatte. Gut, er war auch kein mittelloser Soldat und paranoider Proband, hatte auch nicht vor, Claudia mit einem Messer zu meucheln. Aber sonst war es doch ziemlich egal, ob er hier nun den Justus Woyzeck oder den Franz Beck gab. Nein, Georg Büchner war ihm gerade gar keine Hilfe. Es sei denn, er würde sich jetzt und hier von der Werktreue verabschieden, sein eigenes Regietheater auf dem Tanzboden aufführen, die klassische Rollenverteilung auf den Kopf stellen.

Beck war zu allem entschlossen. Schlimmer, als allein vor seinem Sekt sitzen gelassen zu werden, konnte es nicht kommen. Er hängte sich die Handtasche um die Schulter, prüfte den Sitz seiner Mütze, dann ging es los. Seine spitzen Knie bahnten ihm den Weg durch die Menge. Vielleicht sah er aus wie Seppel, aber dann wollte er jetzt Seppel Superstar sein. Er bebte wie der späte Joe Cocker, um ihn herum machten einige Frauen erschrocken Platz. Claudia war nicht mehr weit.

I'll tell you what I want / What I really, really want / So tell me what you want / What you really, really want / I wanna, ha, I wanna, ha, I wanna, ha, I wanna, ha / I wanna really, really, really wanna zigazig ah

Zigazig ah, er war da! Marie Cestonaro winkte, der Tambourmajor schaute entsetzt, als wäre er gerade in einen großen Hundehaufen getreten. Da stand dieser Woyzeckwitz mit dem Handtäschchen, als wollte er sich duellieren. Die Musik wechselte. Beck winkelte die Arme an, drehte den Kopf ruckend wie eine Taube.

You can't touch this / You can't touch this / You can't touch this / oh-oh oh oh oh-oh-oh / You can't touch this / oh-oh oh oh oh-oh-oh

Beck ging rhythmisch in die Knie, bis es knackte. Claudia ließ ihren Kommissar rechts neben sich stehen, kam mit wogendem Dekollete auf ihn zu und schüttelte die Schultern.

My-my-my-my music makes me so hard makes me say oh my Lord / Thank you for blessing me with a mind to rhyme and two hype feet

Beck wurde kurzatmig, ein leichter Stich fuhr in seinen Rücken, aber das war nicht wichtig. Er war auf der Tanzfläche, Claudia war vor ihm, und Ulf Stroh-Engel aus dem Feld geschlagen. Wowzeck!

Stop Hammer time / Oh-oh oh oh oh-oh-oh / Oh-oh oh oh oh-oh-oh / Oh-oh oh-oh oh-oh oh-oh / Oh-oh oh oh oh-oh-oh / U can't touch this

Der Bass trug ihn davon, hinweg über Lieder, die er noch nie gehört hatte, aber es war egal. Kopf nach links, Schulter hoch, Kopf nach rechts, Schulter hoch, Kniebeuge. Sein Hut wippte dazu. Es war so daneben, dass es schon wieder cool war, wovon Beck jedoch nichts verstand und nichts wusste. Gerade das aber verlieh seiner selbstvergessenen Darbietung eine ekstatische Exzentrik, die bald schon auf der ganzen Tanzfläche gefeiert wurde. So kam er durch die halbe Hitparade der Neunziger, streifte auch Teile der Achtziger. War das nicht die Gymnastik, zu der Paula ihn immer hatte überreden wollen?

Was er brauchte war aber gar kein stickiger Übungsraum und eine Turnmatte zu seinen Füßen. Claudia vor ihm, lachend, das genügte. Irgendwann war der Musketier nicht mehr zu sehen. Das gab Beck, der eigentlich gar nicht mehr konnte, noch einen Schub. Sein Seppel-Mützchen wackelte bedenklich, zweimal fing Claudia seinen Spitzhut auf, als er den Kopf schüttelte, bis ihm schwindlig wurde. Niemand konnte ihn stoppen.

„Komm, lass uns mal an die frische Luft gehen." Claudia zog ihn von der Tanzfläche. Er hatte sie müde getanzt. Justus Beck, der John Travolta der deutschen Theaterkritik mit Lederhose und kariertem Hemd. Sein Stolz, der mächtig angeschwollen war in seiner Brust, machte langsam einem fahlen Gefühl in seinem Bauch Platz.

„Du bist ja gar nicht mehr zu stoppen", staunte Claudia schnaufend, als sie die offene Glastür des Sparkassenfoyers erreicht hatten. „Je oller, je doller." Vorhin hätte ihn jeder Hinweis auf sein Alter verletzt, jetzt aber fühlte er einen Ritterschlag. Und er fühlte die Übelkeit. „Entschuldigst Du mich kurz?" Er schaffte es gerade noch bis zu einer Kloschüssel. Es brach schwallartig aus ihm heraus. Zweimal dreimal. Er klammerte sich an die Keramik wie an ein Rettungsfloß. Er durfte sie nicht wieder warten lassen. Der kalte Schweiß seines Saturday Night Fevers trat ihm auf die Stirn. Vielleicht stand dieser Stroh-Engel schon wieder neben ihr und lästerte über ihn. Jetzt erst merkte er, wie sehr er es übertrieben hatte.

Mit letzter Kraft stemmte er sich empor, wankte zum Waschbecken, schäumte sich das Gesicht ein. Kurz dachte er darüber nach, ob er sich mit Seifenlauge den Mund spülen sollte, doch schon der Gedanke ließ seinen Magen wieder rebellieren. Er hielt sich die Hand vor den Mund, musste aufstoßen, roch seinen säuerlichen Odem. Zum Kuss würde es heute nicht kommen. Am liebsten hätte er sich selbst durch den Abfluss ausgeschwemmt. Doch er musste zurück zu ihr. Sie stand schon zu lange draußen. Stand sie denn noch da?

Er stieß die Toilettentür auf, sie empfing ihn mit einem erstaunten Blick: „Du siehst ja ganz grün aus. Geht's Dir nicht gut?"

„Doch, alles fein, nur ein bisschen flau im Magen."

„Komm, wir gehen spazieren."

Gute Idee, dachte er. Im Neonlicht des Eingangs sah ja jeder krank aus. Sie strebten in die Dunkelheit. Claudia war ganz aufgedreht vom Tanz, schwärmte von den Kostümen und dem Geschmeide der Schauspieler, die allesamt von Boutiquen und einem Juwelier aus der

Gegend gestellt worden waren. Es war ihm ganz recht, dass sie ohne Punkt und Komma plapperte, so konnte er langsam wieder zu sich kommen. Quer über den Marktplatz, der mittlerweile wieder von den 400 Stühlen befreit war, liefen sie durch zwei Gassen, bis sie am Flüsschen herauskamen. Der Halbmond ließ das Wasser glitzern, das an dieser Stelle ein wenig schneller strömte. Claudia hatte ihn untergehakt und zog ihn zur Brüstung. Sie würde ihn doch jetzt nicht küssen wollen? Ohne Pfefferminzbonbon ging das gar nicht. Sie hätte ebensogut ihren Kopf in eine Biotonne stecken können. Als sie das Geländer erreichten, bekam es Beck mit der Angst und entwand sich ihr, klammerte sich mit beiden Händen am kalten Eisen fest. Was jetzt? Bitte kein Kuss!

„Schau mal!“ Claudia deutete nach rechts. Vielleicht siebzig Meter weiter führte eine geschwungene Steinbrücke über das Flüsschen. Auf einem Podest unter einer Laterne stand eine Gestalt ganz in Rot.

„Das ist die Buhlschaft“, sagte Beck. Unverkennbar, dieses Kostüm gab es weit und breit kein zweites Mal. Die Buhlschaft breitete die Arme aus. Sie schien etwas in der Hand zu halten. Plötzlich ruderte sie mit den Armen, dann stieß ein roter Vogel in die dunkle Flussrinne. Sie hörten einen Schlag und Platschen. Dann nichts mehr. Doch es war Beck, als habe er Schatten davonhuschen gesehen.

„Das gibt’s doch nicht“, schrie Claudia.

Beck lief mit ihr zur Stelle, an der die Frau in Rot verschwunden war. „Hallo, Frau Hartmann, Frau Hartmann, hallo, hören Sie mich? Ist Ihnen was passiert? Können Sie sich bewegen."

Schwarz rauschte das Flüsschen, und die Buhlschaft antwortete nicht.

Vierter Aufzug: Adam

1 Olth war in der Stadt. Er war nicht nur nach Bad Weinfurt gekommen, er residierte nun auch ausgerechnet im „Nehoda Imperial". Beck hatte ihn schon bei der Ankunft am Abend gesehen, wie er vor dem Eingang stand, telefonierte, dabei rauchte und mit einem Glas Weißwein in der Hand fuchtelte. Das weiße Hemd unterm Jackett, der strohige Mittelscheitel, die Stirnfurche, die beiden tiefen Falten um die Mundwinkel, die dicke ädrige Nase und die gelben Finger – er war es unverkennbar: Der Starreporter des großen Revolverblattes besuchte die Festspiele. Und er war nicht gekommen, um bloß schnell mal einen großstädtischen Verriss abzuliefern.

Von dem, was sich auf der Bühne tat, wollte mittlerweile ohnehin niemand mehr etwas wissen. Auch die Redaktion der „Neuen Post" hatte ihren Kritiker gleich am Morgen nach der „Jedermann"-Premiere zurückgepfiffen. Jetzt, da schon wieder eine Leiche aufgetaucht war, sei Becks Beitrag nicht von Belang. Er möge doch am Ende der Festspiele eine kurze Würdigung der künstlerischen Leistungen schicken. Aber nicht zu ausführlich bitte. Und über das vereinbarte Honorar müsse man auch noch mal reden. Ansonsten werde nun Kevin Jung vor Ort die Berichterstattung übernehmen. Schließlich galt es jetzt, so schnell zu feuern wie der Scharfschütze aus der Hauptstadt.

Constantin Olth, der nach seiner wilden Zeit als journalistischer Schlachtenbummler in Ruanda, Libanon und Afghanistan mittlerweile für die Scharmützel im Ressort „Sex und Society" zuständig war, hatte noch von seinem Redaktionsschreibtisch aus einen ersten Revolverblattschuss in die Provinz gejagt. Schon vor dem Frühstück hatte Beck den Beitrag im Internet gelesen. Und danach war ihm der Appetit vergangen. Unter einer Collage der Tatortabsperrung am Fuße des Höllgerölls und einem Szenenfotos mit dem Tod aus „Jedermann" stand:

Mordet ein Serienkiller im Kurstadt-Idyll?

Theater des Todes: Zwei Leichen nach Festival-Premieren

C. Olth berichtet aus Bad Weinfurt

Sanfte Hügel und satte Reben, historisches Fachwerk und eine Burgruine. Es ist ein Idyll, doch jetzt geht die Angst um: Zwei Tote bei den traditionsreichen Festspielen von Bad Weinfurt. Am Abend der „Jedermann"-Premiere stürzt eine Frau von einer Brücke in den Fluss. Sie trägt die rote Robe der Buhlschaft aus dem Klassiker. Doch nicht Hauptdarstellerin Cornelia Hartmann steckt im sexy Kostüm. Die Polizei zieht noch in der Nacht den leblosen Körper der Kostümpraktikantin Julia K. aus dem Wasser. Den Kopf aufgeschlagen an einem Felsen. Sprang sie in den Tod? Oder wurde sie gestoßen?

Das Ereignis ähnelt einem Vorfall nach der Premiere der Komödie „Der fröhliche Weinberg" wenige Tage zuvor. Hier stürzt ein renommierter Bühnenbildner in der steilen Weinlage „Höllgeröll“, stirbt mit gebrochenem Hals und zerschmettertem Schädel. Auch in diesem Fall die ungeklärte Frage: Unfall oder Todesstoß? Unter Verdacht gerät: Festspiel-Intendant Anatol Wildmoser-Bettencour, zuvor lautstark im Streit mit seinem Bühnenbildner und ohne Alibi. Winzerbaron Hermann Castus, als Vorsitzender und Hauptsponsor der Pate der Festspiele, beurlaubt den berüchtigten Blut-und-Hoden-Künstler.

Skandalregisseur Wildmoser, in der Szene gefeiert und gefürchtet als Wüstling zwischen Bühne und Bett, muss sich auch mit anonymen Vorwürfen auseinandersetzen, er habe Schauspielerinnen sexuell genötigt. Stürzte sich die Praktikantin aus Liebeskummer in den Fluss? Oder wurde sie das Opfer eines Eifersuchtsdramas?

Dass der Intendant sein Ensemble für private Lustspiele missbraucht, scheint ihm im Fall Julia K. wiederum zu helfen: Für die Tatzeit hat er ein Alibi! Als am frühen Morgen nach dem Sturz von der Brücke die Polizei-Fahndung nach dem Intendanten gerade anlaufen soll, fährt der nicht mehr ganz so junge Wilde (37) im roten Mustang-Cabrio vor. Neben sich Cornelia Hartmann: seine Buhlschaft aus „Jedermann“.

Was den berüchtigten Skandalregisseur entlastet, sorgt in der lauschigen Weinstadt nun für Panik: Entweder lastet ein Fluch auf den Festspielen, oder ein Künstlerkiller geht um!

Serienkiller in der Stadt? So ein Idiot: keine Ahnung vom Theater, zu viele schlechte Horrorfilme geschaut und dann irgendwas aus den Fingern saugen. Dieser Constantin Olth hatte Beck mit seiner Sensationsschmiererei schon den ganzen Morgen versaut, nachdem er am Vortag bereits stundenlang auf dem Polizeirevier hatte sitzen müssen, um zu erzählen, was er in der Nacht gesehen hatte. So gut wie nichts. Und warum er nun schon zum zweiten Mal zugegen war, als ein Mensch starb. Woher sollte er das wissen? Stand er jetzt etwa unter Verdacht?

Theater war jedenfalls kein Thema mehr, Wein wollte ihm anscheinend auch niemand verkaufen, und Claudia hatte keine Zeit mehr für ihn, denn sie musste für die Kurstadtzeitung Mörder jagen. Was machte er hier eigentlich noch, fragte sich Beck? Zumal in seinem Hotel die größte Jauchefeder der Republik herumschmierte. Er spürte, dass ihn die Empörung irgendwo unterm Zwerchfell stach, kramte in seiner Pillenschachtel und schluckte drei Tabletten, die ihm jetzt gerade passend erschienen. Sein Herz durfte ihm heute keine Streiche spielen, denn zum einen hatte Toni ihn für den Yoga-Kurs verpflichtet, zum anderen wollte Paula mit Bernd und Franz vorbeikommen. Von seinem jungen Freund erhoffte sich Beck gute Nachrichten über den Zustand seines Weinkontors, vom alten Freund wollte er etwas darüber erfahren, wie die Polizei aus der Entfernung auf die Vorfälle in der Bad Weinfurt blickte. Zuvor aber musste Beck barfuß in Turnleibchen und kurzer Hose antreten.

In den Frotteepantoffeln des Hotels war er durch die Flure geschlichen, damit ihn in diesem lächerlichen Aufzug möglichst wenige Leute sahen. Und tatsächlich kam ihm niemand in die Quere. Im kleinen verglasten Trainingsraum des Hotels stand er zunächst ganz allein und wunderte sich. Nach einigen Minuten kam Toni und wunderte sich auch: „Sie sind ja schon hier. Es geht doch erst in einer halben Stunde los." Na toll, jetzt hatte er sich auch noch in der Zeit vertan. „Macht nichts. Die Trainerin ist krank, ich übernehme heute. Wollte gerade einen Zettel anhängen. Aber da können wir uns ja schon mal einstimmen."

Das klang nicht gut. Nachdem Antonia Weißmehl ihn mit der Nagelschere gestochen und auf dem Massagetisch gewürgt hatte, fürchtete Beck nun ihren yogischen Zugriff. Wahrscheinlich hatte sie die entsprechende Ausbildung an ihrer Nichte absolviert. Langsam wurde ihm klar, warum das „Nehoda Imperial" trotz des klangvollen Namens recht preiswert war, wenn dort alle Mitarbeiter irgendwie auch für alles qualifiziert sein sollten. Der Frühstückskellner war ihm auch schon mal als Nachtportier begegnet, und eines der Zimmermädchen hatte er in offenbar gärtnerischer Mission mit einem Sack Erde unter einem Rhododendronstrauch erwischt. Und Toni war nun eben die Frau für alle Spielarten von Sport und Schönheit.

Konnte Yoga schlimmer werden als Podologie? Er hatte ja keine Ahnung, was da kommen sollte, war nur hier, weil Paula ihm immer wieder vorgehalten hatte, er solle es doch mal probieren. Nun gut, hatte er sich gedacht. Doch wie Toni nun mit gefalteten Händen vor ihm stand, verließ ihn der Mut. Gab es da nicht lauter Tierübungen? Er würde jetzt am liebsten den Krebs machen, seitwärts zur Tür heraus. Doch Toni stand in seinem Fluchtweg. Und sie wollte reden.

„Wie schön, dass wir mal ein bisschen Zeit haben." Sie ging auf die Zehenspitzen und klatschte in die Hände. „Kennen Sie eigentlich diesen Herrn Olth?" Seine Antwort wartet sie gar nicht ab. „Der ist ja fast noch ekliger als seine Artikel. Haben Sie mal seine Hände gesehen? Die sind orange. Er stinkt wie eine Hafenkneipe, und seine Zähne sind gelb und braun."

Ganz so genau hatte Beck sich den Mann tatsächlich noch nicht angeschaut, aber er sah keinen Grund, Tonis Schilderung zu bezweifeln. „Ja, der Kollege wirkt etwas unangenehm."

„Er wollte von mir Schmuddelgeschichten hören über den Wildmoser und den Castus. Hat mir sogar Geld geboten, wenn ich ihm was erzähle. Da bin ich natürlich nicht drauf eingegangen. Nicht, wenn einer so schlechte Zähne hat und so riecht. Da lob ich mir doch so einen netten Kulturmenschen wie sie." Toni lächelte so freudig, dass es Beck ein wenig peinlich war.

„Lieb von Ihnen", nuschelte er. „Ja, es ist schon schade um die Festspiele. Überall geht's nur noch um Leichen und Skandale. Keiner redet mehr über die Kunst."

„Aber Castus soll schwer dahinter her sein, auch die nächste Premiere pünktlich rauszubringen. Ohne den Wildmoser", sagte Toni, hob einen Zeigefinger und machte große Augen. „Man hört ja so einiges."

Beck neigte neugierig den Kopf: „Tut man das?"

„Im Grunde sei die nächste Aufführung schon fast fertig. Castus will das Stück mit der Regieassistentin zur Premiere bringen. Wildmoser hat Hausverbot, heißt es, aber er hält sich nicht dran, taucht immer wieder irgendwo auf. Und Ihr Ekel-Kollege mit dem Mundgeruch eines nassen Aschenbechers ist ganz wild darauf, dabei zu sein, wenn es knallt. Dabei weiß er nicht mal, was gespielt wird. Der kaputte Krug! Das musste ich ihm sagen."

Beck schaute irritiert auf. „Sie meinen: Der zerbrochne Krug."

„Ja, mein ich doch. Hoffentlich schreibt er den Quatsch, den ich ihm erzählt habe." Toni gickelte kurz und war im nächsten Moment ganz seriös: „Ich schaue ja sehr gerne Kleist. Den verpasse ich nie."

Damit hatte Beck nun gar nicht gerechnet. Dass Antonia Weißmehl, die er im Verdacht hatte, eher der leichteren Muse zugeneigt zu sein, sich für einen der vertracktesten deutschen Klassiker begeisterte – erstaunlich. Er stellte sich schon vor, wie sie nach der Arbeit ein altes VHS-Band von Peymanns Bochumer „Hermannsschlacht" in einen altersschwachen Videorekorder schob. „Dann kennen Sie das Stück ja sicher."

„Ich weiß nur, dass der Doktor wieder mitspielt."

Beck stutzte: „Sie meinen, den Richter, den Dorfrichter!"

Toni schaute ihn empört an: „Also, Herr Beck, ich hätte gedacht, dass Sie sich schon ein bisschen besser auskennen: Familie Dr. Kleist! Da geht's um einen Arzt. Das sagt doch schon der Titel. Sie müssen doch den Hauptdarsteller kennen, der ist so ein bisschen fester: Fulton-Smith – schade, dass der bei uns nicht mitspielt."

Oje, wenn sich Toni mit Yoga so gut auskannte wie mit Kleist, dann war er geliefert. „Ich fürchte, ich muss Sie enttäuschen. Das Stück stammt von Heinrich von Kleist, 1777 geboren, alter pommerscher Adel. War nicht so stattlich wie ihr Herr Doktor, eher untersetzt, gestottert hat er auch. Dieser Kleist war zwar nicht nur Schriftsteller, sondern auch Leutnant beim Militär, hat Mathematik, Physik und Recht studiert und fürs Wirtschaftsministerium gearbeitet, aber Arzt war er ganz und gar nicht. Wobei er sicher einen guten Arzt hätte brauchen können. Am besten einen Psychiater. Heute ist er ein Klassiker, zu Lebzeiten war er ein Versager. Ständig ist er über seine eigenen Ansprüche gestolpert. Nichts hat geklappt in seinem Leben. Am Ende war er ein finanziell ruinierter, gesellschaftlich diskreditierter Mann. Wussten Sie, dass er sich erschossen hat?

„Nein! Das ist ja schrecklich." Toni sah ernsthaft entsetzt aus.

„Ja, im November 1811 am Kleinen Wannsee, zusammen mit Henriette Vogel, einer lebensmüden Bekannten, die schwer krebskrank war. Und vorher haben sie in einer Pension am See logiert, abends Abschiedsbriefe verfasst: Die Wahrheit ist, dass mir im Leben nicht zu helfen war, hat er an seine Schwester geschrieben. Dabei sollen Henriette und er ganz munter gewesen sein. Haben Kaffee und Rum getrunken, Haschmich gespielt wie die Kinder. Dann sind sie am Ufer spazieren gegangen, er hat ihr ins Herz geschossen und sich dann durch den Mund ins Hirn."

„Wie furchtbar! Also, wenn ich mir das vorstelle: Morgens lässt sich ein Gast von mir massieren, und danach wirft er sich vor den Zug. Gottseidank ist mir das noch nie passiert."

Das konnte sich Beck auch gar nicht vorstellen. So wie Toni massierte, war danach sicher niemand mehr in der Lage, sich auch noch selbst Gewalt anzutun. Ausgeschlossen. Doch das sagte er ihr natürlich nicht. „Und wir wollen auch hoffen, dass das so bleibt", erwiderte er. „Aber Sie sehen jedenfalls: Ihr Kleist hat mit meinem nichts zu tun."

„Vielleicht auch besser so. Klingt ja sehr ungesund, Ihr Herr Kleist."

„Kann man so sehen, aber der Zerbrochne Krug kann trotzdem ganz vergnüglich sein. Geht, wie gesagt, um einen Richter, der Ende des 17. Jahrhunderts in der niederländischen Provinz nach eigenen Gesetzen lebt. Nachts steigt er einem Mädchen im Garten nach, geht mit ihr in ihre Stube, will sie wohl ins Bett nötigen, droht damit, ihren Geliebten Ruprecht zum tödlichen Militärdienst nach Ostindien zu schicken, von wo er sicher nie zurückkommen würde. Da stürmt ihr Freund die Bude, zieht dem Richter die Türklinke über den Kopf. Der Richter flieht, verliert seine Perücke, und ein Krug zerschellt. Darum hatte Kleist mit zwei Dichterfreunden gewettet: Dass er ein Stück über eine zerscherbelte Keramik schreiben könne. Die Vorlage dazu hatte er bei seinem Kumpel in Bern auf einem alten Kupferstich gefunden, auf dem fast schon das gesamte Personal des Stücks versammelt ist. So zumindest geht die Legende. Die Wette hat Kleist gewonnen: kaputter Krug, unverwüstliche Komödie."

„Das kenn ich!"

Beck war verblüfft. „Wie? Ich dachte, Sie kennen das Stück nicht?"

„Nein, diese Typen kenne ich", sagte Toni. „Ich hatte mal einen Staatsanwalt hier zur Massage, der hat mir die ganze Zeit vorgeheult, was für ein Dreckstück seine Frau sei, dass sie sich einen jungen Fotografen angelacht hat und dass er dem jetzt gedroht und die Polizei auf den Hals gehetzt hat. Dieser Typ wollte auch nur sein eigenes Recht durchsetzen. Und dabei war ihm seine Alte bloß noch lästig. Schmeißt ja nur sein Geld zum Fenster raus, hat er gesagt, und lässt ihn nicht mehr ran. Und im gleichen Atemzug prahlt er mit seinen ukrainischen Nutten. Immer wenn er in den Osten fährt, macht er bei den Damen Hausbesuche, und die sind ja so dankbar, wenn er mit Geschenken kommt. Das erzählt der mir alles! Bäh, der Mann war so eklig, und dann hat er mich gefragt, ob ich einen Freund habe. Da hab ich die Massage abgebrochen."

Beck war ernsthaft empört: „Richtig so!"

„Weiß nicht. Mein Chef wollte mich rausschmeißen, und dann musste ich mich bei diesem Staatsanwalt entschuldigen, und er hat ganz gönnerhaft getan. Dass er mir noch mal verzeihen will, dass ich ja auf meinen Job angewiesen bin, und dass ich schon noch verstehen werde, warum er eigentlich ein toller Hecht ist."

Beck staunte, was für Typen in diesem Hotel abstiegen. „Oje, Sie machen ja was mit." Offenbar war bei Toni mehr Theater als auf so mancher Bühne.

Sie aber winkte bloß ab: „Und so ein dummes Sackgesicht ist also dieser Richter. Sowas mag ich mir gar nicht anschauen. Aber für den Herrn Olth wäre das was, der ist doch genauso ein Schmierlappen.“

So viel tief empfundene Anteilnahme an einer Komödie hatte Beck nicht erwartet. Irgendwie erinnerte das Fräulein Weißmehl ihn an diese hemdsärmeligen Dienerinnen in vielen Komödien, die heimlich alte Trottel im Griff haben und das junge Glück sichern, selbst aber immer viel zu wenig Applaus kriegen und bestenfalls noch einen herzensguten Tumbling heiraten dürfen. Immer eine starke, aber undankbare Rolle.

Wie brachte er Toni jetzt auf andere Gedanken? Vielleicht mit einem anderen Stück? „Bei Kleist gehen übrigens immer wieder die Leidenschaften mit den Leuten durch. Stellen Sie sich vor: In einem anderen Stück liebt die Amazone Penthesilea den Griechen Achilles so rasend, dass sie ihn von ihren Hunden zerreißen lässt.“

„Wie pervers. Ihr Kleist ist ja ein Horrorautor.“

Okay, das mit Penthesilea war keine gute Idee. Beck setzte zu einer erneuten Ehrenrettung des Dichters an: „Mag sein, aber Heinrich von Kleist war eben auch ein Meister der Sprache und ein Freund der gelehrten Anspielungen: So ein Krug steht ja von der Form her immer auch für die Jungfrau. Und wenn er kaputt ist… Na, Sie wissen schon. Der Richter im Zerbrochnen Krug heißt übrigens Adam, das Mädchen, dem er nachstellt ist Eve. Getroffen haben sie sich in einem Garten. Merken Sie was? Der Adam wollte wieder zurück ins Paradies mit seiner Eva. Zwei Minuten hat er sie nur angestarrt, heißt es bei Kleist.“

Toni war ganz gepackt von seinem Vortrag: „Wie unheimlich. Das ist ja total Psycho.“

„Der Bundesgerichtshof hat den Dorfrichter Adam ja sogar schon wegen versuchter sexueller Nötigung, Rechtsbeugung, Freiheitsberaubung und Meineid zu zwei Jahren und vier Monaten verurteilt.“

„Jetzt veräppeln Sie mich aber“, sagte Toni und hob mahnend den Zeigefinger.

„Nein, das ging vor ein paar Jahren durch die Presse. War natürlich ein juristischer Jux. Bei Kleist gibt es kein Urteil, da wird nie ganz klar, was die Wahrheit ist. Da ist alles aus den Fugen. Als am Morgen nach dem Sündenfall in Evas Stube der Gerichtsrat in den Ort kommt, um die Arbeit des Dorfgerichts zu kontrollieren, muss Adam seinen eigenen Fall verhandeln. Evas Mutter steht mit den Scherben ihres Krugs vor ihm, klagt wegen Sachbeschädigung und Schadensersatz. Also eine völlige Lappalie. Adam versucht, alles zu vertuschen und überführt sich dabei selbst. Fast so wie in der Antike bei Ödipus, der rausfinden muss, dass er seinen Vater erschlagen und seine Mutter geheiratet und geschwängert hat.“

„Was ist denn das wieder für ein schreckliches Zeug? Ich glaube langsam wirklich, dass der Herr Olth gleich auch noch die Theaterkritiken schreiben kann.“

„Keine Angst, liebe Frau Weißmehl, wie der Adam sich selbst um Kopf und Kragen verhandelt, das kann richtig lustig sein.“

„Na, Sie müssen es ja wissen. Aber da ist mir mein Dr. Kleist doch viel lieber.“

Beck wollte gerade über das Käthchen von Heilbronn, den Prinzen von Homburg und ihre seltsamen Bewusstseinsverwirrungen berichten, da ging die Tür zum Trainingsraum auf und eine weißhaarige Dame kam mit energisch federndem Schritt herein. Sie war einen halben Kopf kleiner als Toni und nur halb so breit, deutlich älter als Beck, wirkte aber auf fast schon angriffslustige Weise sportlich.

„Hallo, Hilde", grüßte Toni. „Heute musst Du mit mir Vorlieb nehmen. Das ist Herr Beck. Er macht zum ersten Mal Yoga."

„Schnickschnack", sagt Hilde. „Fangen wir an." Beck wurde sofort mulmig im Magen. Dabei ließ es sich scheinbar ganz entspannt an. Toni setzte sich, faltete die Hände, sagte leise „Namasté". Dann forderte sie Beck auf, er solle seine Lebensenergie fließen lassen und sich ein Lächeln schenken. Er hatte keine Ahnung, was sie meinte, vor allem hatte er keine Ahnung, wie er in den Lotussitz kommen sollte und erst recht nicht, wie er sich aus seiner unfachmännischen Verknotung wieder lösen konnte. Als er schnaufend und schweißgebadet wieder stand, klang das Kommando „Sonnengruß" für ihn zunächst ganz friedlich. Doch weit gefehlt. Die Arme in die Höhe strecken, das konnte er noch ganz passabel, doch als er sie zum Boden bringen sollte, wurde ihm schwindlig, und er ging knirschend in die Knie. Beim herabschauenden Hund buckelte er mit angewinkelten Beinen, beim Liegestütz sackte er zusammen, seine Kobra blieb schlapp liegen wie ein löchriger Fahrradschlauch.

Er brauchte eine Pause, aber auch bei den nächsten Durchgängen schaffte er nur die klapprige Kobra und den rachitischen Hund. Beim Baum schwankte er wie ein Rohr im Wind, und als Toni mit Ausfallschritt in den Krieger ging, gelang Beck nur stolpernd der Kriecher. Hilde ignorierte ihn mit konzentrierter Verachtung, kam fließend vom Kind in den Bogen, vollführte Skorpion und Taube, Schildkröte und Pfau, während Beck neben ihr ohne Körperspannung und Gleichgewicht auf seiner Matte taumelte und darüber jammerte, dass ihm die Knie wehtaten.

Wo immer seine Lebensenergie hätte hinfließen sollen, sie war längst versiegt, als Toni endlich „Shavasana“ vorgab: die Totenstellung. Das war Becks leichteste Übung und auch die einzige, die er beherrschte. Die Entspannung bereitete ihm keinerlei Anstrengung, spätestens beim sechsten Sonnengruß war der letzte Rest Körperspannung aus ihm gewichen. Zurückgeblieben waren nur ein erstaunlich wohliger Schmerz und bleierne Müdigkeit. Beck hörte noch, dass Toni irgendetwas vom Fluss des Atems flüsterte. Dass sie aufstand und sich mit gefalteten Händen und dem Gruß „Namasté“ verneigte, kriegte er schon nicht mehr mit. Er war völlig versunken in seine eigene Yoga-Übung. Mit zur Seite gekipptem Kopf und offenem Mund machte Beck die schnarchende Blindschleiche.

2 Paula hatte eine Überraschung angekündigt. Das konnte Beck jetzt gar nicht gebrauchen. Er fühlte sich wie von einem Panzer in den Boden planiert. Kobra und Krieger wüteten auch nach Stunden noch in seinen Knochen. Und nun stand die Delegation aus der Heimat vor der Tür. Paula werde Bernd und Franz mitbringen, hatte sie gesagt. Und bis eben noch wollte er sie am liebsten bitten, ihn wieder mitzunehmen. Was sollte er noch in dieser Stadt, wenn weder seine Kritiken noch sein Weinladen gefragt waren? Dann konnte er seine müde Pumpe auch zuhause pflegen. Doch mit einem Schlag war alles anders, der Tag wieder mit Sinn erfüllt: Sie hatte angerufen, sie hatte ihn eingeladen, und seine Freunde sollten gerne mitkommen. Claudia feierte ein Fest, und Beck würde dabei sein!

Noch ein prüfender Blick in den Spiegel: Hemd in der Hose, Haare gekämmt, keine Flecken, nichts, was Paula hätte beanstanden können. Vielleicht mochte sie sich über das hellblaue Leibchen mit dem Herbstblumenmuster wundern, aber vor allem hoffte er, dass es Claudia gefallen würde. Dann schwebte Beck durch den Flur, vorbei am Aufzug, hüpfte die Treppe herunter, als hätten Krieger und Kobra durch Zauberhand ihre Macht über ihn verloren. Nein, die Freunde wollten nicht hochkommen. Sie würden vor dem Hotel warten, hatte Paula gesagt. Wegen der Überraschung. Na, bitte, wenn es ihnen Spaß machte. Beck schien durchs Foyer zu fliegen, schon sah er ihre Köpfe durch die Scheibe, noch ein paar Schritte – da blieb er wie angewurzelt stehen: Was war denn das? Da standen sie, aufgestützt auf Fahrräder.

„Seid Ihr hierher geradelt? Die ganze Strecke?"

„Erst mal hallo", rief Bernd.

„Ja, hallo. Was gibt das denn?" Plötzlich war Beck unbehaglich. Die Kobra schlängelte schon wieder sein Bein herauf.

„Nach was sieht's denn aus?", fragte Paula, die noch dabei war, den Anblick des hellblaue Hemds mit dem Herbstblumenmuster zu verdauen. Wo hatte er das nun wieder her? Sie sollte ihn bald wirklich wieder stärker betreuen. Das ging ja gar nicht.

„Wir haben die Räder im Zug mitgenommen, aber jetzt machen wir damit eine Rundtour", rief Franz.

Das fehlte noch, dachte sich Beck. „Ich hab doch gar kein Rad."

„Jetzt schon." Bernd lächelte, hantierte an seinem Lenker und hob ein zweites Rad an, ein etwas klobiges weißes Modell, offenbar für Damen, das Beck bislang übersehen hatte.

„Oh, das geht nicht." Immer noch drei Schritte von den Freunden getrennt, riss er abwehrend die Hände hoch. „Ich habe Muskelkater, ich muss hier so viel Sport machen."

Das zog bei Paula aber gar nicht. „Na, das ist doch toll. Dann kommen wir ja gerade richtig."

„Ja, aber, wir sind eingeladen bei einer Kollegin." Das klang schon fast kleinlaut, denn Beck wusste, dass ihm die Ausreden ausgingen.

„Na, das ist doch noch besser“, sagte Bernd. „Dann radeln wir da schön zusammen hin. Und jetzt lass Dich mal richtig begrüßen.“ Bernd stellte die beiden Räder ab und ging beherzt auf Beck zu, der immer noch keinen Schritt tat, weil die Kobra mittlerweile seinen Hals würgte. Zu dritt umringten und drückten sie ihn.

Er lächelte halb verlegen, halb gequält. „Schön, dass Ihr da seid.“

Bernd klopfte ihm mächtig auf die Schulter, beugte sich zu seinem Freund herab: „Keine Angst, wir haben Dir ein Elektrofahrrad mitgebracht.“

„Und wir nehmen es auch nicht mehr mit“, betonte Paula.

„Ein Geschenk von uns Dreien, weil Ihr Wagen weg ist“, sagte Franz. „Den brauchen Sie jetzt aber auch nicht mehr. Mit dem Pedelec sind Sie in der Stadt ohnehin überall viel schneller.“

„Freust Du Dich?“ Paula schaute ihn ein wenig mitleidig an.

„Das kommt schon noch“, sagte Bernd. „Er steht noch unter Schock.“ Und dann bekam Beck vom Polizeipräsidenten eine Einführung in den elektrischen Verkehrskindergarten. „City Flash“ hieß das Gefährt, war schwer anzuheben, ließ sich auch nicht eben komfortabel lenken, und der Bordcomputer war Beck auf den ersten Blick ein Graus. Winzige Knöpfe und viel zu viele Funktionen.

„Das ist doch ein Damenrad“, jammerte Beck. Es half aber nichts. Nach fünf Minuten saß er auf dem Sattel, wackelte bedenklich im Rondell vor der Rezeption. Paula, Franz und Bernd liefen mit, stützten ihn und sprachen ihm Mut zu. Beck stöhnte, doch dann griff ihm Bernd an den Lenker, und plötzlich war das Rad nicht mehr bockig, es machte vielmehr einen schwerlosen Satz nach vorne. Der Motor half jetzt mit. Beck erschrak und war zugleich angenehm überrascht. Hui, das kostete ja gar keine Kraft mehr. Er schoss auf eine Hecke zu. „Runterschalten", rief Franz, „Motor aus", rief Bernd, „bremsen", rief Paula. Beck hatte keine Ahnung, was sie meinten und verschwand frontal in einer Hainbuchenwand. Es brauchte einige Zeit, bis sie ihn dort wieder rausgeholt, erst körperlich, dann moralisch wieder aufgerichtet hatten. Dann endlich konnte es losgehen.

„Hier, Dein Helm." Paula reichte Beck eine blaugraue Schaumstoffschale. Fast hätte er das klobige Ding aufgezogen, da fiel ihm ein, dass er endlich über eine Frisur verfügte, die den Namen verdiente und mit der er offenbar auch so gut aussah, dass Claudia nicht gleich weggerannt war. Beck hielt sich ja nach wie vor für völlig uneitel, aber mit irgendeinem Plastiktopf seine neue Haarpracht verschandeln, damit sein Schopf nach der Fahrt verschwitzt und verdrückt wieder aussah wie grauschimmliges Sauerkraut, das ging gar nicht. „Nein, den kann ich nicht anziehen, das drückt. Davon kriege ich Kopfschmerzen." Beck quengelte, und Paula redete auf ihn ein, als wäre er fünf. Es half nichts. Auch Bernds polizeilicher Ordnungsruf verhallte. Ohne Helm oder gar nicht.

Und so flogen seine Haare im Wind. Paula war längst abgehängt, Franz hatte sich zu ihr zurückfallen lassen, nur Bernd konnte folgen. „Schalt doch mal auf Eco", schnaubte er neben ihm.

Beck hatte keine Ahnung, was er meinte.

„Du bist im Sport-Modus."

„Ah, ja? Fährt sich schön." Beck dachte gar nicht daran, langsamer zu fahren. „Du bist doch so sportlich, da wirst Du doch mit mir mitkommen."

Bernds Belehrungen verhallten im Fahrtwind. Auch der Hinweis darauf, dass der Akku nicht ewig halten werde und das Rad ohne Motor schwer zu fahren sei, war für Beck im Rausch der Geschwindigkeit nicht mehr als ein Sommersäuseln. Und so schnaufte Bernd hinter ihm her, während Beck auf seinem „City Flash" wie ein geölter Blitz dahinschoß und mit seinem alten Freund plauderte. Wie die Vorfälle in der Kurstadt denn aus der Ferne betrachtet ausschauten und ob Bernd mehr wisse, als man so lesen könne.

„Serienkiller", schnaubte Bernd Rudolf. „So ein Quatsch. Ich weiß nur, dass dieser Bühnenbildner 2,4 Promille im Blut hatte, als er kopfüber durch den Weinberg geflogen ist. Da musste nicht unbedingt jemand nachhelfen. Kampfspuren gibt es jedenfalls keine, soweit ich weiß. Was das Mädchen im roten Kleid betrifft, müsstest Du mir ja etwas sagen können."

„Wir waren zu weit weg."

„Ich hab gehört, sie hatte ihr Telefon in der Hand. Wenn sie gestoßen wurde, hat sie den Täter ja vielleicht sogar noch fotografiert. Gehört hab ich nichts. Soweit ich weiß, untersuchen die Kollegen gerade, ob sie Feinde hatte. Drogen, Mobbing, Eifersucht, Rivalitäten, das Übliche. Du weißt schon. Aber, Moment mal…“

Der Polizeipräsident, der mittlerweile zu Beck aufgeschlossen hatte, bremste. „Wo fahren wir eigentlich hin?“ Sie hatten Claudias Adresse in den Bordcomputer des Pedelecs eingegeben: Mauerstraße 20. Aber jetzt waren sie schon eine ganze Weile aus der Stadt raus. „Wohnt Deine Bekannte außerhalb?“

„Also, ich fahr dahin, wo der Pfeil hinzeigt. Ich dachte, der Computer kennt sich aus?“ Beck jedenfalls kannte sich nicht aus. Bernd fummelte am Navi herum. „Noch 528 Kilometer? Wolltest Du so eine große Radtour mit uns machen? Würde mal sagen: richtige Straße, falsche Stadt.“ Bernd tippte mit seinen langen Fingern auf dem winzigen Gerät und fluchte dabei leise vor sich hin. Paula und Franz waren mittlerweile auch angekommen. „Das Fahrrad hat sich verfahren“, berichtete Beck vorwurfsvoll.

„Es sind noch 18 Kilometer. Wir sind genau in die verkehrte Richtung gefahren“, erklärte Bernd. Keine gute Nachricht für Beck, der sich nicht mehr ganz so schwerlos fühlte, wie auf den ersten Metern.

„Jetzt mach mal langsam“, schimpfte Paula. „Gleich von null auf hundert ist auch nicht gut für Deine Herz.“

Beck fühlte einen alten Trotz in sich aufsteigen, aus einer fernen Zeit, als er die Backen voller Pickel gehabt hatte. „Du hast doch gesagt, ich soll Sport machen.“

„Wir verpassen Dir gleich Stützräder“, sagte Paula.

Bernd klatschte, Franz lachte. Dann fuhren sie weiter. Beck strampelte nun nicht mehr voraus, wurde ganz schweigsam, was die Freunde seiner pseudopubertären Stimmung zuschrieben, dabei sagte er nichts mehr, damit sie nicht merkten, wie kurzatmig er war. Auf halber Strecke begegnete ihnen ein Wagen, der Beck bekannt vorkam: ein alter Saab 900. Sah man nicht so oft auf den Straßen. Dieses Auto, so kam es ihm vor, hatte er aber schon sehr oft gesehen. Der Saab sauste zwar vorbei, doch er konnte noch Schrammen auf dem Stoßfänger erkennen. Das war doch sein Wagen, für dessen Verschrottung er 150 Euro hatten zahlen müssen. Aber anders als seine alte Kiste hatte dieses Fahrzeug polnische Kennzeichen. Beck hielt an und schaute dem 900er hinterher. Er wollte die Anderen rufen, fragen, ob sie das auch gesehen hatten, doch sie waren schon zu weit weg. Und es gelang ihm auch nicht, schnell aufzuschließen. Seine Kraft erlahmte zusehends. Er schwitzte, war außer Atem, mochte auf der Landstraße auch nicht hinter ihnen herbrüllen. Offenbar hatten sie aber auch nichts gesehen, und vielleicht hatte er sich ja auch geirrt. Dennoch ging ihm die Sache nicht aus dem Kopf, bis sie nach über einer Stunde endlich in die richtige Mauerstraße einbogen. Der City-Blitz hatte kaum noch Saft. Und Beck war völlig aus der Puste.

Claudia wohnte in einem geduckten Häuschen mit Bruchsteinmauerwerk und kleinen Fenstern, das schon länger keinen Handwerker mehr gesehen hatte. Dafür war der Garten blühend in Schuss. Sträucher reckten sich üppig über eine zwei Meter hohe Mauer, deren Putz weitgehend abgeblättert war. Durch ein rostig ächzendes Holztor traten sie in ein kleines Paradies: gemulchte

Wege, kleine Hecken, die Parzellen, hier Gemüse, dort Blumen – Ringelblumen und Tagetes, strotzender Kopfsalat, Kohl und Kräuter, Federgras, Scharfgarben. Auf einem kleinen Rasenviereck drängten sich die Gäste. Im Hintergrund stieg Rauch aus einem gemauerten Ofen auf, an dem Marco hantierte. Claudia löste sich aus einer Gruppe und kam auf sie zu. Sie hatte ihr Haar zusammengeknotet, ihr Sommerkleid legte die Schultern frei. Es war ein herzlicher Empfang. „Schön, dass es geklappt hat. Wir wollten endlich mal wieder Pippos Pizza-Ofen anwerfen", sagte sie und stellte die anderen Gäste vor. Es waren vor allem Nachbarn aus der Mauerstraße. Zu viele Namen, Beck versuchte gar nicht erst, sich etwas zu merken. Er war zu müde.

„Und ihr kennt euch ja schon." Mit einem Schlag war Beck hellwach, wobei ihm zugleich schwindlig wurde. Vor ihm stand der Musketier, die Ärmel hochgekrempelt, die Locken ölig, drei Hemdknöpfe offen. Das wollige Brusthaar kräuselte machomäßig an die frische Luft. Ulf Stroh-Engel griff seine Hand, schüttelte sie ausgiebig durch, als wäre es ein Funktionstest, wobei Becks Arm schlaff blieb. Was machte der denn hier? Beck hörte gar nicht, wie der Kommissar prahlte, dass er mit Marco den alten Pizza-Ofen, den der verstorbene Vater des Jungen gemauert hatte, nach Jahren wieder in Gang gesetzt hatte: „Kaum ist ein Mann im Haus, geht's voran." Er kriegte kaum mit, wie Claudia vom dünnen Teig ihres Mannes selig schwärmte, den sie so lecker nie hinkriegte. Er ließ sich eine Scheibe mit Sardellen, Oliven, Kapern und Mozzarella in den Mund schieben, merkte nicht mal, dass es ihm nicht schmeckte, lobte die Speise mit einem reflexhaften Nicken. Er ließ sich durchs gemütlich verrumpelte Häuschen der schönen Witwe Cestonora schieben, sah überall Fotos von Marco von klein auf bis heute und von dem braungebrannten Latin Lover mit Pizzabäckerschürze, von dem er offensichtlich abstammte. Vor fünf Jahren war Pippo Cestonaro gestorben. Dabei hatte er kerngesund ausgesehen. „Aneurysma", hatte Claudia nur gesagt. Im Bauch war die Aorta geplatzt. Damals mussten sie Pippos Pizzeria verkaufen, um den Kredit auf ihrem Häuschen abzahlen zu können, das seither in romantischer Schönheit verfiel. Claudia erzählte beiläufig beim Gang durch die Zimmer, doch ihre Worte versickerten irgendwo in Becks Unterbewusstsein.

Auch zurück im Garten war Beck immer noch nicht bei sich, denn die Frage lastete als Albdruck auf ihm: Wieso hatte sie ihn eingeladen und den Anderen auch, und wieso sah der Andere aus, als wäre er aus einem Siebziger-Jahre-Porno entstiegen. Der Film sprang unwillkürlich an. D'Artagnan am erkalteten Ofen mit herunterhängender Hose hinter Claudia, sie nackt voller Ruß und hinten voller Mehl, und dann wälzten sie sich geil und stöhnend in den Zutaten, zuckten zwischen Tomatenmark, Olivenpaste und schlüpfrigen Sardellenfilets. Die angeknabberten Pizzas, die überall herumstanden, kamen Beck plötzlich obszön vor. Ihm wurde schlecht, er drängte sich zu den Getränken, holte eine Flasche Weißwein aus dem Kühlschrank, starrte aufs Etikett, erkannte nichts. War eh egal. Schon hatte er ein Bierglas in der Hand. Mit einer letzten Willensanstrengung stellte er es weg, holte sich einen Weinkelch und schüttete voll, ganz voll. Den Oberkörper dabei in den offenen Kühlschrank gedrückt, weil keiner sehen sollte, wieviel er sich einschenkte. Einmal, zweimal, mit dem dritten vollen Glas traute er sich wieder zurück zu Paula, Franz und Claudia, die schon bei Panna Cotta und Amaretto-Pfirsichen waren. Bernd stand mit dem Pornopolizisten am Ofen. Beck schaute angewidert weg, ließ sich neben Paula fallen.

„Na, Du bist ja so schweigsam“, sagte sie.

Claudia stimmte gleich ein: „Ja, im Theater hat er immer viel mehr zu erzählen.“

Wollte sie ihn quälen? Dann begannen die beiden Frauen über seinen körperlichen Zustand zu reden. Paula sprach davon, dass er ja früher nie Sport getrieben habe, nun aber Yoga ausprobiere und Rad fahre wie wild. Claudia steuerte seine Fußball-Episode bei, die sie dramatisch schilderte, als wäre es die Live-Übertragung eines Endspiels. Machten sie sich lustig über ihn? Sie machten sich lustig über ihn! Daran hatte er nach dem dritten Glas keinen Zweifel und schämte sich, als würde er nackt und mit entblößter Seele vor ihnen sitzen. Neben ihm kaute Franz kalte Pizza Margarita und schlabberte dazu Mousse au chocolat.

„Gakei Hungä?“, fragte der Junge mit vollem Mund.

„Nein, danke, lass mal.“

„Ich hol Ihnen noch was zu trinken.“ Schon war Franz mit der Pizza in der Hand aufgesprungen und kam mit einer Flasche Rotwein zurück: „Ich hab mir gedacht, mit dem Studium, das hat ja keinen Sinn. Und wie ich so im Laden war, hab ich mir überlegt: Da könnte man doch was draus machen.“ Beck verstand nicht alles, weil der Junge sich ständig mehr Pizzamousse in den Schlund schob, aber im Prinzip trafen sich die Vorstellungen von Franz mit Becks Idee einer Weinbar, die man doch zusammen führen könne. Einen Lieferanten hatte Beck nicht, aber vielleicht saß vor ihm ja sein neuer Kompagnon. Der Gedanke ließ ihm den Kopf wieder leicht werden. Endlich spürte er die Wirkung des Weines. Der Musketier sollte im Pizzaofen brennen, und was Paula sich mit Claudia zu sagen hatte, das war ihm jetzt wohlig egal. Beck sah sich schon bei der Eröffnung mit Franz, Tische vor dem Laden, ein Transparent über dem Eingang, Fähnchen im Fenster, Freunde, die ihn hochleben ließen, Kunden, die seine Sonderangebote raustrugen. „Das machen wir“, hörte er sich selbst sagen. Und Franz schlug ein.

Der Nachmittag im idyllischen Bauerngärtchen wurde dann doch noch unbeschwert, und es war Paula, die zum Aufbruch drängte, weil sie ihren Zug zurück noch erwischen mussten. Beim Abschied hatte Claudia ihn umarmt, und es hatte sich angefühlt, als ob der Rand ihrer Lippen seine Wange berührt habe. Er dachte auf der Rückfahrt noch lange darüber nach. Es lief wieder besser. Bernd hatte den Akku seines Rades im Garten an eine Steckdose gehängt. Das Drahteselchen stand wieder gut im Saft, und so ging es mit leichtem Tritt zum Bahnhof, wo sich die Freunde verabschiedeten. Durch die Fußgängerzone und den Kurpark fuhr Beck allein zurück. Es dämmerte schon, als er die Auffahrt zum „Nehoda Imperial“ empor strampelte. Neben dem Eingang war ein Ständer, an dem Beck seinen „City Flash“ anschloss. Dann ging er ins Foyer, bog noch ab an die Bar, bestellte sich einen Calvados und ließ sich in einen der großen Ohrensessel fallen. Versunken ins Bukett, erkannte er nur langsam und wie durch einen Nebel, wer zwei Tische neben ihm saß und leise in sein Telefon fluchte: Constantin Olth hatte offenbar gerade einen Informanten in der Leitung, mit dem er nicht richtig zufrieden war. Immer wieder fragte er nach: „Ja wo denn?" – „Und woher wissen Sie das?" – „Sind Sie sich da sicher?" Das ging eine Weile so, und Olth schaute immer finsterer drein, dann zischte er „Ich schau mir das jetzt an" in sein Telefon, unterbrach das Gespräch, sprang auf und lief raus.

Beck konnte sich keinen Reim darauf machen, er war erschöpft, eigentlich auch schon müde, doch seine Neugier war geweckt. Also stürzte er den Calvados runter, folgte Olth, der auf dem Parkplatz verschwand. Beck wusste selbst nicht, was er hier draußen wollte, doch er öffnete das Schloss am Fahrrad, schwang sich drauf, schwankte dabei bedenklich, trat in die Pedale, schaltete den Motor dazu, und schon fuhr ein dunkler BMW vom Parkplatz. Beck strampelte hinterher. Eigentlich völlig sinnlos, Olth musste nur einmal Gas geben, und er war weg. Doch er schien am Steuer zu telefonieren und tippte zugleich an seinem Navigationsgerät herum. Beck konnte es sehen, weil es mittlerweile ziemlich dunkel war und im Inneren des Autos Licht brannte. Er selbst ließ sein Lämpchen aus, damit Olth nicht merkte, dass er verfolgt wurde. So machte man das doch in Krimis, dachte sich Beck und schaltete seinen E-Motor auf „Turbo".

Mehrmals war der BMW schon fast um zwei Ecken weg, doch jedesmal erwischte er ihn wieder an einer Ampel. Für Beck gab es nur Grün, auch wenn gerade

Rot war. So kam er hinterher bis an die Auffahrt zur Burgruine. Kurz sah er hinter den letzten Häusern noch die Rücklichter des BMW im Wald, dann kurvte Beck alleine die Serpentinen hoch. Jetzt wurde es beschwerlich, nun erst merkte er, dass er komplett unter Wasser stand, sein Atem pfiff. Aber Constantin Olth konnte ihm nicht entkommen. Am Ende der Straße war die Burg mit den Theaterbuden. Da ging es mit dem Auto nicht weiter. Vier Kurven hatte er geschafft, weit war es nicht mehr, doch unvermittelt blinkte die Anzeige am Lenker, und nach drei plötzlich schweren Tritten erlosch sie ganz. Beck wäre fast vom Sattel gefallen. War der Akku kaputt oder nur leer? Es ging jedenfalls nicht mehr voran. Da stand er nun im Dunkeln im Wald, nassgeschwitzt, kurzatmig. Wie bescheuert!

Er beugte sich über den Lenker. An Hochfahren war nicht zu denken, selbst fürs Laufen fehlte ihm die Kraft. Und zum Runterrollen mangelte es ihm an Mut. Er traute sich und den Bremsen nicht. Gerade wollte er das Rad umdrehen und bergab schieben, da hörte er von oben ein Quietschen, sah ein Licht, dann blitzte der Scheinwerfer vor ihm auf. Beck konnte gerade noch so wegspringen, sein Rad aber erhielt einen Schlag und flog ins Gebüsch. Getroffen von einem roten Blitz. War das nicht Wildmosers Cabrio? Beck hatte sich noch nicht richtig berappelt, taumelte auf der Straße, da blitzte es erneut vor ihm auf, und ein schwarzer Schatten jagte brausend auf ihn zu. Für einen Moment stand er voll im Lichtkegel, in letzte Sekunde wich der Wagen aus. Dieser verdammte Revolverreporter wollte ihn von der Straße schießen, dachte Beck noch. Dann fiel er rittlings ins Gebüsch wie ein nasser Sack. Erst nach

Minuten konnte er sich mit Mühe aus den Dornen her-
auswinden. Seine Hände bluteten, sein Hemd mit dem
Herbstblumenmuster war zerrissen, seine Haare waren
zerzaust und voller Blätter. Beck spürte einen brennenden Schmerz im Gesicht. Er schaute an sich herunter. Er
zitterte, Wasser stand ihm in den Augen, sodass er gar
nichts mehr sah. Er wischte mit den Armen durchs Ge-
strüpp, holte sich noch mehr Kratzer, stieß an Äste und
Steine, verfluchte die beiden Irren, die ihn fast umgebracht hätten. Dann endlich spürte er kühles Metall. Er
zog sein Rad auf die Straße. Oder das was, davon noch
übrig war: der Rahmen, der Sattel und das Hinterrad.

3 Er hätte den Kollegen ja gerne darauf hingewie-
sen, dass Rauchen beim Frühstück verboten war.
Doch der Mann mit den gelben Fingern rauchte
nicht, aber er wedelte mit einem erkalteten Stummel vor
Beck in der Luft und aschte dabei in den Brötchenkorb.
Constantin Olth musste auch gar nicht rauchen, dieser
Mann, der gewiss zwei, drei Päckchen am Tag weg-
schlotete, sah nicht nur aus wie lebendes Räucher-
fleisch, er roch auch nach verkohlter Verwesung. Beck
hatte morgens ja nie viel Appetit, aber das bisschen
Hunger war ihm jetzt auch vergangen.

Er hatte noch nicht richtig gesessen, da war Olth auf
ihn zugestürzt: „Sie sind doch dieser Kritiker!" Es klang
so, als wollte er Beck gleich Maulschellen verpassen.
Und im ersten Moment dachte er auch, Olth habe ihn
vor zwei Tagen nachts auf der Straße erkannt, als er ihn
fast überfahren hatte. Doch weit gefehlt. Der Sensati-
onsreporter schien sich für die sensationelle Schramme

auf Becks Backe gar nicht zu interessieren. Er wollte bloß seine Verachtung für Kultur loswerden, und irgendwer hatte ihm offenbar verraten, dass da ein wehrloser Feuilletonist mit schwachem Herzen im selben Hotel residierte. Ach, wie gerne wäre Beck inkognito geblieben. Auf der anderen Seite war es ja kein Wunder, wenn ein Journalist, der auf Enthüllungen spezialisiert war, irgendwann mitkriegte, dass noch ein Kollege im Hotel war, wenn auch einer von der Abteilung Ästhetik. Olth jedenfalls, der nur Tabak frühstückte, wollte an diesem Morgen unbedingt seine unverdaulichen Vorurteile gegen die Künstler ausspeien. Genau auf Becks Honigbrot.

Als militanter Banause war dieser Krawallreporter stolz darauf, dass er von der Realschule geflogen war. Und dennoch merkte heute die halbe Republik auf, wenn er wieder irgendeinen Promi zum Abschuss freigab. Ganz egal, ob Verkehrsausschussvorsitzender, Ozeanologe, Mittelstürmer oder Wundergeiger. Vor ihm war niemand sicher, und das verlieh ihm enorme Selbstgewissheit.

„Wissen Sie, was die Jungs in der Redaktion rufen, wenn ich anrücke?" Kunstpause. Becks Blick signalisierte tiefste Ahnungslosigkeit. „Ein Olth für alle Fälle!" Kunstpause. Beck ahnte, dass er jetzt schmunzeln sollte, doch er wusste nicht, wieso. Egal, Olth brach in schallendes Gelächter aus und ließ ein Impulsreferat über Feuilleton und Psychiatrie folgen, das darauf hinauslief, dass alle Künstler irre waren. Zumindest hatte Olth sich nur über solche Existenzen informiert. Über ihre Leiden, nicht über ihre Werke: „Franz Liszt war depressiv,

Michelangelo und Picasso auch. Hemingway und Edgar Allan Poe: Alkoholiker. Mozart hatte Tourette. Oder nehmen Sie den Tüpfel-Maler, den mit dem Ohr." Orth suchte nach dem Namen und wedelte dabei vor Becks Nase, dass Asche über Tasse und Teller schneite.

„Sie meinen Van Gogh", assistierte Beck.

„Schizophren", rief Orth mit Triumph in der Stimme. „Und die Freundin von dem französischen Bildhauer. Na, wie heißt sie denn? Im Kino hat die Binoche das doch gespielt."

Sollte das ein Quiz werden? Gut, dann wollte Beck auflösen: „Camille Claudel."

„Paranoid! Dreißig Jahre in der Klapsmühle. Oder die Frauen bringen sich gleich selbst um: Wer hat Angst um Virginia Woolf? Und wie hieß die andere?"

Olth schaute Beck auffordernd an, der starrte ratlos zurück und riet dann: „Silvia Plath?" Hundert Punkte!

„Die mein ich. Sehen Sie, Sie kennen diese ganzen Irren doch viel besser als ich. Je kranker, desto kreativer. Die ganze Szene völlig bekloppt. Und dann noch vollgepumpt mit Drogen. Wem sag ich das? Alle mit Sockenschuss und Jagdschein. Und obendrauf noch Morphium, LSD und Crystal. Oder der Burroughs: Marihuana, Morphium, Heroin, Fusel – und dann ballert er seine Frau weg. Und genauso durchgeknallt hat er doch auch geschrieben. Ein normaler Mensch kommt doch auch gar nicht auf diesen ganzen Kunstkram. Sie haben doch wahrscheinlich Germanistik studiert oder so was." Olth schaute ihn zwar an, schien aber keine Antwort zu erwarten. „Hätten Sie besser Psychiatrie gemacht." So

190

hatte Beck seine Arbeit noch nie betrachtet. Doch bevor er sich Gedanken machen konnte, ob da was dran war, bog Constantin Olth argumentativ schon um die nächste Ecke. „Sehen Sie, deshalb bin ich froh, dass ich nicht auf der Uni war. Ach, was, ich bin stolz drauf. Ich hab auf der Straße studiert. Ich kenne die Leute, für die ich schreibe. Und an der Front hab ich schon alles erlebt. Den Menschen ist jede Schweinerei zuzutrauen. Das steht in Ihren Büchern gar nicht drin. Von daher wundert es mich auch nicht, dass hier ein Serienkiller umgeht. Diese Künstlerkreise sind für kranke Hirne ja besonders anziehend.“

Es folgte eine Schimpfkanonade über die Perversionen des Anatol Wildmoser-Bettencour und die Profilneurose des Hermann Castus, die in dem Ausruf gipfelte: „Und jetzt noch Kleist! Der totale Psycho! Erweiterter Selbstmord! Das kann ja was werden heute!“

Beck sah die Chance, aus dem Vortrag über mangelnde künstlerische Mentalhygiene auszusteigen: „Ich glaube nicht, dass sie die Premiere heute spielen werden. Für den Abend sind schwere Gewitter vorhergesagt.“

Olth sah ihn abschätzig an: „Sie haben aber auch gar keine Ahnung. Ich habe gedacht, Sie kennen sich wenigstens mit Theater aus. Also, nichts für ungut, aber den Kaputten Krug ziehen die durch. Das weiß ich aus sicherer Quelle. Der Castus führt den Bürgermeister doch am Nasenring durch die Manege. Und überhaupt: Ihr Lokalchef lässt sich schon mit ein paar Flaschen Wein gefügig machen.“ Olth bemerkte das Fragezeichen auf Becks Stirn. „Hier!“ Er zog unterm Tisch ein zusammengefaltetes Exemplar seines Revolverblatts hervor und warf es Beck auf die Kaffeetasse, dass sie schwappte. „Lesen Sie! Lesen bildet! Können Sie behalten. Wir sehen uns sicher heute Abend. Ich muss mal eine rauchen". Und weg war er.

Beck atmete tief durch, wedelte mit einer Serviette die Asche vom Gedeck, angelte sich vom Nebentisch eine neue Tasse, schenkte sich frisch ein und begann, die bereits zerfledderte Zeitung auseinanderzufalten. Als Erstes sah er ein Foto von Anatol Wildmoser-Bettencour in seinem roten Flitzer, neben ihm eine Frau, deren Gesicht verpixelt war. Dann las er:

Polizei schläft: Intendant schnappt sich Unterlagen

Zwei Tote bei Festspielen – Sex-und-Skandal-Intendant unter Verdacht, doch die Ermittlungen kommen nicht voran

C. Olth berichtet aus Bad Weinfurt

Polizei-Skandal nach Todesserie in der Festspielstadt: Ein Bühnenbildner und eine Kostümpraktikantin sterben nach Premieren in Bad Weinfurt unter mysteriösen Umständen. Und was macht die Polizei?

Zumindest durchsucht sie nicht die Theaterbüros. So konnte der geschasste Festspielintendant A. Wildmoser-Bettencour Unterlagen vom Festspielgelände in einer Burgruine entwenden. Auf frischer Tat vom Reporter dieser Zeitung angesprochen, sprang der für Vandalismus und Vielweiberei berüchtigte Skandalregisseur in seinen Ford Mustang Cabrio und raste durch die Nacht davon. Bei der Polizei heißt es auf Nachfrage, man wol-

*le in den nächsten Tagen die Räume des Theaters prü-
fen. Das können sich die Beamten nun wohl sparen.*

*Der umstrittene Intendant hat für den Todeszeitpunkt
des Bühnenbildners, mit dem er zuvor lautstark in Streit
lag, kein Alibi. Außerdem gibt es im Internet Anschuldigungen, er habe Schauspielerinnen sexuell genötigt. Aus
dem Umkreis des Theaters heißt es, man könne noch die
Flecken auf der Besetzungscouch sehen. Das Möbel-
stück immerhin hat der Intendant, der mit dem lokalen
Großwinzer, Mäzen und Theaterchef H. Castus im Streit
liegt, nicht mitnehmen können.*

*Der starke Mann im Ort führt nicht nur die Festspiele,
er hat neben vielen Rivalen auch beste Kontakte zu
Bürgermeister Nicolaus Staat-Morgenroth – Spottname:
der kleine Stamo-Nick. Wichtig in diesen Tagen, denn
nach der nächsten Premiere soll ein neues Weinmuseum
am Fuß der Festspielruine eingeweiht werden. Die
wichtigsten und wertvollsten Exponate kommen angeblich von H. Castus.*

*Ob der Verwaltungschef genauso billig zu haben ist, wie
Vertreter der Presse im Ort? Vom Lokalchef eines Blat-
tes heißt es, er erhalte für die Zeit der Festspiele vom
Gut Castus ein monatliches Weindeputat von 20 Flaschen.*

*Klarer Durchblick fehlt in dieser Stadt also. Kein Wun-
der, dass es noch immer keine Antwort auf die Frage
gibt: Geht in Bad Weinfurt ein Serienkiller um?*

Beck ließ die Zeitung sinken. Wo war er hier bloß
hingeraten? Das Theater interessierte offenbar niemanden mehr. Auch Claudia hatte angekündigt, die

Kurstadtzeitung wolle bloß noch Vorankündigungen über die beiden ausstehenden Premieren drucken, und Claudia solle nur noch schauen, ob sich drum herum Verdächtiges tut. Ihr Interesse an Becks Theater-Gutachten hatte denn auch merklich nachgelassen. Und jetzt belästigte ihn dieser Schmierstinker schon am Morgen. Beck beschloss für sich, dem Theater ums Theater mehr Aufmerksamkeit zu schenken, in der Hoffnung, dass die Aufmerksamkeit von Claudia zurückkommen werde. Aufs Frühstück aber wollte er fortan verzichten.

4 Es war schwül. Beck saß mit einem Espresso und einem Hennessy auf der Hotelterrasse, schaute der Flugshow eines Schwalbengeschwaders zu und wartete auf sein Taxi. Die Vögel zogen ihre Schleifen an einem blauen Himmel, doch hinter den Bäumen des Kurparks wucherten bereits mächtige Wolkentürme empor. Der Wetterbericht hatte für den Abend schwere Gewitter und Sturmböen vorhergesagt. Bei den Festspielen war man aber offenbar wild entschlossen, die Premiere durchzuziehen. Constantin Olth hatte wohl recht, was die Wahl der richtigen Garderobe für Beck an diesem Abend schwierig machte. Noch war es sehr warm. Er saß im kurzen Hemd da, hatte in einem Stoffbeutel aber auch sein Jackett, eine graue Decke und einen kleinen roten Regenschirm. Es war ihm nicht wohl. Große Lust auf den Abend hatte er ohnehin nicht. Eine halbfertige Inszenierung, die nach dem Rauswurf des Intendanten von einer überforderten Regieassisten-

tin betreut wird, das war es nicht, was er sich von diesen Festspielen versprochen hatte.

Für den „Eingebildet Kranken", die vierte und letzte Aufführung der Saison, hatte Castus immerhin einen erfahrenen Freiluftarrangeur engagiert, der sich auf das angebrütete Konzept des rausgeworfenen Intendanten einen Reim machen sollte. Für den „Zerbrochnen Krug" aber fürchtete Beck jetzt schon ein künstlerisches Scherbengericht mit finalem Donnerwetter. Auf sowas konnte er eigentlich verzichten. Er hatte große Lust, wieder auf sein Zimmer zu gehen, doch dann würde er Claudia nicht sehen. Zwischen Cognac und Kaffee ging es hin und her, bis endlich das Taxi eintraf.

Der Wagen kam schnell voran, schon daran merkte Beck, dass die Festspiele ihre besten Tage hinter sich hatten. Vom großen Andrang des Anfangs war nichts mehr zu spüren. Flott ging es an der Stelle vorbei, an der Beck die Trümmer seines Pedelecs im Gebüsch hatte liegen lassen. Er glaubte, aus dem Augenwinkel noch das Hinterrad zu sehen. Noch hatte er Paula nichts davon erzählt, dass ihr Geschenk nach wenigen Stunden nur noch Schrott war. Und er wusste auch nicht, wie er das beichten sollte. Schon waren sie vor dem Eingang zum Festivalgelände angekommen. Nirgends eine Stretch-Limousine, die umständlich herumrangierte. Bloß eine Handvoll Gäste am Kartentisch. Dahinter war bei einigen Buden der Vorhang unten. Diesmal kein Gala-Buffet, nur Bratwurst ohne Pommes für stolze Vierzwanzig. Auch seinen Wein wollte Castus heute nicht herschenken. In einem der weißen Zelte war ein Versicherungsagent eingezogen, der – passend zum

Stück – Glasbruch- und Rechtschutzversicherungen zu Sonderkonditionen im Angebot hatte. Aber davon wollte keiner der Besucher etwas wissen. Etwas mehr Betrieb war nebenan beim Stand für Hochzeitsmoden, der eine Premierenaktion anbot. Mit den Nummern ihrer Eintrittskarten konnten die Zuschauer einen Polterabend mit dem Darsteller des Dorfrichter Adam gewinnen. Beck hoffte sehr, dass er vom Losglück verschont werde. Das Geschäft für Brautbedarf wiederum bot Sonderkonditionen, wenn man bei dem Haushaltswarenladen kaufte, der die Requisiten für den heutigen Abend bereitgestellt hatte. Exemplare jener Keramik, die auf der Bühne zu Bruch gehen sollte, konnte man vor der Vorstellung und in der Pause käuflich erwerben. Beck betrachtete zarte Blümchenmuster und geometrische Formen, die es wert waren, dass alles in Scherben ging. Mehr war hier nicht zu entdecken, und noch fast 30 Minuten bis zum Beginn der Vorstellung.

Wo war Claudia? Nichts zu sehen von ihr. Würde sie die Premiere schwänzen, ihn den Kleist allein absitzen lassen? Er spürte, wie es in seinem Unterleib zog und seine Zunge am Gaumen festklebte. Beck steuerte zum Weinstand und bestellte „Kleists kühlen Krug“, einen Schoppenwein im Tongefäß, von dem nicht berichtet wurde, welche Sorten hier verschnitten waren. Und es hatte auch keinen Sinn, dem feinnervig hinterherzuschmecken. Ganz offenbar ließ Castus an diesem Abend seine unverkäuflichen Restposten verklappen. Egal, der Wein löste Becks trockene Zunge. Er ließ den Blick schweifen – und tatsächlich: Da kam sie doch noch, die Schultern frei, den Rock bis zu den Knien, eine weißgraue Jacke über den Arm geworfen. „Hallo!“ Sie winkte, dann fiel sie ihm um den Hals, und von ihm fiel der böse Zweifel ab, dass sie nichts mehr von ihm wissen wollte.

„Puh, ich musste mich sputen. Wir haben noch mal den Aufmacher umgeschmissen. Ulf hat mir einen Tipp gegeben." Der Name fuhr Beck als dumpfer Stich in die Milz, wovon Claudia aber nichts merkte. „Ist noch nicht online, aber Dir kann ich's ja sagen: Auf dem Handy von dieser Praktikantin, die von der Brücke gestürzt ist, hat man Fotos gefunden. Und auf der letzten Aufnahme waren Schatten zu sehen, zwei Schatten. Also, man konnte wohl niemanden erkennen. Spannend, was?" Claudia schaute ihm ins Gesicht und erschrak. „Was hast Du denn da gemacht?" Jetzt erst bemerkte sie seinen Kratzer.

Beck erzählte davon, wie er die Verfolgung des rasenden Reporters aufgenommen hatte, wie er sich und sein Rad dem Intendanten auf seiner panischen Flucht in den Weg gestellt hatte, wie ihn der blindwütige Kollege auf seiner irren Talfahrt in den Schmutz geritten hatte. Die heroische Schilderung verfehlte ihren Zweck nicht. Claudia fuhr ihm bedauernd über die Wange, lobte seinen verwegenen Einsatz und tadelte zugleich seine Todesverachtung. Jedes ihrer Worte war wie Salbe, nicht nur auf seiner Wunde, sondern auf seinem ganzen Körper. Plötzlich flog die Zeit dahin. Schon ertönte die Festivalfanfare, und es ging auf die Plätze. Claudia hatte erneut dafür gesorgt, dass sie neben ihm saß. Beck war glücklich. So schlecht konnte der Abend gar nicht mehr werden.

Hinter den Waldbäumen auf der Burgbühne schob sich bedrohlich weiß-grau ein Wolkenturm empor. Doch alle Blicke waren jetzt auf die Bühne gerichtet. Dort stand nur ein Schreibtisch für den Dorfrichter Adam, und dahinter ragte ein enormes Regal voller Tongefäße auf. Deutlich breiter als ein Fußballtor und fast doppelt so hoch, bot es auf neun Etagen Platz für Teller, Töpfe, Tassen, Schüsseln und Krüge. Der erste fiel heraus, als das Spiel noch gar nicht begonnen hatte: der zerbrochne Krug, der klirrend signalisierte, dass der Richter etwas verbrochen hatte, was er nun selbst richten sollte. Und weil er dabei dauernd das Recht beugen und die Wahrheit verdrehen musste, fiel bei jeder neuen Lüge Geschirr oder ein Behälter nach vorne und zersprang hinter dem Dorfrichter.

Das ging gleich mit der ersten Szene polternd los, als Adam seinem Schreiber Licht erklären musste, wieso er üble Schrammen auf dem Kopf hat. Neben blutigen Furchen hatten die Maskenbildner dem Hauptdarsteller auch drei lange Strähnen auf den Kopf geklebt, die ständig verrutschten und schließlich wie die Wunden mit Pflastern versorgt wurden. Dieser Adam schaute aus, als wäre er nicht nur verprügelt, sondern auch noch verstrahlt worden. Mit einem am Ofen eingelassenen Ziegenkopf sei er zusammengeprallt, als er seine zum Trocknen aufgehängte Perücke greifen wollte, beteuerte er. Kaum ausgesprochen, fielen eine Vase und ein Topf aus der Regalwand. Zwei Teller und eine Suppenschüssel folgten bald darauf, als der Richter seinem Schreiber erklärte, seine Perücke sei fort, weil die Katze in der Nacht fünf Junge darin geworfen habe. In das Klirren der Keramik mischte sich fernes Grollen. Als Evchens

Mutter, Marthe Rull, auftrat, um wegen ihres zerbrochnen Kruges zu klagen und Adam alles daran setzte, Evchens Verlobten etwas anzuhängen, stürzte vom obersten Regalbrett eine Urne, die eine Staubwolke freisetzte, als sie am Bühnenboden aufkam. Dass Beck bei diesem Lärm einschlafen könnte, war immerhin ausgeschlossen, zumal das Donnergrollen mittlerweile lauter geworden war und von Wetterleuchten bedrohlich untermalt wurde.

Es dunkelte bereits, als Adam dem Gerichtsrat Walter weismachen wollte, er habe sich beim Sturz an den Ofen den Schädel gleich vorne und hinten zerschlagen und sich dabei noch Kratzer zugezogen, weil Strauchwerk zum Trocknen dran befestigt gewesen sei. Und die Perücke? Die sei beim Studium von Akten in Flammen aufgegangen, behauptete Adam jetzt, während hinter ihm ein gutes Dutzend Teller, Töpfe und Tassen zu Bruch ging. Ruprecht erzählte gerade, dass er dem Schurken im Zimmer seines Evchens zwei Hiebe mit dem Türgriff verpasst habe, was Adam mit seinen zwei Wunden am Schädel vollends zum Hauptverdächtigen hätte machen müssen, wenn er nicht der Richter gewesen wäre. Da ließ ein Blitz die Kronen der Bäume hinter der Szene schwarz aufleuchten. Beck begann zu zählen. Einundzwanzig, zweiundzwanzig, dreiundzwanzig, vierund… . Der Schlag war heftig. Claudia zuckte zusammen, durchs Publikum ging ein unterdrückter Schrei. Doch das Spiel lief weiter. Beck konnte es nicht fassen.

Jetzt kam auch noch Wind auf. Die mächtige Linde inmitten der Zuschauer rauschte. Immer schwerer wurde es, zu verstehen, was auf der Bühne gesprochen wurde. Es ging ja nicht mehr lange. Aber konnte das gutgehen? Zuschauer holten knisternd ihre Jacken und Capes heraus. Auf der Bühne war nun Frau Brigitte als Zeugin, zeigte Adams Perücke, die sie vor dem Fenster des Hauses Rull in einem Weinstock gefunden hatte. Noch eine Notlüge, und noch eine Keramik zersplitterte. Nun war das Regal fast leer und wankte bedenklich unter den Windstößen. In der Linde, deren Krone die Zuschauer sonst vor dem Wetter zu schützen schien, wogte es bedrohlich. Blätter wehten über die Sitzreihen, kleine Äste fielen herab. Im Publikum machte sich nun halblaut, aber schon vernehmlich Unruhe breit. „Achtung", rief einer. „Das ist doch zu gefährlich", schimpfte eine Frau, eine andere schluchzte ihren Mann an: „Ich will hier weg."

Auf der Bühne aber ging alles seinen kleistschen Gang. Die abergläubische Brigitte berichtete, wie sie Adam auf der Flucht vor Ruprecht gesehen hatte. Gesehen, aber nicht erkannt: „Da ich vom Vorwerk nun zurückkehre, im Lindengang bei Marthens Garten, huscht ein Kerl bei mir vorbei, kahlköpfig, mit einem Pferdefuß, und hinter ihm erstinkts wie Dampf von Pech und Haar und Schwefel."

Der Dumpfling Ruprecht verstand sofort: „Der Teufel, meint Sie, wärs?

Schreiber Licht warf sich dazwischen: „Still! Still!"

Da tat es einen enormen Schlag, die Bühne zitterte, als hätte der Leibhaftige sie erfasst. Was für ein Timing, dachte Beck und merkte gar nicht, dass er selbst zitterte. Für einen Sekundenbruchteil hätte man es für einen teuflischen Regieeinfall halten können, doch im nächsten Moment leckte eine Stichflamme in den Nachthimmel. Ein Baum hinter der Bühne stand in hellen Flammen. Das Publikum war stumm vor Schreck. Auch auf der Bühne kein Laut. Nur das Laub der Linde brauste, und die Äste ächzten. Dann erst kam der Ruf „Abbrechen, abbrechen!" Die beiden Eingangstore öffneten sich. Es dauerte einen Moment, bis auch die Scheinwerfer über der Tribüne aufflackerten. Das Ensemble stand noch unschlüssig auf der Bühne. Auch das Publikum schien zu überrascht, zu verblüfft für eine durchaus angemessen Panik. Erst als der Regen plötzlich stärker wurde, kam Bewegung in die Menge. Jetzt wollten alle raus. Gleichzeitig. Nur weg hier, bevor der nächste Blitz kam. Beck schaute sich um. Überall war Gedränge, vor den Toren bildeten sich Menschentrauben. Claudia war nicht mehr zu sehen. Was für ein Chaos! War sie auf der anderen Seite durch die Reihe gegangen? Zuschauer stiegen über die Sitze der Vorderleute, stolperten und strauchelten. Eine dicke Frau wurde von einem deutlich kleineren Mann am Hinterteil über eine Lehne geschoben und plumpste dann in den Schoß einer alten Dame, die noch dabei war, ihre Handtasche zu richten. Das war zu viel Hektik für ihn. Beck lief gegen den Strom der Menschen zur mittlerweile verwaisten Bühne. Irgendwo dort, wo Garderobe, Maske und Technik untergebracht waren, musste es ja auch rausgehen. Bei aller Gefahr, so viel war doch noch sicher in diesem Theater.

5 Er hatte den roten Schirm über den Kopf gezogen wie eine Haube und stand als Pilz auf Beinen in einer Nische neben dem Künstlereingang. Das Wasser floss ihm auf die Schultern, so klein war der Schirm. Das Gewitter schien weitergezogen zu sein, doch der Regen war immer noch heftig. Immerhin war sein Rücken durch einen Bretterverschlag vor Wind und Wasser geschützt. Und einen besseren Platz sah Beck nicht.

Die Buden waren verrammelt, die Schirme eingeklappt, die Zelte zerzaust und teilweise umgeweht. Im Wald mischte sich der schwächer werdende Feuerschein des brennenden Baumes mit dem flackernden Blaulicht eines Feuerwehrzuges. Doch außer Beck schien keiner diese stimmungsvolle Illumination würdigen zu wollen. Vor dem Kellereingang der Burgschänke drängelten sich die Ehrengäste mit ihrem Regenschutz wie eine Kohorte römischer Legionäre in der Schildkrötenformation, doch die Tür, die sie belagerten, blieb verschlossen. So früh hatte wohl keiner mit Gästen gerechnet, und so ließ man die Vips im Regen stehen. Jene, die nicht ganz so wichtig waren oder schlicht schon zu nass, trieften an der Haltestelle des Pendelbusses vor sich hin. Kein Bus in Sicht. Planmäßig sollte er in 15 Minuten kommen und würde nicht mal ein Viertel der Premierenflüchtlinge aufnehmen können. Außerplanmäßig ging in diesem Gewittersturm offenbar gar nichts.

Was für ein Schiffbruch! Der Kapitän hatte sein gekentertes Theaterschiff bereits verlassen. Beck hatte Castus hinter den Kulissen gesehen, wie er zunächst mit seiner riesigen Gestalt, von oben herabgebeugt, wütend auf einen nicht sonderlich großen, aber bemerkenswert unerschrockenen Feuerwehrmann einredete, als wollte er ihm jeden Moment den Kopf abbeißen, und dann das Gespräch brüsk abbrach, weil sein Mobiltelefon klingelte. Nach wenigen Sätzen, die seine Laune offenbar auch nicht gehoben hatten, war Castus schließlich nur mit einer dünnen Windjacke losgelaufen, hinein in den Regen, an einem schmalen Hintereingang raus aus dem Festivalgelände. Beck hatte noch gesehen, wie er den Weinberg hinabstrebte, dann war der mächtige Winzer von der Nacht verschluckt worden.

Beck hatte sich zunächst in die entgegengesetzte Richtung gewandt. Warum hätte er in die windgepeitschte Dunkelheit rennen sollen? Mittlerweile aber schien ihm das gar keine schlechte Idee mehr zu sein. Hier oben, bei der Ruine, wurden sie ja doch nur alle durchgeweicht. Claudia blieb verschwunden. Vielleicht musste sie noch aktuell über Blitz und Tumult berichten. Er wählte ihre Nummer, aber es kam nur die Ansage „Die Nummer, die sie gewählt haben, ist momentan nicht erreichbar." Nun gut, bevor er hier allein im Regen rumstand, konnte er sich genauso gut auf den Weg nach unten in die Stadt machen. Solche Spaziergänge hatten ihren Schrecken für ihn mittlerweile verloren. Ein sterbender Bühnenbildner war ihm an diesem verdammten Theaterberg vor die Füße gefallen, ein rasender Intendant hätte ihn fast über den Haufen gefahren. Was sollte da noch kommen?

Er war gerade um eine mit Bruchsteinmauern gesicherte Kehre gelaufen, die Burg über ihm war wegen des Gefälles im Höllgeröll schon nicht mehr zu sehen, da wurde der Donner wieder lauter. Auch der Wind frischte auf und zerrte an seinem Schirm. Kam das Gewitter etwa zurück? Er sah den Weg nur noch, wenn ein Blitz die Nacht erhellte. Das Höllgeröll war ihm jetzt zu gefährlich. Der Wind kam nun von der Seite, drückte den Regen gegen seine Hose und wusch den Mut ab, den er oben noch verspürt hatte. Beck blieb auf einem schmalen, ausgetretenen Höhenweg zwischen den Weinstöcken und lief so aus dem Steilhang heraus. Vor ihm tat sich eine weniger dramatisch geschwungene Weinlage auf. Und auf halbem Weg ins Tal leuchtete das Glasfoyer der ehemaligen Scheune, die nun zum Weinmuseum umgebaut worden war. Angeblich hatte es Streit gegeben darüber, welche Weingüter dort wie viel Platz für sich reklamieren konnten. Und natürlich hatte Hermann Castus gewonnen. Es sollte vor allem sein Museum werden.

Als Beck näher kam, sah er, dass im Glaskubus des Foyers noch allerlei Säcke, Wannen und Werkzeuge lagerten. Die Arbeiter waren offenbar noch nicht ausgezogen, dabei sollte doch morgen um 11 Uhr die feierliche Eröffnung sein. Wurde da jetzt noch gewerkelt? Immer auf den letzten Drücker, dachte sich Beck, als er die Glastür erreichte. Er rüttelte, das Glas klirrte leicht, doch die Tür blieb zu, obwohl ein dünner Schal mit langen fliederfarbenen Fransen festgeklemmt war, halb innen, halb außen baumelnd. Doch es war abgeschlossen. Ein Blitz erleuchtete den Hang, als wäre für Sekunden ein Flutlichtmast angeschaltet worden, und im nächsten Moment tat es einen Schlag, der alles erbeben ließ. Beck hämmerte gegen das Glas: „Hallo, ist da wer? Lassen Sie mich doch bitte rein. Hallo!“ Vielleicht war

Hermann Castus ja hier, um nach dem Rechten zu sehen. Beck rüttelte, klopfte, doch es rührte sich nichts. „Herr Castus! Herr Castus!" Nichts. Der Regen wurde stärker, die nächste Böe erfasste Becks Schirm, zerrte an ihm, zerzauste den Stoff, bis sich die Regenschutzhaube umstülpte und einriss. Verzweifelt versuchte er, den Schirm wieder in Form zu bringen. Doch es war vergebens. Beck hielt nur noch Fetzen an einem Stock in der Hand. Das taugte zu nichts mehr, als dass der nächste Blitz ihn damit besser finden konnte. Er warf das nutzlose Gestänge weg, hielt sich den Stoffbeutel mit der Decke, die er gar nicht gebraucht hatte, über den Kopf und lief weiter den Berg herab. Nach wenigen Metern war er durchweicht. Hinter der ersten Biege verschwand das erleuchtete Weinmuseum aus seinem Blickfeld, und es wurde wieder stockfinster um ihn herum. Nur ganz oben konnte er jetzt den Lichtschein des Festivalgeländes erahnen. Vor seinen Füßen aber war schwarzes Nichts.

Beck wollte sich eigentlich langsam vortasten, doch der Regen trieb ihn immer wieder an, schneller zu laufen, als ihm lieb war. Und dann war der Boden unter seinem rechten Fuß fort. Für einen erstaunlich langen Augenblick glaubte er zu schweben. Er ruderte mit den Armen, dann knickte Beck weg. Es zog in seinem rechten Knöchel, sein Knie stieß gegen etwas Hartes, und sein Gesicht landete feucht im Gras. Ganz leise sagte er „aua", versuchte sich dabei zu orientieren und zu fühlen, wie sehr er zerschmettert war. Er musste in einem kleinen Graben neben dem Weg gelandet sein. Langsam krabbelte er heraus. Es fühlte sich an, als habe seine Hose am Knie einen Riss. Und war das jetzt Wasser oder Blut? Beck hielt den feuchten Finger direkt vor der Nase, als ein Licht aufflammte, der Donner ihn fast umwarf. Er sah seinen blutigen Nagel, dann ein Flackern im Hang, wo der Blitz eingeschlagen war. Vor ihm auf dem Weg. Vielleicht genau da, wo er gestanden hätte, wäre er nicht gestürzt. Er war unter Beschuss, die Einschläge kamen näher – und nirgends eine Deckung. Wohin?

Das Tal schien ihm noch zu weit weg, zumal am Ende des Weinbergweges die Kurstadt selbst noch gar nicht erreicht war. Also drehte Beck sich um und lief, so schnell er konnte. Doch da er nur humpelte, kam er kaum vom Fleck, war aber bald völlig außer Atem. Nur langsam kam die Museumsscheune näher, und als er endlich wieder im Lichtkreis des Glasfoyers stand, hatte er keine Kraft mehr zu klopfen. Er lehnte nur völlig erschöpft an der Tür und torkelte im selben Moment nach innen, fiel auf zwei Zementsäcke. Und als er blinzelte, ragte neben seinem Auge der mit grauen Bröseln verklebte Spiralstab eines Betonmischers auf. Er konnte gar nicht fassen, wieso er jetzt mit der Tür ins Haus gefallen war. Beck saß auf dem Boden, Betonstaub hatte sich auf seine nasse Kleidung gelegt, weshalb er nun wie gekalkt ausschaute. Die Tür war doch verschlossen gewesen. Er verstand nicht, dann fiel ihm auf, dass der eingeklemmte Schal auch nicht mehr dagewesen war. Offenbar war also doch jemand im Weinmuseum gewesen, der ihn nicht gehört hatte oder – was bei dem Radau, den er veranstaltet hatte, wahrscheinlicher war – nicht hatte hören wollen.

Beck blickte an sich herunter. Um seine Schuhe herum bildete sich eine Pfütze. Ein braunroter Fleck blühte am grauweißen Hosenbein auf. Von draußen klatschte der Regen gegen die Scheiben. Bei jeder Böe klang es, als wollte der Wind das Glasfoyer ohrfeigen. Er tastete seine Taschen ab. Da war ja sein Telefon. Noch einmal wählte er Claudias Nummer, und diesmal ging die Mailbox ran: „Hallo, Claudia, ich stehe gerade im Foyer des Weinmuseums. Ich wollte runter laufen, aber dann hätte mich fast der Blitz erwischt. Warte jetzt hier, bis es nachlässt. Ich hoffe, es geht Dir gut. Melde Dich doch mal." Er atmete tief durch. Jetzt hätte er zumindest ihre Stimme brauchen können.

Wäre er doch oben geblieben, dachte er sich, als ihn Nässe und Neugier an einem Kassentisch vorbei ins Innere der Scheune trieben. Durch eine Art Schleuse mit einem dicken Vorhang gelangte er in den ersten Schauraum, der nur indirekt und ganz gedämpft beleuchtet war. Beck brauchte eine ganze Weile, bis er sich orientieren konnte, weil der Schmerz in seinem Knie erst jetzt so richtig anschwoll. Im Halbdunkel tastete er an eine Stellwand, klopfte dagegen, als wäre es eine Tür. „Hallo, ist da wer?" Keine Antwort. Nur das Gewitter grummelte draußen. Er musste Hilfe rufen. Und auch Bescheid sagen, dass hier alles offen war. Beck fummelte sein Handy wieder heraus und wählte den Notruf. Die Polizistin am anderen Ende der Leitung dachte zuerst, da erlaube sich einer einen Spaß, doch als Beck bekräftigte, dass er verletzt, durchnässt, entkräftet und fast vom Blitz getroffen war, versprach die Dame, eine Streife vorbeizuschicken. Es könne aber einen Moment dauern. Rund um die Burg seien derzeit viele Kollegen im Einsatz. „Verhalten Sie sich ruhig, bleiben Sie da, wir kommen", sagte die Dame noch. Dann war Beck wieder mit sich allein.

Seine Augen hatten sich mittlerweile an die schummrige Beleuchtung gewöhnt, und er erkannte rechts und links zwei Reihen von Kojen, an deren Wänden Dokumente und Fotos angebracht waren. Auf Podesten lagen alte Messer, aber auch neue Geräte wie ein Alkoholtester. Es gab Gläser, Krüge, Flaschen, auch eine historische Etikettiermaschine. In jeder Nische sah es aus wie beim Trödler. Der Gang führte durch die Reihen der Schau-Kabinette in einen zweiten, deutlich größeren Saal, der nach oben zur Decke der Scheune offen war. Das musste das „Vitale Vinoversum" sein, für das unten im Ort auf Plakaten geworben wurde. Hier sollte gezeigt werden, wie der Wein entsteht. Vor allem das Maischen und Keltern sollte vorgeführt werden. Beck sah es zwar noch nicht, aber er konnte riechen, dass bereits Vorkehrungen getroffen worden waren. Schemenhaft erkannte er kleinere Behälter, in denen die Trauben sein mussten. In der Mitte des Raumes stand ein deutlich größeres Kunststoffgefäß, das offenbar der Maischebottich des Erlebnismuseums war.

Beck wollte sich nähern, da stieß er mit seinem ohnehin schon lädierten Knie gegen etwas Hartes. Ihm blieb die Luft weg, er sackte nach vorn, sah nichts, aber spürte, dass er sich an etwas Rundes klammerte. Beck umarmte ein hölzernes Weinfass. Wieso lag das auf dem Boden, fragte er sich, als der Schmerz nachließ? Er blickte sich um und sah noch mehr Fässer herumliegen. So ein Durcheinander.. Und hier sollten in wenigen

Stunden die Ehrengäste ihr Glas heben? Nie im Leben. Aber auch egal. Was er jetzt brauchte, war ein Handtuch, um seine Kleider zu trocknen, Mull für sein blutiges Knie, eine Bandage für seinen Knöchel, vor allem aber mehr Licht, damit er nicht mehr dauernd stolperte, und eine Flasche Wein, um auf bessere Gedanken zu kommen. Außer dem Wein aber war nichts in Reichweite.

Beck tastete sich weiter durch den Raum, umkreiste vorsichtig Fässer, ruckelte hier, klopfte da. Aber es tat sich nichts auf. Nicht mal ein Pflaster war zu finden. Es mussten mehr als zehn Minuten gewesen sein, die er so umherirrte, als er am großen Maischebottich ankam. Es war zwar ein erfreulich warmer Sommer, aber für die Lese doch noch etwas zu früh im Jahr. Er fragte sich, woher die Trauben kamen, die sie hier verarbeiten wollten. Herangekarrt aus dem Süden? Wahrscheinlich hatte Hermann Castus seine Ideen für das Weinmuseum – sein Weinmuseum – auch auf Teufel komm raus umsetzen wollen. So, wie er den „Zerbrochnen Krug" spielen ließ, bis Kleist fast Feuer gefangen hätte. Ja, das sah ihm ähnlich, dachte Beck, blinzelte in die Traubensuppe und stutzte. Was war hier eigentlich los? Zementsäcke im Foyer, überall Fässer im Schauraum, und in der Maische schwamm ein Schuh!

Kopfschüttelnd über so viel Pfusch griff er nach dem Treibgut, bekam einen Schnürsenkel zu fassen, zog daran, doch der Schuh hing fest. Also beugte Beck sich weit über den Rand des Bottichs, griff den Absatz, zog erneut und fester, bis er sah, dass am Schuh ein Bein hing. Vor Schreck ließ er los, verlor das Gleichgewicht und tauchte kopfüber in die Maische. Kopfunter ruderte er mit den Armen, bekam endlich etwas zu fassen, dann auch den Boden des Bottichs unter seine Füße. Immer noch klammerte er sich mit einer Hand fest, wischte sich mit der anderen die Traubensoße aus dem Gesicht und merkte endlich, dass er nun einen Unterarm festhielt. Eigentlich wollte er loslassen, doch die Neugier war stärker. Beck merkte gar nicht, dass an der Decke der Scheune blaues Licht aufblitzte. Er musste es jetzt wissen. Er zog mit beiden Händen, der Widerstand war groß, doch dann tauchte ein Kopf auf. Matschig gekrönt mit Beeren und von Blut unterlaufen, bestand kein Zweifel: Es war der eingeschlagene Schädel von Hermann Castus.

Hinter Beck polterte es. „Hallo, hier ist die Polizei", drang es aus dem Vorraum. Beck wollte sich umdrehen, der mächtige Arm flutschte ihm durch die Finger, und er selbst versank erneut in der Maische.

Als Polizeimeister Wachtel und Polizeihauptmeister Stork den Schauraum des Erlebnismuseums betraten, sahen sie in den Lichtkegeln ihrer Taschenlampen einen Weingeist aus der Maische auftauchen.

Fünfter Aufzug: Argan

1 Er hatte zwei Decken bis zur Oberlippe gezogen, und doch zitterte er. Gleichzeitig stand ihm kalter Schweiß auf der Stirn, und seine Nase lief. Beck tastete zum Nachttisch, griff ein Taschentuch, schnäuzte und ließ den Fetzen aus dem Bett fallen, wo sich bereits ein Tissuehaufen türmte. Er seufzte. Wenn jetzt Paula da wäre.

Zwar hatte er sich vom Zimmerservice Brötchen mit Marmelade, Ei und Kaffee bringen lassen, doch fehlten ihm Kraft und Appetit zum Essen. Die Donnertaufe im Maischebottich hatte sowohl seine Atemwege wie seine Knochen angegriffen. Von den Nerven ganz zu schweigen. Schon am Abend selbst hatten ihn die Polizisten, nass, wie er war, ins Revier gebracht, ihm ein Handtuch untergelegt, eins über die Schultern geworfen und ihn dann ausgiebig verhört. Am nächsten Morgen musste er gleich früh morgens wieder zur Wache und erklären, was er nicht erklären konnte: Warum ihm Freimuth Wunderle vor die Füße gefallen war, warum er gesehen hatte, wie die junge Praktikantin Julia Kispert von einem Brückenpodest stürzte, und was er in der Traubensuppe zu suchen hatte, in der Hermann Castus trieb?

Zwar kam es den Beamten suspekt vor, dass dieser Kritiker immer dort auftauchte, wo es Tote gab, aber wenn sie dem deutlich verdächtigeren Anatol Wildmoser-Bettencour schon nichts Brauchbares anhängen konnten, dann klappte das mit Beck auch nicht richtig. Zumal die Spuren am Tatort darauf hindeuteten, dass es einen heftigen Kampf gegeben hatte. Dass Beck gegen einen Bullen wie Castus keine Chance gehabt hätte, erkannten die Polizisten offenbar stillschweigend. Wahrscheinlich waren zwei oder mehr Angreifer auf den Winzer losgegangen. So viel immerhin war am Tatort zu erkennen gewesen. Dabei mussten sich die im Schauraum aufgestapelten Fässer, die noch nicht fest verschraubt gewesen waren, gelöst haben. Eins hatte den Winzer am Hinterkopf erwischt. Umgebracht hatte es ihn nicht. Er war in der Maische ertrunken. Das verriet die Polizei dem suspekten Kritiker natürlich nicht, aber Freund Bernd sollte es ihm bald darauf erzählen. Wie passend und stilvoll war dieser Abgang für einen stolzen Winzer, hatte Beck sich gedacht. Das bedeutete aber auch, dass Castus ohnmächtig in den Bottich geworfen worden war. Man fand an seiner Leiche noch Haut unter den Fingernägeln. Beck hingegen hatte keinen dazu passenden Kratzer zu bieten, dafür jede Menge Schrammen, die seinen stolpernden Abstieg in Sturm und Regen glaubhaft machten. Auch gab es am Tatort noch einige Spuren von Unbekannten, die Beck bei seinem Bad im Bottich nicht weggeschwemmt hatte. Drum ließen die Polizisten nach zwei Stunden endlich von ihm ab. Da war es um seine Gesundheit aber längst geschehen. Mit letzter Kraft war er ins Hotel gekommen und hatte fast 24 Stunden durchgeschlafen. Und nun lag er da, hustete, schniefte und bibberte.

Über der Stuhllehne hingen, mittlerweile getrocknet, Socken und Unterhose aus der Nacht des Schreckens. Den Rest seiner Kleidung hatte er wegwerfen können –

völlig verdreckt, aber vor allem auch zerrissen. Von seinen Schuhen hatte er sich noch nicht trennen können, obwohl sie aufgequollen aussahen, als wäre Charlie Chaplin damit im Goldrausch durch halb Alaska geschlappt. Mehr noch als der Verlust seiner Garderobe schmerzte Beck, dass er von Claudia nichts gehört hatte. Sie hatte angerufen, als er im Tiefschlaf lag und einen Gruß und gute Besserung an der Rezeption hinterlassen. In einer offenbar hastigen Mail mit einigen Buchstabendrehern und fehlenden Wörtern hatte sie sich danach erkundigt, ob er Hinweise aus erster Hand für ihren nächsten Artikel liefern könne. Aber kein Wort des Mitleids und der Anteilnahme. Auch nicht zwischen den Zeilen. Dort hatte Beck besonders gründlich nachgeschaut. Im Grunde war es dieselbe Nachricht, die er von seiner Redaktion erhalten hatte: Kevin Jung würde sich bei ihm melden, um Hintergründe zu erfahren. Wie es ihm ging, wollte die Redaktion auch nicht wissen.

Er seufzte, ließ sich tief in sein Kissen sinken, nahm dann alle Kraft zusammen und stemmte sich unter großem Stöhnen und Keuchen im Bett auf, schleppte sich zum Kleiderschrank, zwängte sich in eine weite Hose, ließ ein Sweatshirt über seine Schultern schlottern, füßelte in seine Pantoffeln, schlappte zum Spiegel an der Tür, wischte dem alten kranken Mann, der ihn glasig anblickte, durch den zerzausten Schopf und griff sich die Türklinke. Er musste mal ein paar Schritte gehen, vielleicht sich auf die Terrasse setzen. Möglicherweise würde er Antonia Weißmehl treffen, und sie hätte Tipps für ihn, wie er wieder in die Gänge kommen könne. Mit dieser vagen Hoffnung humpelte er durch den Flur zum Aufzug.

Noch ein Tag, um Kraft zu sammeln, dann würde er abreisen. Wenn nicht Claudia Einspruch erheben, ihn bitten würde zu bleiben – an ihrer Seite, als ihr Mann. Das würde natürlich alles ändern. Aber da Beck nicht wirklich daran glaubte und auch seinerseits weder den Mut noch die Fantasie besaß, sie zu bitten, die Frau an seiner Seite zu werden, konnte er seine Abreise unten an der Rezeption auch gleich klarmachen. Die Festspiele waren nach dem Tod von Hermann Castus nun jedenfalls auch gestorben. So viel war ja wohl gewiss. Die letzte Premiere musste abgesagt werden. Wer sollte jetzt noch über den „Eingebildet Kranken" lachen? Wer konnte spielen, wenn die Fahnen auf Halbmast hingen? Er war zwar nach seinem Erschöpfungsschlaf nicht auf dem neuesten Stand, aber das vorzeitige Ende der Spielzeit war nun mal sicher.

Beck fuhr hinab ins Foyer, schaute sich um und bereute im nächsten Moment, dass er runtergekommen war. Aus einem Sessel am Fenster schoss Constantin Olth wie eine Katze, die seit Stunden vor dem Mauseloch gewartet hatte. Schon stand er vor ihm, so nah, dass Beck seine Rotweintabakmundfäule riechen konnte: „Da sind Sie ja. Hab Sie schon überall gesucht. So kann man sich in den Feuilletonisten irren. Mannomann, das nenn ich mal investigative Recherche, wie Sie sich an den Castus gehängt haben." Olth schlug Beck mächtig auf die hängenden Schultern, so dass er mit jedem Hieb ein Stück zusammensackte. Der Reporter merkte gar nicht, dass er drauf und dran war, den kränkelnden Kollegen mit seinem Lob zusammenzuschlagen. Dafür war Olth viel zu sehr in Fahrt: „Mir ist er ja in dem Chaos da oben durch die Lappen gegangen. Passiert mir sonst nie. Aber Sie: Tun so schöngeistig, dabei sind die ein richtiger Bluthund. Immer da, wo die Leichen liegen. Hab gehört, dass die Polizei Sie schon durch die Mangel gedreht hat. Trösten Sie sich, geht mir auch immer so. Wenn man schneller ist als die Jungs, kommen die nicht mit. Das kapieren die nicht, und es geht auch gegen ihre Ehre."

Beck wollte abwiegeln. „Ich hab bloß…" Weiter kam er nicht.

„Respekt, mein Lieber. Hab gehört, dass sie keinen Informanten verraten haben. Sie können glatt bei uns anfangen. Sie sind doch eh undercover hier. Was? Erzählen Sie mir nichts. Ich hab noch keine Theaterkritik von Ihnen hier gelesen."

„Meine Redaktion wollte…" Das war Beck jetzt wichtig, aber er wurde schon wieder abgewürgt.

„Wie gerne hätte ich den Castus aus der Soße gezogen. Wäre eine tolle Story geworden. Naja, jetzt ist die Geschichte auch nicht schlecht. Haben Sie schon gelesen?"

Beck war noch in Gedanken bei der Redaktion, die seine Kritiken abbestellt hatte, stammelte nur: „Wie?"

„Warten Sie!" Castus war zu seinem Sessel am Fenster geeilt und mit einer eingerollten Zeitung wiedergekommen. „Hier, für Sie!" Er schlug Olth mit dem Bündel auf die Brust. „Sie kommen auch drin vor. Darauf müssen wir einen trinken. Aber ein andermal, hab gleich einen Termin."

„Ich reise morgen ab. Die Festspiele sind ja jetzt vorbei", antwortete Beck, und wer hören konnte, vernahm das unausgesprochene Wort „gottseidank". Olth nahm davon keine Notiz, polterte stattdessen sofort los: „Was reden Sie denn da? Gar nichts ist vorbei."

„Aber die nächste Premiere kann doch nicht mehr gespielt werden."

„Und wie die gespielt wird. Muss gespielt werden, der Laden geht sonst Pleite. Gerade jetzt, wo Castus seine Kasse nicht mehr aufmacht. Der Kerl hat ja sein Geld immer nur nach Gutsherrenart verteilt. Es gibt keinen Sponsorenvertrag mit den Festspielen. Wenn einer am Theater was brauchte, musste er vor ihm auf die Knie fallen. Das können sie jetzt vergessen. Kartenverkauf läuft auch nur so lala. Und die Festspiele haben an so viele Firmen Werbung und Product Placement im nächsten Stück verkauft, die müssen einfach weitermachen: Fahne auf Halbmast und durch! Haben Sie das nicht mitgekriegt?"

„Ich hab ziemlich viel geschlafen."

„Ja, hab ich gehört, dass Sie ganz schön lädiert waren. Sehen ja immer noch nicht ganz taufrisch aus." Olth lachte hustend, deutet dabei auf seine Pantoffeln, und wieder sauste seine Pranke auf Becks Schulter und schüttelte ihn durch. „Egal. Steht alles schon in meinem Artikel. Lesen Sie! Dann trinken wir einen, dann gehen wir noch mal schön ins Theater, und ich bin mir sicher, dann gibt es wieder einen Toten."

Olth lachte, hob erneut die Hand zum Schulterschlag, doch diesmal drehte Beck sich weg, weshalb dieser Ausdruck des kollegialen Respekts auf seinem Rücken einschlug. Schwer angezählt durch diverse Wirkungstreffer, stand er noch da, als der Reporter schon wieder auf seinem Sessel Platz genommen hatte. Müde blickte Beck an sich herab, merkte erst jetzt, dass er die Zeitung in der Hand hielt und schlich langsam auf die Terrasse. Es war längst wieder sonnig und warm. Beck bestellte einen Kaffee und einen Brandy, dann begann er zu blättern. „Rentner schießt mit Luftgewehr auf Kinder", „Enkel erschlägt Oma mit dem Hammer", „Nach der dritten Scheidung: Frau heiratet ihren Rüden". „Killerraben zerhacken 120 Lämmer" Dann endlich hatte er gefunden, was er suchte.

Winzer-König stirbt in Maischebottich

Schon der dritte Tote bei Theater-Festspielen / Groß-winzer nach Premiere ermordet / Polizei noch immer ohne heiße Spur

C. Olth berichtet aus Bad Weinfurt

Die Horrorserie rund ums Sommertheater reißt nicht ab. Nach einer abgebrochenen Premiere bei den Fest-spielen in Bad Weinfurt wird Geschäftsführer und Hauptsponsor Hermann Castus tot im neuen Weinmu-seum gefunden – nur wenige Stunden vor dessen offizi-eller Eröffnung. Nach einem Handgemenge wurde das Opfer offenbar noch lebend in einen Maischebottich geworfen und ist dort ertrunken.

Tragisches Ende eines Chaos-Tages: Trotz Sturm- und Gewitterwarnung wird in der Burgruine von Weinfurt Theater gespielt: „Der kaputte Krug" von Kleist. Doch hier geht mehr kaputt als nur ein Krug. Ein Blitz schlägt ein, Panik bricht aus.

Der Theaterkritiker einer Regionalzeitung verschafft sich bei Recherchen hinter den Kulissen Zugang zum noch abgesperrte Museum im Weinberg, findet dort die Leiche von Hermann Castus: bereits der dritte Tote bei den Festspielen nach einem Bühnenbildner und einer jungen Frau aus der Kostümabteilung.

Die Polizei tappt seit Wochen im Dunkeln, verdächtigt prompt den unbescholtenen Theaterkritiker mit der Spürnase für heiße Tatorte. Eine falsche Fährte, wie sich herausstellt – und nicht die erste.

Auch der mittlerweile gefeuerte Festspielintendant A. Wildmoser-Bettencour stand schon unter Verdacht, ist jetzt untergetaucht. Im Internet wird er als Sex-Monster beschimpft, streitet aber alles ab.

Immerhin einen Schuldigen haben sie in Bad Weinfurt mittlerweile gefunden: Bürgermeister Nicolaus Staat-Morgenroth tritt zurück, weil er die Warnungen der Feuerwehr vor dem Gewitter am Premierenabend igno-riert hat. Offenbar auf Druck von Großwinzer Hermann Castus, der keine Premieren-Absage duldete. Doch den kann die Polizei nun nicht mehr belangen.

Intendant verjagt, Geldgeber tot – und die Festspiele? Gehen weiter. Show must go on: Sonst droht die Pleite. Für die nächste Premiere und die weiteren Aufführun-gen wurden lukrative Werbeverträge geschlossen. Wird nicht gespielt, gehen Einnahmen im sechsstelligen Be-reich verloren. Pietät kann sich die Kunst nicht leisten.

Beck ließ die Zeitung sinken. Vor ihm standen jetzt wie hingezaubert Brandy und Kaffee. Er brauchte erst mal den Branntwein. Ein wenig geschmeichelt war er schon, dass Constantin Olth ihn als investigative Spürnase bezeichnet hatte. Stimmte ja auch, je länger Beck darüber nachdachte. So gesehen, war es fast schon schade, dass Olth, der sich ja auch sonst gerne mal Sachen zusammenreimte, seinen Einsatz nicht noch ein wenig dramatischer ausgemalt hatte. Unerschrocken und heroisch. So hätte er es auch der Polizei schildern müssen, dachte er sich jetzt, doch was er zu Protokoll gegeben hatte, war wirr gewesen.

Beck griff zum Kaffee, nippte und befand, dass es für ein Heißgetränk eigentlich zu warm war. Er selbst saß ja im Schatten. Mitten in die Sonne aber hatte sich eine dicke Dame im Häkelkleid gesetzt, die auch noch einen dünnen Schal mit Fransen um den Hals trug. Wie konnte man bei dem Wetter so rumlaufen? Beck wollte sich eine Erfrischung bestellen, doch der Schal ging ihm plötzlich nicht mehr aus dem Sinn. Was war denn mit dem Fetzen? Er schloss die Augen, massierte seine Schläfen, leerte den Brandy. Da endlich fiel es ihm ein: Der Schal mit langen fliederfarbenen Fransen, der in der Tür des Weinmuseums gesteckt hatte und dann verschwunden war. Beck hatte ganz vergessen, bei der Vernehmung davon zu erzählen. Ob das wohl wichtig war? Irgendwas war ihm an dem Stück aufgefallen. Aber er kam nicht drauf. Es lag vor ihm, aber wie unter einer Milchglasscheibe. Wo hatte er diesen Schal schon mal gesehen? Gleich hatte er's. Er war kurz davor. Fast konnte er durch das Milchglas greifen, die Trübung der Scheibe schien sich aufzuklaren, da erschallte eine

Stimme, die ihm unangenehm bekannt war: „Beck, da
sind Sie ja! Versuche schon den ganzen Tag, Sie zu
erreichen. Wir müssen reden." Vor ihm stand Kevin
Jung. Die Milchglasscheibe war verschwunden, der
Schal auch.

2 „Sagen Sie mal, Sie kennen sich doch so gut aus."
Er ließ den Satz im Raum stehen, und Antonia
Weißmehl lächelte nur.

„Was wollen Sie denn wissen?"

„Also", Beck räusperte sich, „dieser Polizist, dieser
Herr Stroh-Engel, der muss ja eine Frau haben, wenn er
so heißt. Eine Frau Engel, richtig? Wer ist denn das?"

Toni lachte verschmitzt. „Das hab ich mir gedacht,
dass Sie das wissen wollen", sagte sie und berichtete
bereitwillig davon, dass Ulf Stroh-Engel eine zwölfjäh-
rige Tochter und einen neunjährigen Sohn hatte, die bei
der Mutter lebten, weil die Beziehung schon seit Jahren
kriselte. Sie erzählte auch, dass der Kommissar stets
hinter den Damen her war, seit ewigen Zeiten Claudia
den Hof machte, diese aber seit den gemeinsamen
Schultagen nie Anstalten gemacht hatte, ihn zu erhören.
„Wobei ich nicht dafür garantieren kann, dass da nicht
mal was bei irgendeiner Schulfete gelaufen ist", sagte
Toni mit schelmisch guter Laune. So genau wollte Beck
es nun auch gar nicht wissen.

„Wie kommen Sie da gerade jetzt drauf?" Das wiederum wollte Beck lieber nicht erzählen. Am Vortag
war sofort nach Kevin Jung, der sich vor allem darüber
beschwert hatte, dass sein Spezi Nicolaus Staat-

Morgenroth zurückgetreten war, Claudia aufgetaucht, als hätte sie die ganze Zeit hinter einer Hecke auf ihren Einsatz gewartet. Sie hatte ein Glücksschweinchen aus Marzipan mitgebracht, sich für seinen Geschmack ein wenig zu routiniert nach seinem Befinden erkundigt, schmerzhaft missbilligend seine Haare und seine Pantoffeln gemustert, ungeduldig einige Fragen zur Gewitternacht gestellt und war schon bald wieder gegangen.

Seither bohrte der Gedanke in ihm, was sie von ihm wollte, und er hatte Angst vor der Antwort. Aber seit ihm endlich eingefallen war, wo er den Schal mit den fliederfarbenen Fransen schon mal gesehen hatte, keimte Hoffnung in ihm. Er besaß nun eine Vorstellung davon, wer Hermann Castus auf dem Gewissen hatte. Eine Idee, was mit Freimuth Wunderle geschehen war, hatte er schon lange, und auf die Geschichte der unglücklichen Praktikantin im roten Kleid der Buhlschaft konnte er sich mittlerweile auch einen Reim machen. Zur Polizei mochte er mit seinen Spekulationen aber nicht gehen, seit man ihn dort verdächtigt hatte. Dem Vollidioten Kevin Jung eine Vorlage liefern, kam auch nicht infrage. Zu einer eigenen Enthüllungsstory fühlte er sich schon gar nicht berufen. Aber er konnte Claudia die Lösung präsentieren, quasi als journalistische Morgengabe. Aber eben nur, wenn er bei ihr nicht auf verlorenem Posten stand, wenn er eine Chance hatte.

Was Toni zu erzählen wusste, ließ ihn zwar nicht verzagen, Mut machte es ihm aber auch nicht. Und es fehlte ihm auch die Traute, Toni sein Herz auszuschütten und sie um Rat zu fragen. Dabei war die Gelegenheit jetzt so günstig wie nie. Doch ihre Frage nach seiner Frage tat er nur ab: „War nur neugierig.“

„Na, wie Sie meinen.“ Toni wusste, dass da mehr im Busch war. „Dann wollen wir Sie mal schwitzen lassen.“ Deshalb saß er ja hier mit seiner Sporttasche an der Elektrolyt-Bar neben den Liegen. Hitze würde ihm gut tun, hatte Toni behauptet. Wo er doch so unterkühlt gewesen war in Regen, Blitz und Maische. Und auch für seine lädierten Knochen. Nichts besser als Wärme. Seinen Einwand, dass er zuletzt vor vierzig Jahren in einer Sauna gewesen war und dass sein Kreislauf schwach sei, wischte sie weg. „Ich pass schon auf Sie auf.“ Dass es ihm peinlich war, sich nackt zu zeigen, sagte er ihr nicht. So peinlich war es ihm.

Toni schickte ihn in die Herrenumkleide und verschwand selbst bei den Damen. Er schälte sich aus seinen Kleidern, ignorierte den bleichen Schatten im Spiegel, wickelte sich ein Handtuch um die Hüften, zog den Bademantel über, knotete ihn gleich doppelt fest, griff sich ein zweites Handtuch und presste es vor seinen Bauch. Derart gegen unfreiwillige Entblößungen geschützt, traute er sich wieder nach draußen, wo bereits Toni in kurzer Sporthose und Trägerhemd wartet. Kräftige Waden, feste Oberarme, aber alles wohlgeformt. „Wir sind ein bisschen zu früh“, sagte sie. „Die Sauna hat erst 65 Grad.“ Das erschien Beck zwar mehr als ausreichend, doch da es galt, finnisch zu saunieren, nahmen sie noch an einem Tischchen voller Zeitschriften Platz.

Von Claudia und Ulf-Stroh-Engel wollte er nicht mehr sprechen, die drohenden Nuditäten machten ihn nervös. Würde Toni sich auch ausziehen? Was würde das mit ihm machen? Er fingerte nach den Magazinen, doch nach den ersten Sekunden des Schweigens, die ihm endlos vorkamen, ergriff sie die Initiative: „Das ist doch eine Sauerei!"

„Wie bitte?" Beck verstand nicht, blickte an sich herunter, ob irgendwas aus seinem Bademantel hervorlugte, und schirmte die imaginierte Lücke mit dem Handtuch ab.

„Na, dass die jetzt einfach so weiterspielen wollen, als wäre nichts passiert."

Jetzt verstand Beck: „Es geht die Angst vorm Konkurs um. Für so ein Festival werden ja lange im Voraus Verträge geschlossen. Da kann man nicht einfach sagen: Pech gehabt, fällt aus."

„Trotzdem! Haben Sie noch Lust, da hinzugehen?"

Toni schaute streng, so streng, dass Beck den Kragen seines Bademantels zuzog, weil er fürchtete, ihr scharfer Blick würde seine schlaffe Hühnerbrust freilegen. Er zog das Handtuch höher, fast bis zum Hals und sah aus wie eine alte Jungfer, als er antwortete: „Na, immerhin unterbrechen sie den Spielbetrieb für einen Tag, wenn Castus begraben wird. Da wollte ich hingehen. Und die letzte Premiere werde ich mir schon auch noch anschauen." Das hatte einen Unterton, der nach Rechtfertigung klang.

„Hab ich gelesen: Der gebildete Kranke!"

„Eingebildet", verbesserte Beck. „Also, er ist nicht eingebildet, er bildet sich ein, krank zu sein, aber wahrscheinlich haben Sie recht: Dieser Monsieur Argan ist auch ein gebildeter Kranker, um nicht zu sagen ein ausgebildeter Kranker. Der weiß schon, woran er leiden will. Obwohl er im 17. Jahrhundert noch kein Wikipedia hatte. Und auch keine Krankenversicherung. Er gibt Unsummen bei Dr. Purgon für nutzlose Behandlungen aus. Hier ein Klistierchen, da eine Tinktur, dort ein Aderlass. Das könnte er billiger haben, wenn ein Arzt in der Familie wäre, weshalb er will, dass seine Tochter Angelique den jungen Doktor Diafoirus heiratet, worauf sie gar keine Lust hat, weil sie schon einen Geliebten hat. Ihre geldgierige Stiefmutter ist eine Erbschleicherin und will sie am liebsten ins Kloster schicken, aber ihr Onkel und das Hausmädchen stehen Angelique bei. Und am Ende wird Argan dann selbst zum Doktor promoviert."

„Die Typen kenn ich." In Tonis Stimme lag eine Mischung aus Mitleid und Missbilligung. „Was glauben Sie wie viele Gäste ich hab, die mit tausend Wehwehchen und den schlimmsten Krankheiten kommen, dabei brauchen sie nur mal Ruhe. Aber das gibt's ja nicht mehr, wo heute jeder ständig am Handy hängt. Ich sag immer: Das ist alles im Kopf!"

Beck staunte nicht schlecht über ihre dramaturgische Ferndiagnose, war aber auch unangenehm berührt, weil sie ihn womöglich für einen Simulanten hielt. „Also, was den Argan betrifft, haben Sie wohl Recht. Beim Hypochonder lässt sich ja eigentlich nichts diagnostizieren, aber er leidet trotzdem, eben eher psychosomatisch oder neurotisch. Wie Sie wollen. Die Angst ist seine Krankheit, und die Krankheit ist sein Leben. Eigentlich eine traurige Figur. Aber es gibt ja auch Leute, die leiden wirklich. Das mit meinem Herzanfall hab ich mir nicht ausgedacht."

„So hab ich das doch nicht gemeint." Sie tätschelte seine Hand. „Aber Ärzte sehen ja auch nicht immer alles."

„Naja, mein EKG war wohl schon sehr vielsagend. Zu Zeiten von Molière war das anders. Da galten Krankheiten als unreine Säfte. Es hieß, der Mensch habe zwei Dutzend Pfund Blut im Leib, und 20 Pfund könne man ihm entziehen. Dafür gab's dann den Aderlass. Molière selbst hat sich regelmäßig Blut abzapfen lassen. Sein Hausarzt, ein Doktor Mauvillain wollte aber von neueren medizinischen Erkenntnissen auch nichts wissen. Anatomie und Chirurgie, das war nichts für ihn. Auch sowas wie der Blutkreislauf galt vielen Ärzten als Irrlehre, denn sonst wäre das mit dem lukrativen Aderlass ja sinnlos gewesen. Also, genauso sinnlos wie Einläufe mit Rosenessenz, Bergamotte oder Orangenblüten. Dagegen sind meine Betablocker doch bestimmt hilfreich. Meinen Sie nicht?"

Toni schaute ihn mitleidig an wie einen alten Straßenköter. „Also, ich bin ja kein Arzt, ich kann nicht sagen, ob Sie ein krankes Herz haben, aber dass Sie ein gutes Herz haben, das weiß ich sicher." Beck wurde bei diesen Worten mollig mulmig. „Was Ihr Körper jetzt braucht, ist Wärme. Und die kriegen Sie ja gleich in der Sauna." Toni schaute auf das Thermometer: „82 Grad, kann langsam losgehen. Und was Ihr krankes Herz braucht, ist Liebe. Ganz viel Liebe. Deshalb drücke ich Ihnen mit der Claudia auch alle Daumen."

Das war Beck zwar jetzt unangenehm, aber er hätte doch gern gehört, wie Antonias amouröse Anamnese weiterging. Doch in diesem Moment klapperte es unter den Duschen und heraus trat ein nackter Mann. Nein, mehr als das, er war nicht nur nackt, er war bloß, blank. Also völlig unbehaart untenrum. Auch der Schädel war rasiert, Wangen und Kinn aber waren umwuchert wie bei einem amerikanischen Bürgerkriegsgeneral. Beck starrte etwas zu lange auf die Blöße, denn er brauchte einen Moment, um zu begreifen, dass der Mann nicht an krankhaftem Haarausfall litt. Er hatte ja schon davon gehört, dass sich die Menschen mit Wachs und Zucker, Klingen, Cremes und Lasern auch die letzten Härchen entfernen ließen, aber da er weder Schwimmbäder noch Saunen frequentierte und auch Umkleidekabinen mied, hatte er einen solch babyhaft glatten, glänzenden Alabasterleib noch nie zuvor gesehen.

Im nächsten Moment kam aus der Damendusche eine rothaarige Frau, welche die Vorliebe des Herren für weiträumige Rodungen teilte. Wieder guckte Beck einen Moment zu intensiv hin, wendete den Blick schnell verschämt dem Mann zu, dann wieder zur Frau und stellte unangenehm berührt fest, wie viel man da sehen konnte, was da alles zippelte und zuppelte. Nein, das wollte er gar nicht wissen. Er selber hatte eigentlich keine rechte Vorstellung davon, wie es bei ihm südlich der Leber so aussah. So besonders viel war da ja nicht, und das Wenige war allzeit mausbraungrau umkräuselt. Er hatte schon länger nicht mehr nachgeschaut, bei Bedarf eben immer das gepackt, was sich gerade greifen ließ. Und jetzt sah er bei Adam und Eva im Saunaparadies alles, was der Liebe Gott geschaffen hatte – bis auf die Haare.

„Hallo, Ihr beiden. Na, dann können wir ja loslegen", grüßte Toni. „Das sind Ulla und Paul", sagte sie zu Beck und zu den beiden: „Das ist unser Herr Beck, der hier alles mal ausprobiert. Und heute ist die Sauna dran. Dann kann's ja losgehen." Beck legte den Bademantel ab, drückte sein zweites Handtuch aber noch fester vor die Brust.

Die heiße Luft schlug ihm entgegen, versengte seine Nase und Ohren. Seinen Lendenschurz aus Frottee würde er nicht ablegen. Das andere Handtuch hatte er sich wie eine Rettungsdecke über die Schultern geworfen. Ulla und Paul saßen schon auf ihren Tüchern, reckten sich der Hitze entgegen, als gäbe es nichts Schöneres, als wollten sie auf der Stelle verbrennen. Er war in der Hölle gelandet. Jeden Moment würden Flammen zwischen den Holzstreben der Sitzbänke hochzüngeln und ihn rösten. Warum war Dante auf dem Weg durch die Hölle in seiner „Göttlichen Komödie" eigentlich nicht in einer Sauna vorbeikommen: Ihr, die ihr hier eintretet, lasst alle Kleidung fallen – und alle Hoffnung fahren! Gleich würde Charon, der Dämon mit den Feueraugen eintreten und jeden mit seinem Ruder schlagen, der nicht vergehen wollte in der Glut.

Doch statt des Fährmanns auf dem Totenfluss trat Salome auf, bereit, ihren Schleiertanz vor Herodes aufzuführen. Ja, schwanden ihm denn schon die Sinne, schwitzte sich Beck bereits in den Theaterwahn? Doch Antonia Weißmehl tanzte tatsächlich. Sie hatte ein schmales Tuch um die Hüfte geknotet, eins um die

Brust und wedelte mit zwei weiteren Tüchern zu orientalischer Musik. „Ich hab Euch heute Bratapfel mitgebracht", flüsterte die Salome der Saunen geheimnisvoll, als sie vor dem Ofen mit den heißen Steinen zu stehen kam. Beck blinzelte in die Hitze, die seine Augen austrocknete, sah nirgends das Obst. Dann aber zischte es infernalisch, und er konnte es riechen. Als wäre plötzlich Weihnachten und er selbst im Ofen eingebacken in einem gigantischen Apfelstrudel. Ihm wurde schlecht.

Salome Weißmehl tanzte wieder, zog mit ihren Tüchern Wellen durch die Luft, die jetzt brodelte. Ulla und Paul glänzten, reckten ihre Leiber wollüstig dem Wasserdampf entgegen. Kein Wunder, dass sie so gründlich epiliert waren, musste doch jedes Härchen hier unweigerlich verschmoren. Nur der Schweiß schien zu verhindern, dass Becks Scheitel Feuer fing. Da traf ihn ein feucht glühender Hitzeschwall direkt ins Gesicht. Es war ihm, als würde die Haut in seinem Gesicht Blasen schlagen. Die kochende Woge nahm ihm den Atem. Sein Herz raste. Er musste raus hier, weg, nur weg. Noch immer tanzte Salome Weißmehl, wedelte wogend vor ihm. Würde sie ihre Hüllen fallen lassen? Jetzt wusste Beck, wie sich Herodes gefühlt hatte, als er seiner Stieftochter versprach: „Um was Du mich auch bitten wirst, ich werde es Dir geben, bis zu Hälfte meines Reiches." Von außen wurde er verbrüht, und jetzt versengte ihn innerlich auch noch die Phosphorflamme der Lust. Ganz egal ob sie den Kopf des Täufers Johannes fordern würde. Sie könnte auch seinen eigenen Kopf haben. Er würde ihn ihr zu Füßen legen. Herodes Beck erhob sich, um nach der Tänzerin zu greifen. Dann tanzte er selbst, schwankte in der Hüfte, das Handtuch glitt ihm von den Schultern, er knickte von einem Bein zum anderen, bis sich auch das Tuch um seine Lenden löste. Dann prallte er mit rotem Schädel gegen die niedrige Decke, sackte ein und schlug schließlich mit dem Oberkörper wie ein schlapper Sack auf die Holzbank.

3 Da lag er nun, schaute in den Himmel und war glücklich. Ja, der Steiß pochte etwas, auch im Kopf war noch ein Dröhnen vom Sturz in der Sauna, der Schnupfen aus der Gewitternacht hielt sich hartnäckig, die Schrammen von seiner Radfahrt auf den Spuren des rasenden Reporters waren noch nicht verheilt, und auch sonst war er zutiefst erschöpft. Aber in der Nachmittagssonne mit Blick über das Tal hinüber zur Burgruine fühlte er sich auf der Picknickdecke so gut, wie er sich nur fühlen konnte. Denn sie saß neben ihm und trug wieder das weiße Kleid mit den roten Punkten.

Es hatte ihn viel Kraft gekostet, Kraft, die er gar nicht mehr hatte, um nach seinem Erwachen aus der feuchtheißen Umnachtung Ulla, Paul und Toni davon abzubringen, einen Arzt zu rufen. Sie hatten ihn auf sein Zimmer geschleppt, ihn mit Wasser und Säften versorgt und ihm das Wellness-Gelübde abgenommen, viel zu trinken und noch mehr zu ruhen. Was er zwei Tage lang auch tat. Dabei war seine Entscheidung gereift, Claudia bei einem Picknick mit einem Blumenstrauß an Hinweisen zu beglücken, die sie als Journalistin schätzen sollte und vielleicht auch als Frau lieben würde.

Über die Rezeption hatte er einen Weidenkorb mit Geschirr und Gläsern organisiert und mit einem venezianischen Rosé-Frizzante, Oliven, Kirschtomaten, Grillgemüse, Wacholderschinken, luftgetrockneter Salami, Mandelkeksen und einem Ciabatta befüllen lassen. Zur Feier des Tages hatte er sich mit karierter Weste, heller Stoffhose und Tweed-Kappe in Schale geworfen, als ginge es zur nächsten Premiere.

Claudia hatte ihn vom Hotel abgeholt, und sie waren mit ihrem Mini durchs Städtchen auf die andere Seite des Flusses und die Hügel hinaufgefahren. Also mit einem richtigen Mini. Nicht wie diese aufgepumpten Zwergbullen, die sich „Mini" nannten, doch „Dicki" hätten heißen müssen, weil sie nach der Mastkur ihrer Schöpfer so breit und bullig waren. Nein, Pizza-Pippo hatte seiner Frau einen jener britischen Winzlinge in Tannengrün hinterlassen, die man nur besteigen konnte, wenn man turnerisch gelenkig war, zwei Tage gefastet hatte und flach atmete – oder besser die Luft anhielt. Unter Schmerzen hatte sich Beck in den Sitz gezwängt und gegen Krämpfe gekämpft. Claudia hatte sich das kleine Lenkrad zwischen die Beine geklemmt. Ihre gebräunten Knie schauten keck nach vorne. So erfreulich der Anblick war, fragte Beck sich doch, wie er hier wieder gesund und würdevoll rauskommen sollte. Zusammengeklappt auf dem Beifahrersitz kam er sich vor wie Don Quichotte, den man in seine Rüstung eingeschweißt und auf Sancho Pansas Esel gepackt hatte. Neben ihm aber Claudia unfassbar aufrecht, als würde Dulcinea auf Rosinante reiten. An ihrer Seite ächzte leise Don Beck. Als sie endlich angekommen waren, musste die süße Claudia von Toboso ihren Ritter von der klapprigen Gestalt vom Beifahrersitz ziehen, um an den Picknickkorb zu kommen, der das Heck ausfüllte. Und er ließ es geschehen.

Claudia hatte den Ort gewählt; schönste Aussicht, ein Bänkchen unter einem windschiefen Bäumchen und kein Mensch weit und breit. So lagerten sie also neben dem Wagen, vor dem sich Beck nun fürchtete, weil er ja wieder hineingedrückt werden musste wie ein aufgequollener Korken in den Flaschenhals.

Vielleicht würde ihn der Frizzante ja zum Fakir machen, der auf der Rückfahrt im Handschuhfach verschwinden konnte. In dieser Hoffnung prostete er ihr zu. Von seinem Kollaps in der Sauna hatte er nichts erzählt. Das Schauspiel „Don Quichotte in der Blechbüchse" war schon schlimm genug gewesen. Dafür berichtete sie davon, wie viel sie für die Kurstadtzeitung hatte recherchieren müssen, wie wenig gedruckt worden sei, dass der Ressortleiter alle Meriten einheimsen wolle, dass sie kein Fahrtgeld und kein Fixum kriege und überhaupt nicht wisse, wie sie mit ihrem kümmerlichen Zeilenhonorar Marco mit seinem Halbwaisengeld beim Studium unterstützen solle, wenn ihre letzten Ersparnisse und Pippos Erbe bald aufgebraucht seien.

Beck war von ihren festen Beinen und dem wallenden Haar über dem Ausschnitt ein wenig abgelenkt. Doch als Claudia plötzlich andeutete, dass sie mit „dem Conny" über ihre Misere gesprochen hatte, war für Beck klar, dass er ihr jetzt sein Geschenk machen musste. Wobei ihm im ersten Moment noch gar nicht klar gewesen war, dass es sich bei Conny um Constantin Olth handelte. Was für eine vertrauliche Anrede. Das fehlte noch: Claudia und dieser Mensch gewordene

Teerlappen. „Also", sagte Beck ganz bescheiden, „ich hab da vielleicht was für Dich." Er schenkte Perlwein nach und hob sein Glas: „Ich glaube, ich weiß, wieso die Drei gestorben sind."

Eben noch auf dem Ellenbogen hingelagert, war Claudia emporgeschossen und hockte jetzt gespannt auf den Knien vor ihm, dass er nur noch die roten Punkte ihres Kleides sah und ihr Ausschnitt unter seiner Nase wogte: „Du weißt, wer der Serienkiller ist? Du hast den Fluch der Festspiele gelöst?"

Herrje, dachte sich Beck, sie hatte schon zu viel von Constantin Olth gelesen, schlimmer noch: mit dem lieben Conny geredet. „Es gibt keinen Serienkiller. Das ist doch Humbug, um die Auflage oben zu halten. Also, es ist so…"

Claudia hing an seinen Lippen, als er begann, ihr die drei Fälle zu lösen und wie geknackte Nüsse neben Oliven und Wacholderschinken zu servieren. Sie war jetzt ganz bei ihm, so nah wie noch nie, bildete er sich ein. Allerdings hatte sie während seiner Schilderungen auch angefangen, in ihrer Handtasche nach Stift und Zettel zu kramen, um eifrig Notizen zu machen.

„Und das arme Mädchen?", fragte sie, als nur noch der Todessturz der jungen Dame aus der Kostümabteilung seiner Aufklärung harrte. „Ich hab vom Ulf gehört, sie hatte Liebeskummer und wurde von anderen Praktikantinnen gemobbt."

Erst Conny, jetzt Ulf! Diese Vertraulichkeiten waren dazu angetan, Becks langsam aufsteigende Schaumweinlaune gleich wieder zu trüben, doch er wollte es sich nicht anmerken lassen und entwickelte ihr schnell auch noch seine Theorie des Todes von Julia Kispert.

Claudia notierte eifrig mit, und als er fertig war, fragte sie ihn staunend: „Ja, wieso hat das denn die Polizei nicht rausgekriegt?"

„Na, vielleicht gehen die Beamten nicht oft genug ins Theater. Ich hab ja auch keine Beweise. Und bitte, lass mich da bloß raus. Ich will nicht noch mal verhört werden." Sie versprach es, und er versicherte ihr, dass, wenn seine Vermutungen stimmten, sich bei den Verdächtigen Spuren vom Tatort finden lassen würden. Oder sie hatten nach der Tat Andeutungen gemacht, die ihnen noch zum Verhängnis werden konnten. „Das sind ja keine eiskalten Auftragskiller", sagte Beck und zog damit einen unsichtbaren Strich unter die Rechnung, die er soeben aufgemacht hatte. Seine freie Spekulation klang für ihn selbst jetzt fast schon zu evident, weshalb er schnell noch anfügte: „Wenn es tatsächlich so passiert sein sollte."

„Und jetzt?" Claudia klang unsicher.

„Jetzt bist Du dran." Beck hob wieder die Brausebuddel. Einerlei, ob sie ihn für den Suffkopf hielt, der er war. Aber er war jetzt einfach zu nervös. „Wenn Du die Story hinkriegst, dann geht's bei der Kurstadtzeitung nicht mehr darum, ob Du 20 oder 30 Cent pro Zeile kriegst. Dann machen Sie Dich zur Pauschalistin, ach was: zur Redakteurin. Und einen Journalistenpreis kriegst Du obendrein."

Claudia schaute ihn an. Schielte Sie? Es sah verklärt aus. Hatte Sie ein Tränchen im linken Auge? Er kam nicht dazu, genauer hinzusehen, denn im nächsten Moment hing sie an seinem Hals, gab ihm einen knallenden Schmatz aufs Ohr und seufzte: „Ach, Justus, Du bist so süß." An ihren weichen Oberkörper gepresst, sah er nur noch rote Punkte.

4 Den Eingang zum Mausoleum flankierten zwei Säulen, die ein Tympanon trugen, auf dem Szenen der Weinlese zu sehen waren. Hinter dem Tempelportal wölbte sich unter strahlend blauem Himmel weiß gekalkt der Gebäudekörper wie ein Fass, an dem wilder Wein emporrankte. Hermann Castus hatte im Leben wenig dem Zufall überlassen, und so war er auch im Tod der Regisseur seiner letzten Inszenierung. Nach einem Trauergottesdienst mit großzügig ausgeschenktem Hecastus-Messwein in der Kapelle bei seinem Gutshof hatte sich in offenen Wagen und Anhängern eine Prozession bis zum Friedhof von Bad Weinfurt in Bewegung gesetzt. Dem dunkelgrauen Marmorsarkophag folgten hinter der Belegschaft des Gutes, gebeugt mehr von Zukunftsangst als von Trauer, Dutzende Politiker und Winzer, Theaterleute und Geschäftsleute. Vorneweg schritten wie bei einem Festumzug Weinköniginnen von Mosel und Rhein, Ahr und Nahe, aus Franken und der Pfalz mit schwarzen Schleiern über ihren Krönchen. Abgeschlossen wurde der Korso vom Team der Festspiele, Schauspielern und Tänzern, Handwerkern, Hostessen, Dramaturgen. Längst nicht alle waren gekommen. Nicht wenige hatten den spielfreien Tag für eine Fahrt nach Hause genutzt, doch vier Dutzend mochten es sein, und sie alle waren

eingekleidet wie für den „Fröhlichen Weinberg", der
diesmal Trauer trug.

Vom ersten Meter an war „My Way" erklungen, und
jetzt, am Eingang zum Friedhof, schepperte Frankie
noch immer aus den Boxen. Man sah den Trauergästen
an, dass sie schon ganz mürbe waren von der Beschal-
lung. Ein letztes Mal gab Ol Blue Eyes alles:

*For what is a man, what has he got? / If not himself then
he has naught / Not to say the things he truly feels / And
not the words of one who kneels. / Let the record shows
I took the blows / And did it my way*

Noch einmal knackte der Lautsprecher, dann war
Ruhe, und die Gäste suchten auf braunen Gartenstühlen
ihre Plätze vor dem Tempel.

Beck hatte sich die Kapelle und den Umzug gespart,
war auf dem Friedhof gleich zur letzten Reihe gegangen
und hatte sich ganz außen hingesetzt, wo er schnell und
unbemerkt hinter Büschen und Grabsteinen hätte verschwinden können. Von Claudia hatte er seit ihrem
Picknick nichts mehr gehört. Doch ihre Umarmung
glühte noch immer in ihm nach, und er sagte sich, dass
sie jetzt viel recherchieren müsse, um den Scoop zu
landen, der sie für ihre Redaktion unentbehrlich machen
sollte. Außerdem hatte ein Anruf von Paula seine Laune
weiter aufgeheitert. Franz, der schon seit längerer Zeit
kein Geld mehr von seinem Architekten-Vater bekam,
weil er zunächst das falsche Fach und dann gar nicht
mehr studiert hatte, meldete überraschend den Eingang
von 20000 Euro von seiner Kulturmanager-Mutter, die
über den Werdegang ihres Sohnes zwar auch nicht erfreut war, dem Ex-Mann aber eins auswischen wollte.

Mit der Schenkung wollte der Junge als Teilhaber in Becks Laden einsteigen. Nun hatte Franz zwar die Angewohnheit, Rotwein mit Cola zu mischen, aber immerhin nahm er dazu jetzt nicht mehr den schnöden Beaujolais Primeur, sondern Pinotage aus Stellenbosch. Und außerdem hatte Franz nach einigen lustlosen Semestern Botanik Geschmack an der Idee gefunden, ein Studium der Önologie zu degustieren. Paula hatte Beck gut zugeredet, und zusammen hatten sie eine kleine Speisekarte entworfen. Wobei der Inhalt schneller gefunden war als der Titel: Wine & Dine, Wein & Dein, Dein & Mein, Sein & Wein, Wein & Fein? Nein & Nein!

„Justus & Franz – Weinbar" stand in Schnörkelschrift schließlich über dem Entwurf. Spundekäs mit Brezeln sollte es geben, auch Speckkuchen, Schnittlauchtatar und Handkäs mit Schmand hatte sich Paula neben einer Reihe anderer Hausmacherhappen ausgedacht. Bernd wollte zusammen mit Franz eine kleine Küchenzeile in den Lagerraum bauen. Fehlte nur noch die Weinkarte. Und tatsächlich hatte Beck, kaum dass die Nachricht eingetroffen war, sogleich ein Wachauer Federspiel und einen Crianza aus dem Somontano im Sinn. Alles, nur nicht eine Flasche aus Bad Weinfurt.

Die Trauerfeier war auch nicht dazu angetan, zum Leichenschmaus noch eine Probe aus dem Nachlass des großen Winzers zu nehmen, denn der Redner, ein Vertreter des regionalen Weinbauverbandes, den Beck von ganz hinten nicht richtig erkennen konnte, lobte vor allem das Gespür des Verstorbenen, Weinfehler zu erspüren und Weinkrankheiten zu bekämpfen. Unter einem Banner mit der Aufschrift „Citizen Castus" stand ein enormes Schwarzweißfoto, das den Winzerpaten mit seinem graumelierten Vollbart wie einen Filmstar aus Hollywoods Goldener Ära erscheinen ließ. Doch am Rednerpult ging es ganz unglamourös die ganze Zeit um Schlieren und Flocken im Wein, buttrige und käsige Noten, Aromen von Essig, Lösungsmittel, Schwefel, Knoblauch und Zwiebeln, die der große Castus selbst in homöopathischen Mengen hatte herausschmecken können. Ebenso hatte er sich Verdienste im Kampf gegen Mehltau und Blattrollkrankheit, Wurzelschimmel, Fadenwürmer, Speckfäule und Grauschimmel erworben, war zu erfahren.

Während die lange Liste seiner Fähigkeiten aufgezählt wurde gingen junge Damen mit Tabletts durch die Reihen und verteilten Weißwein in kleinen Kunststoffkelchen. Als Erste bekam eine junge Dame ganz in Rosa mit hochgestecktem Blondschopf und einem kläffenden Knäuel in ihrer Handtasche ein Glas; eine Nichte, die erklärtermaßen nur Aperol mit Prosecco trank, der aber wohl dennoch das ganze Erbe zufallen würde. Castus hatte zwar seine Beerdigung minutiös, seinen Nachlass aber offenbar schlecht bis gar nicht geregelt, weshalb bereits in der dritten Reihe der Trauergäste die Weinberghyänen lauerten, Vertreter von internationalen Spirituosenkonzernen aus Frankreich, Großbritannien und den USA, die viel Geld bieten wollten, um das bald schon herrenlose Gut zu erwerben. Im Winzerverband von Weinfurt herrschte denn auch nackte Panik.

Bis ganz nach hinten zu Beck kamen die Damen mit den Tabletts nicht mehr, denn schon betete der Trauerredner eine Liste der mit Goldmedaillen prämierten

Tropfen herunter und schloss dann mit den Worten: „Hermann Theophil Castus, geboren 1956 – Wir werden Dich als großen Jahrgang in Ehren halten. Du hast unser Gemeinwesen reifen lassen, uns reiche Ernte beschert, und noch im Tod bleibst Du ein Winzer mit langem Abgang." Daraufhin hob er ein Plastikglas, prostete erst dem Schwarzweißporträt, dann dem Sarkophag, schließlich den Trauergästen zu, die zurückprosteten, während ein Kinderchor, der aus dem Mausoleum getreten war, in aller Unschuld den fröhlichen Suff anpries:

Immer feucht sei meine Kehle / und der Becher nicht zu klein! / Nur Philister und Kamele / können lange durstig sein.

Schnell machte sich Schunkelstimmung breit. Die Kinder waren gerade in der dritten Strophe.

Charon selbst am dunkeln Styxe / trinket Lethe und begehrt / erst ein Trinkgeld in die Büchse / eh' er uns hinüberfahrt.

Da zerschrillten Martinshörner den promilleseligen Engelsgesang. Drei, vier, fünf Polizeiwagen rollten zwischen Gräberreihen auf den Rasen vor dem Mausoleum. Hinter dem Weinfass zur letzten Ruhe trat ein gutes Dutzend Uniformierte hervor. Dann ging alles ganz schnell. „Zugriff" schallte es durch einen Fahrzeuglautsprecher. Beck spürte, wie sich Unruhe in der Menge breit machte, dann sah er, wie die Polizisten nacheinander vier Gestalten wegführten. Er konnte nicht erkennen, wer es war, doch hinter einem der Polizeiwagen glaubte er Claudias blonde Haare zu sehen. Und dann war er sich gewiss, dass sie ihre große Story haben würde, denn als das Quartett an den Köpfen in die Fahrzeu-
238

ge gedrückt wurde, konnte er sie alle identifizieren: Er hatte recht gehabt, es waren seine Verdächtigen!

Beck registrierte es mit einer Zufriedenheit, die ihn durstig machte. Durch die konfuse Menge bahnte er sich seinen Weg zu einer jungen Rothaarigen, die im Gewimmel mit einem halbvollen Tablett von Rotem und Weißem balancierte. „Was haben Sie denn da Schönes im Angebot?", fragte er mit einem Lächeln. Die Rothaarige schaute ihn konsterniert an, und er merkte, dass er sich erklären sollte: „Oh, ich hatte noch kein Glas und wollte auf die liebe Leiche anstoßen."

Es dauert noch einen Moment, dann erst hatte sich die junge Frau gefasst: „Ein Castus Cabernet Sauvignon und ein Castus Riesling Kabinett.",

„Ach, da kann ich mich ja gar nicht entscheiden. Nehm ich doch beide." Beck griff zu, prostete der Rothaarigen mit dem Cabernet zu, leerte den Riesling, stellte ihn sogleich wieder ab und schlenderte still vergnügt mit seinem Gläschen Rotwein über Rasengräber hinweg zum Ausgang.

5 Die Koffer waren gepackt, die Abschlussrechnung war bezahlt, das Taxi zum Bahnhof für den nächsten Morgen bestellt, das Zugticket lag auf dem Nachttisch. Alles war für seine Abreise vorbereitet. Er würde noch seinen Abschlussbericht über die vier Premieren schreiben und an die Redaktion mailen. Dann wäre er weg. Aber vielleicht ja auch nicht. Beck hatte an der Rezeption Vorsorge treffen lassen, dass er sein Zimmer auch noch länger würde haben können. Denn

die Hoffnung auf die große Zugabe war nicht erloschen. Er hatte Claudia zwar telefonisch nicht erreicht, aber sie hatte ihm eine Mail geschrieben: „Danke für alles. Du hast sehr geholfen. Wir sehen uns. Claudi"

Lange hatte er mit der Exegese dieser Zeilen zugebracht und mittlerweile war er zu der Erkenntnis gelangt, dass es sich um eine Liebeserklärung handeln musste. Oder zumindest um ihre quasi stenografisch verkürzte, dafür aber ungemein verdichtete Fassung. „Danke für alles": Hieß dieses „alles" nicht, dass sie ihm für mehr dankte als für den sachdienlichen Hinweis, der zur Ergreifung der Täter und zur exklusiven Berichterstattung führte? Steckte darin nicht auch der zärtliche Dank für seine liebenswerte Zuwendung, seine unaufdringliche Gesellschaft, die herzergreifende Stille seiner Sehnsucht? „Du hast sehr geholfen": Nicht zu qualifizieren, wie und wem er geholfen hatte, bedeutete das nicht gerade, dass er in ihrem ganzen Leben unschätzbar und unsagbar wertvoll geworden war? Für sie, für Marco, für ihre Arbeit, für alles, was ihren Alltag prägte? „Wir sehen uns": Nicht einen Ort oder eine Zeit zu nennen, klang das nicht nach einer geradezu metaphysischen Verabredung in Ewigkeit und Unendlichkeit?

Je öfter und inniger er ihre Botschaft gelesen hatte, desto rosiger blühte die Leere zwischen den Worten auf. Unruhig kramte Beck in der Schachtel mit seinen Tabletten. Wo waren sie bloß? Sie waren eigentlich nicht zu übersehen. Er hatte doch noch welche. Die Betablocker, die Schmerztabletten, die Blutverdünner, die Magentabletten, die Vitamine und Mineralien. Alles da. Doch die

Pillen, die er jetzt brauchte, fand er nicht. Und er würde sie brauchen. Da war er sich sicher, weil er sich gar nicht mehr sicher war, weil es so endlos lange her war, weil er gar nicht mehr wusste, wie das gehen sollte. Mit ihr. Er zerrte an Deckeln, schraubte Dosen auf, schüttelte Schachteln. Dann endlich fielen sie ihm entgegen, erst eine, dann drei weitere: hellblau, rautenförmig, abgerundet und mit der Einprägung VGR 100. Er nahm eine in die Hand und fühlte sich augenblicklich besser. Sie lagen zwar schon lange in seiner Schachtel. Den Beipackzettel hatte er längst nicht mehr, wusste aber noch, dass sie mit Vorsicht zu genießen waren. Egal. Viel hilft viel. Beck fingerte eine zweite Pille aus der Schachtel und steckte beide Tabletten in seine Geldbörse. Was als Dosierungsanleitung für die Drops seiner Kindheit gegolten hatte, sollte auch für die Bonbons des Alters gelten: Nimm zwei! Ein blaues Wunder war gut, zwei Wunder waren sicherer. So viele Chancen würde er im Leben nicht mehr kriegen.

Zu allem bereit, war er zum Frühstück gegangen und hatte sich als Erstes auf die Kurstadtzeitung gestürzt, um Claudias großen Enthüllungsartikel zu studieren. Doch der Aufmacher „Polizei greift bei Trauerfeier zu / Vier Verdächtige verhaftet – Ermittler halten sich bedeckt / Pressekonferenz heute erwartet" war nicht von Claudia verfasst, sondern vom Lokalchef. Zunehmend besorgt blätterte er weiter, fand aber keine Zeile von ihr. Wieso hatte das denn nicht geklappt? Ihr Vorteil war ja beträchtlich gewesen, sie war doch auf der heißen Spur, auf der richtigen Spur gewesen. Doch auch davon kein Hinweis in der Kurstadtzeitung.

Missmutig zersäbelte er ein Mohnbrötchen, klatschte Kirschmarmelade drauf und zerkrümelte seinen Kaffee. Was war passiert? Die Frage war zu mächtig, als dass er sich aufs Kauen konzentrieren konnte, und so trieb es ihn mit vollem Mund zum Tischchen mit den anderen Zeitungen. Wenn irgendwo mehr stehen würde, dann im Boulevardblatt, das sie hier immer verschämt unter der Börsenzeitung versteckten. Und tatsächlich, prominent auf Seite drei stand es:

Schock am Sarg: Polizei schlägt auf Friedhof zu

Todesserie in Festspielstadt nach Recherchen dieser Zeitung aufgeklärt

Die Buchstaben waren so groß, das hätte er aus drei Metern Entfernung lesen können. Doch jetzt musste Beck seine Brille rausfummeln, die fast wieder von der Nase gefallen wäre, kaum dass er hindurchschaute, denn unter der Balken-Überschrift las er:

Aus Bad Weinfurt berichten C. Cestonaro und C. Olth

Blaulicht auf dem Friedhof der Wein- und Festspielstadt. Entsetzen bei 350 Trauergästen aus Politik und Gesellschaft. Bei der Beerdigung von Großwinzer Hermann Castus, der nach stumpfer Gewalteinwirkung ertrunken im Maischebottich eines neuen Weinmuseums gefunden worden war, schlägt ein Sondereinsatzkommando zu.

Die Handschellen klicken bei einem Apotheker und einer Klavierlehrerin, zwei ehemaligen Mitgliedern des Festspielvereins, die für den Tod des Winzers und Theatermäzens verantwortlich sein sollen.

Ebenfalls verhaftet werden zwei Schauspielerinnen, denen der tödlich Anschlag auf eine Praktikantin der Festspiele zur Last gelegt wird. Die junge Frau landete mit zerschmettertem Schädel im Fluss. Offenbar eine tragische Verwechslung, denn die Schauspielerinnen hatten es auf eine Konkurrentin aus dem Ensemble abgesehen, die intime Kontakte zu Intendant Anatol Wildmoser-Bettencour pflegte.

Der mittlerweile entlassene Festivalchef, der unter Verdacht stand, einen Bühnenbildner im Streit einen Steilhang hinabgestürzt zu haben, ist von diesem Vorwurf offenbar entlastet. Beim Sturz des Künstlerkollegen handelte es sich wohl um einen Unfall unter Alkoholeinfluss. Wildmoser-Bettencour ist nicht zur Beerdigung erschienen. Er hat sich nach anonymen Anschuldigungen wegen sexueller Übergriffe ins europäische Ausland abgesetzt.

Die Polizeiaktion auf dem Friedhof kam nach Recherchen dieser Zeitung zustande.

Der Artikel ging noch weiter. Man erfuhr, dass die Schauspielerinnen Manuela Schröder und Petra Wagner, als Geliebte des Intendanten einst Hasi und Muschi gerufen, beim Luftschnappen während der „Jedermann"-Premierenfeier zufällig zugeschlagen hatten, im Glauben, Cornelia Hartmann, alias Mausi, die Kronprinzessin des Intendanten, von der Brücke zu stürzen. Dabei hatte die arme Julia Kispert, die als Praktikantin nur verbilligte Karten, aber keinen Cent kriegte, offenbar bloß einmal ein Star sein wollen. Wahrscheinlich fand sie das Kleid der Buhlschaft toll, wollte es auch mal tragen, machte, leicht angetrunken, wie sie war,

Selfies unter der Laterne. Eins zeigte zwei mörderische Schatten, doch ohne dass man Hasi und Muschi hätte identifizieren können. Beim Schubsen und Wegrennen hatten die beiden auch keine Spuren hinterlassen, doch waren sie nach ihrer Festnahme so konfus, dass sie sich bei den ersten Befragungen sofort in Widersprüche verstrickten und bald alles gestanden.

Als Toni ihm vor ein paar Tagen auf dem Flur geflüstert hatte, wer in diesem Theater-Tierleben Hasi und Muschi war, hatte Beck ein Blick in die Programmhefte genügt: Manuela Schröder war unter Wildmoser in Anklam als Stella im Swinger-Club groß rausgekommen. Hasi wäre damit fast zum Theatertreffen gekommen. Petra Wagner wiederum war in Bremerhaven Schillers Jungfrau mit Schwert und Schild und auch ohne Rüstung. Die Nackte von Orleans. Das hatte damals bis nach Hamburg für Aufregung gesorgt. Ein Kritiker meinte, diesen Schiller sollte man lieber auf St. Pauli spielen. Aber Wildmoser war mal wieder im Gespräch und seine Muschi auch. Und dann kam diese Cornelia Hartmann, die vorher nur in irgendwelchen Seifenopern ihr hübsches Näschen in die Kamera gehalten hatte, machte sich zu Wildmosers Mausi und schnappte Hasi und Muschi die Hauptrollen weg. Eigentlich ganz einfach, wenn man Besetzungszettel lesen konnte.

Der Apotheker Gundolf Mehltau und die Klavierlehrerin Hannelore Tugendhat wiederum hatten genügend Spuren ins Weinmuseum getrampelt. In ihren Wohnungen fand die Polizei derart viele Profile und Fasern, dass es ein Geständnis eigentlich gar nicht mehr gebraucht hätte. Sie hatten Castus wegen des Festivals und des

Weinmuseums zur Rede stellen wollen, doch der Streit
war schnell eskaliert, der Winzer hatte die Musiklehre-
rin geschubst, der Apotheker ihn geschlagen, woraufhin
sich im Getümmel Weinfässer gelöst hatten, die Castus
trafen. Da lag dann der Mann, der sie im Festspielverein
abgesägt hatte, selbst wie ein gefällter Baum. In Panik
hatten sie den sonst so Allmächtigen ohnmächtig in die
Maische befördert. So ging das Geständnis von Frau
Tugendhat und Herrn Mehltau.

Nichts zu lesen war im Artikel vom Schal mit den
langen fliederfarbenen Fransen, der Beck auf die Spur
der beiden gebracht hatte. Schließlich hatte die Klavierlehrerin ihn schon bei der ersten Premierenfeier des
Festivals getragen und ihn unter einigem Gezeter in
ihrem Wein gebadet. Claudia war das nicht aufgefallen,
ihm schon. Für die seltsamen Details einer Inszenierung
hatte der alte Kritiker noch immer ein gutes Auge. Beck
ließ das Blatt sinken. Still zufrieden mit seiner unsichtbaren Hauptrolle.

Claudia hatte also den ganz großen Scoop gewollt –
und gekriegt. Aber war das schlau? Mit der Kurstadtzeitung hatte sie ja nun gebrochen. Wollte sie etwa mit
Constantin Olth in die Hauptstadt ziehen? Dafür fehlte
Beck nun wirklich die Fantasie. Was hatte sie vor? Wie
gerne hätte er sie gefragt, aber er hatte sie ja nicht am
Telefon erreicht, und er wollte nicht noch eine vierte
und fünfte Mail schreiben. Also musste er warten, bis er
sie bei der letzten Premiere endlich wiedersehen würde.
Den Schopf hatte er sich wieder frisch richten lassen,
auch noch diverse Haare entfernen lassen am Nacken, in
den Ohren, auf der Nase und wo sie sonst noch nicht

hingehörten. Und dann war da ja noch seine neue Garderobe, mit der er ihr gefallen wollte, von der er aber nicht wusste, ob er sich nicht lächerlich machte: grüne Samthose, hellbrauner Blouson und eine cremefarbene Schleife unterm Hals. Sah das nach großem Abenteuer aus oder nicht doch eher nach kleinem Affen? Er wusste es nicht, zerstäubte in seiner Verunsicherung mehrere Duftwässerchen übereinander und quälte sich so bis zum Abend.

Erst wollte er das Taxi ganz früh bestellen, zögerte dann aber unsicher, warf erst eine Blaue ein, wartete, horchte in sich hinein, ob er etwas spürte, ließ eine halbe Stunde später die zweite folgen, spürte immer noch nichts und war schließlich fast schon zu spät dran, als er endlich am Tisch mit den Pressekarten stand. Claudias Karte war bereits weg, und von ihr war auch nichts zu sehen, obwohl längst nicht so viel Rummel herrschte wie noch am Anfang der Festspiele. Aber Beck tröstete sich damit, dass sie ja gleich wieder nebeneinander sitzen würden, und später bei der Premierenfeier, da würde seine große Stunde kommen, sein Stichwort, sein Auftritt.

Das Vorspiel war indessen nicht dazu angetan, seine erotische Fantasie zu beflügeln. Wo es noch vor zwei Wochen an jedem Stand Spezereien gegeben hatte, sah es nun aus wie bei einer Messe von Sanitätshäusern, Apotheken und Drogerien. Auch das Publikum war ganz anders. Es fehlten die bunt schillernden Roben, dafür lag ein Silberschleier über vielen Köpfen. Als hätte ein komplettes Seniorenstift die Premiere des „Eingebildet Kranken" gebucht. Nur an einem Stand gab es „Molières Medizin" in Rot und „Angeliques Allheilmittel" in Weiß, dazu Laugengebäck. Mehr nicht. Dafür warben an den anderen Buden die „Partner des Kranken" für Gingko-Extrakt gegen Symptome geistigen Verfalls mit hirnorganischen Ursachen, Zäpfchen gegen Darmträgheit und hartnäckige Verstopfung, Salbe gegen Rheuma, Arthrose, Arthritis und Schweißdrüsenabszesse, Ohrenspray gegen Schmalzpfropfen und hochkonzentrierte Vitaminkomplexe gegen alle Spielarten der Schlaffheit.

Star des Sponsoren-Prologs aber war die Installation einer Firma für Treppenlifte, die ihr Gerät mit dem Slogan „Darauf fährt Monsieur Argan ab" auch auf der Bühne im Einsatz zeigen wollte. Aber auch schon vor der Vorstellung gab es Vorführungen des Sessels für Fußlahme an einer eigens errichteten Holzwand. Von der Zielkundschaft fühlte sich aber offenbar niemand gebrechlich genug um einzusteigen, weshalb sich einige Kinder aus der Enkelgeneration einen Spaß draus machen konnten, als Testpiloten die Wand hinaufzufahren. Ein solches Aufgebot gegen die Gebrechen des Alters kannte Beck eigentlich nur aus der Werbung vor den Hauptnachrichten im Gerontofernsehen.

Die kleine Ausstellung hatte ihn für wenige Minuten so sehr abgelenkt, dass er gar nicht mehr nach Claudia gesucht hatte. Da ertönte die Festivalfanfare, und im selben Moment sah er sie. Er winkte noch. Sie stand an einem Stehtisch, direkt neben Constantin Olth, der gerade lachend auf Ulf Stroh-Engel einredete. Auch Beck musste grinsen, denn in seiner geföhnten Lockenpracht sah Kommissar Musketier wieder mal ganz schön lächerlich aus. Dachte er, bis er sah, wo seine Hand lag: an ihrer Hüfte! Becks Winken verwehte, sein Arm sackte schlaff weg. Das Trio brach von seinem Stehtisch auf, und im Weggehen gab sie dem Mann an ihrer Seite einen Kuss. In aller Freundschaft auf die Wange, dachte Beck noch. Doch dann blieben die beiden stehen, der Musketier drehte Claudia zu sich, und es war viel mehr als Freundschaft.

In sicherer Entfernung trottete Beck ihnen hinterher, das Kinn in die Schleife auf seiner Brust gesenkt, und fürchtete sich schon, gleich neben Claudia zu sitzen, doch als er an seinem Platz ankam, war von ihr nichts zu sehen. Beck saß in der zwölften Reihe Mitte, genau neben der alten Linde, die das halbe Parkett beschirmte. Links von ihm nahm ein älteres Ehepaar Platz, das Prospekte und Pröbchen in einem Beutel mit dem Aufdruck „Partner des Kranken" bei sich trug. Noch einmal reckte Beck den Kopf, erspähte schließlich einen blonden Frauenkopf, angelehnt an dunkle wallende Locken vorne in Reihe drei oder vier. Er sackte wieder in sich zusammen, dann ging es los.

Wie auf einer vertikalen Miniatureisenbahn ritt Argan im Morgenrock mit Schal und Pantoffeln auf seinem Treppenlift auf die Szene, mal fuhr sein Sitz etwas höher, mal etwas tiefer, mal vor, manchmal auch wieder ein Stück zurück, vorbei an plastinierten Muskel- und Sehnen-Menschen wie aus dem Kabinett des Dr. Gunther von Hagens schließlich auf ein Krankenhausbett zu, über das ein Zelt aus Plastikfolie gespannt war. Argan war auf seiner Fahrt gerade dabei, die Rechnung seines Apothekers Fleurant zu zerpflücken. Jedoch waren es nicht die Spülungen mit ägyptischem Sennesstrauch, Rosenhonig und Rhabarber oder all die Tinkturen und Säften zur Beruhigung der Leber, Verflüssigung der Galle, gegen Schmerzen und für besseren Schlaf, gegen Flatulenz und für schnelleren Stuhlgang, die Dr. Molière seinem erfolgreichsten Patienten einst aufgeschrieben hatte, sondern eine Heilpflanzentinktur gegen Magenkrämpfe, Weinlaubextrakt gegen Venenleiden und Gingko-Dragees gegen Ohrenpfeifen, Vergesslichkeit und Schwindel, die vor der Vorstellung in den Büdchen angeboten worden waren. Durch das Publikum ging ein Glucksen. Das ältere Paar neben Beck kramte vergnügt in seinem Beutel. Offenbar hatten sie ähnlich eingekauft wie Argan.

Nur einer ließ sich von der aufkommenden Heiterkeit nicht anstecken. Beck starrte unheilbar traurig auf seinen Block, auf dem kein Wort zu lesen war. Und so sollte es auch bleiben. Die Inszenierung entwickelte sich zwischen steriler Klinikeinrichtung, bizarren Gerippen und Plastinaten zu einer surrealen Krankenhausserie. Mit Argan auf einem rollenden Toilettenstuhl nahm der Abend Fahrt auf, als der Sohn des Dr. Diafoirus sich als träge von Verstand, aber stur vorstellte, dummstolz die Irrlehre des Blutkreislaufs verwarf, was ihn Argan sympathisch, seiner Tochter Angelique aber suspekt machte. Der Morbus Molière war nun voll ausgeprägt, und auch Beck spürte, dass sein „Nimm zwei" wirkte. Nicht dort, wo er es erwartet hatte und wo er es nun nicht mehr würde gebrauchen können, sondern in seinem immer lauter dröhnenden Kopf.

Wärme wallte durch seinen Körper, die Bühne vor ihm schien zu schwanken, und die Szene trübte sich immer wieder neblig ein. Nur verschwommen konnte Beck erkennen, wie Argan vorne, mit weißer Mütze auf dem Kopf und in eine Decke gehüllt, im Streit mit seinem Bruder über diesen miesen Molière schimpfte, der die Mediziner lächerlich machte: „Wenn ich Arzt wäre, wollte ich mich schon für seine Frechheiten rächen, und wenn der einmal krank wäre, würde ich ihn ohne jede Hilfe sterben lassen", geiferte Argan. Und Beck fühlte, wie der Gedanke an Molière ihn kalt anfasste. „Krepier nur, kratz ab", zeterte Argan, so wie Molière in seiner letzten Theaterrolle selbst gezetert haben musste, kurz bevor er krepiert war.

Je schlechter Beck sich fühlte, desto besser wurde die Stimmung unter den Zuschauern. Dr. Purgon hatte gerade, erbost darüber, dass Argan eines seiner Klistiere nicht genommen hatte, seinem Patienten gekündigt: „Muss ich Euch sagen, dass ich Euch Eurem schlechtem Zustand überlasse, der Verstimmung Eurer Eingeweide, der Unreinheit Eures Blutes, Eurer bitteren Galle und Euren fauligen gärenden Säften."

Argan bekam es mit der Angst zu tun, aber auch Beck spürte es jetzt: ein dumpfer Schmerz im Brustkorb. Als wäre Molières letztes Röcheln über ihn gekommen.

Purgon verfluchte seinen Patienten: „Dass Ihr Euch noch vor Ablauf von vier Tagen in einem unheilbaren Zustand befinden sollt."

Da griff der Schmerz nach Becks Armen.

„Dass Ihr der Bradypepsie anheimfallt", krakelte Prugon.

Der Schmerz wanderte in Becks Schulter. Er griff nach rechts zum Stamm der Linde.

„Nach der Bradypepsie der Dyspepsie, nach der Dyspepsie der Apepsie."

Jetzt umklammerte der Schmerz seinen Hals. Er legte seinen Kopf gegen die rissige Rinde.

„Nach der Apepsie der Lienterie, nach der Lienterie der Dysenterie."

Alles war so eng, kalter Schweiß drang aus jeder Pore. Mit letzter Kraft stieß er sich vom Stamm ab, kniff die Augen zusammen, pendelte hin und her, bis er kraftlos, aber aufrecht an der Rückenlehne hing.

„Nach der Dysenterie der Hydropisie", jubelte Purgon beschwörend.

Was dann kam, hörte Beck schon nicht mehr. „Und nach der Hydropisie dem Tode selbst, und dahin wird Eure Dummheit Euch gebracht haben."

Purgon ging tödlich beleidigt ab, und mit einem Mal war die Bühne völlig leer und in fahlgrünes Licht getaucht. Der Treppenlift, das Bett, die Skelette und Plastinate, alles war wie von Zauberhand abgeräumt. Beck blinzelte, sah jetzt wieder ganz klar, blickte sich um: Er war ganz allein im Theater. Sollte er wieder eingeschlafen sein? Hatten sie ihn hier vergessen? Wie lang saß er schon so da? Das kam davon, wenn seine Paula nicht bei ihm war und auf ihn aufpasste. Ach, Paula! Ihm war kalt. Es musste spät sein in der Nacht.

Er wollte sich gerade erheben, und nach Hause gehen, da näherte sich aus dem kleinen Wäldchen hinter der Bühne eine Gestalt. Es war eine junge Frau. Sie trug ein weißes Kleid mit roten Punkten. Aber es war nicht Claudia. Sie war nicht blond, sie hatte dunkle Haare. Beck kannte sie gut, so gut. Es war Juliane, seine Juliane. Und noch immer so jung wie damals, als auch er jung gewesen war. Sie schaute zu ihm hoch, winkte ihm. Als hätte er immer schon auf diesen Wink gewartet, erhob er sich. Nichts mehr zu spüren von der eisernen Klammer in seiner Brust, vom Würgegriff an seiner Gurgel. Er fühlte sich leicht wie nie. Mit wenigen Schritten war er durch die verwaiste zwölfte Reihe gegangen und die Stufen herabgelaufen. Schon stand er auf der Rampe, doch Juliane war bereits ein Stück weiter, wieder auf dem Weg zurück in den Wald. Sie hatte ihm den Rücken zugekehrt. Er wollte sie rufen, doch seine Stimme gehorchte ihm nicht. Als habe sie ihn dennoch gehört, drehte sie sich um und winkte wieder. Beck war selig. Ja, er würde ihr folgen.

Noch einmal drehte er sich um, schaute von der Bühne auf das leere Parkett und erkannte erst auf den zweiten Blick, dass es nicht ganz leer war. Rechts von der mächtigen Linde kauerte ein in sich zusammengefallener Mann mit einer kuriosen Schleife auf der Brust. Wie seltsam, dieses Theater, dachte er sich. Dann ging er ab.

Die Premierenfeier im Burgkeller hatte gerade begonnen. Der stellvertretende Bürgermeister erinnerte an die drei Toten, begrüßte das Ensemble, und für einen Augenblick des stillen Gedenkens wurde es ganz still im Gewölbe, während oben, unter den großen Scheinwerfern der Freilichtbühne, bereits allerlei Helfer daran gingen, abzubauen und aufzuräumen. Der Mann an der Linde schien zu schlafen, und deshalb ließen sie ihn noch eine Weile dort sitzen, bis endlich eine junge Frau mit einem schwarzen Müllsack zu ihm kam, um ihn aufzuwecken. Im Näherkommen merkte sie, dass sie ihn nicht wecken musste, denn er hatte die Augen offen. Und erst als sie direkt neben ihm stand, wusste sie, dass sie ihn nicht wecken konnte, denn Justus Beck war tot. Man hätte denken sollen, dass die junge Frau einen furchtbaren Schreck kriegen musste, aber dem war nicht so. Der Kritiker der „Neuen Post" schaute ganz gelöst zur Bühne, so als sei das letzte, was er dort gesehen hatte, wunderschön gewesen.